中华经典藏书

孔子家语

王国轩　王秀梅　译注

中华书局

图书在版编目（CIP）数据

孔子家语/王国轩，王秀梅译注. —北京:中华书局,2016.1
（2024.5重印）
（中华经典藏书）
ISBN 978-7-101-11468-3

Ⅰ.孔… Ⅱ.①王…②王… Ⅲ.①孔丘(前551～前479)-生平事迹②《孔子家语》-注释③《孔子家语》-译文 Ⅳ.B222.2

中国版本图书馆CIP数据核字(2016)第000167号

书　名　孔子家语
译注者　王国轩　王秀梅
丛书名　中华经典藏书
责任编辑　周　旻
责任印制　陈丽娜
出版发行　中华书局
　　　　　（北京市丰台区太平桥西里38号　100073）
　　　　　http://www.zhbc.com.cn
　　　　　E-mail:zhbc@zhbc.com.cn
印　刷　三河市博文印刷有限公司
版　次　2016年1月第1版
　　　　　2024年5月第8次印刷
规　格　开本/880×1230毫米　1/32
　　　　　印张11½　插页2　字数150千字
印　数　56001-59000册
国际书号　ISBN 978-7-101-11468-3
定　价　23.00元

前　言

　　著名史学家司马迁在千古名文《报任安书》中述说自己写作《史记》的宗旨:"网罗天下放失旧闻,考之行事,稽其成败兴坏之理,凡百三十篇,亦欲以究天人之际,通古今之变,成一家之言。"这段话震撼了古今无数莘莘学子的心灵。

　　"究天人之际,通古今之变,成一家之言",不仅成为学术理想,也给后人留下两大永恒性研究课题。人和自然关系的研究是无穷尽的,古今之变也是长江大河,永远流淌。昨日之今,今日之古,今日之今,明日之古,环环相套,乃至无穷。

　　我们在探索历史人物、古今思想、社会思潮流变时,会发现一个有趣的现象:同一历史人物,同一思想,在不同的时代,常展现不同的思想风貌,不同的语言符号,不同的抑扬褒贬,总是辉映着古今之变。就孔子而言,也是如此。如果我们细心比对,就会发现孔子有各种形象,有《论语》中的孔子,克己重仁,言辞简洁,谦虚礼让,温良恭俭,春风扑面,诲人不倦。有《易传》中的孔子,仰观俯察,哲理深邃,语言概括,道究天人,充满哲人智慧。有《礼记》中的孔子,知识广博,思想宏大,理想高远,吸纳道法,言辞汪洋恣肆,个性极度张扬。此后魏晋把道家的自然论融入孔子思想之中。唐代重振儒学,高扬道统,孔子成了道统谱系中承前启后的关键人物。宋明用本体和工夫探索孔子。时代演进,致使孔子思想风貌,花样翻新,层出不穷。但不管怎样变化,仁这个主脉还是主导,只是内容不断丰富而已。

　　摆在我们面前的这本《孔子家语》到底是一本什么样的书

呢？用一句话概括：它是记录孔子与其弟子及当时一些公卿大夫的问对诘答和言谈行事的书。它似乎是一种资料汇编，是研究孔子及儒家不可或缺的资料。

有人会问，他的原初作者是谁呢？对这一问题有各种看法。我们的基本看法是，此书大体同《礼记》具有相同的思想、语言风貌。《汉书·艺文志》礼部著录："《记》百三十一篇。"小注说："七十子后学者所记也。"这部书现在已看不到了，估计在《礼记》和《大戴礼》中保存了一部分。《孔子家语》中的孔子和上二书风格相类，我们看本书，大概也属于七十子后学所为。

既然说是资料汇编，就难以成一家之言。《孔子家语》中的孔子和上面提到的《礼记》中的孔子大体相类，以儒家思想为主导，兼容了道家和法家思想，人物更加生动形象，有血有肉。书里甚至有些故事穿插其中，增加了许多趣味性。

关于本书的编者，《四库全书》版王肃注本有一篇《后序》，其中说荀子曾把大批原始资料带到秦国，这种说法，也有一定道理，因为本书确有一些法家思想，和荀子思想有相通之处。不过《后序》说是汉武帝时，孔子十二（一说十一）世孙孔安国编辑的，似可备一说。

但这部书历史命运多舛，既没有进入经部，也没有引起朝廷重视。直到曹魏时期，著名经学家王肃从自己学生孔子后人孔猛那里得到此书，大喜过望，认为正好印证了自己对遍注群经的老师辈的经学大师郑玄的质疑。他为此书写序作注，以广流传。可惜从此《孔子家语》也就走向了衰歇路。究其原因，大概和王肃有些关系，一是王肃佐司马氏，他是司马昭的岳父，晋代开国皇帝司马炎的外公，自然有攀龙附凤之嫌，甚至遭到道德非议。二是和郑玄作对，有故意标新立异之处。三是郑玄已是大师级人物，已成高山，撼动甚难。另外也和本书内容有关。人们发现《家语》中几乎全部章节，都和《春秋传》、

《国语》、《韩非子》、《荀子》、《尸子》、《文子》、《列子》、《礼记》、《吕氏春秋》、《尚书大传》、《韩诗外传》、《诗》毛传、《史记》、《大戴礼记》、《淮南子》、《说苑》等书大同小异。于是从唐代到近代，质疑声音一浪高过一浪，后来甚至出现王肃伪造论，几乎成了历史定谳。这样此书被大多数研究孔子和儒学的学者所冷落就毫不奇怪了。

上个世纪末期，出土文献中忽现与《孔子家语》类似的文字，王肃伪造说不攻自破，从此柳暗花明。随后有认定此书为"研究孔子第一书"的说法出现，虽说难免有溢美之嫌，但可以看出人们对它的关注程度。

这里奉献给读者的是一个节录本。尽管不是全貌，但四十四篇均有选文，选文尽量着眼于有思想性的章节。

译注工作大体有如下几个方面：校对原典，以《四库全书》本《孔子家语》为底本，参校《四部丛刊》本等几个本子。标点注释，注释时有时觉得王肃注有可取之处，也不摈弃。为方便读者，译成了白话。为突出要领，还对选入篇章做了题解，并注明见于他书的书名和篇名，以便读者深入探索时比照，这些参考了清人陈士珂的《孔子家语疏证》。

学力所限，错误难免，敬祈指正。

王国轩　王秀梅
2015 年 12 月于北京

目 录

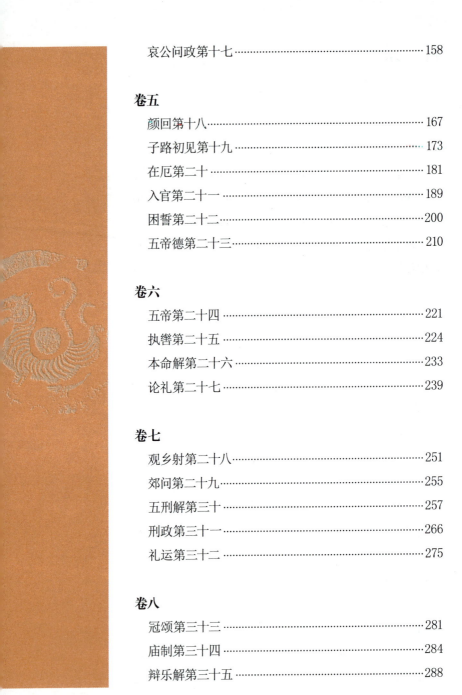

卷一

相鲁第一

这一篇讲了孔子为官的几件事。第一件事是说孔子为中都宰、司空和司寇。孔子这时为官事迹，虽说散见《左传》、《礼记·檀弓上》、《史记·孔子世家》，但都没有本书详细。为官中都宰时，孔子制定礼仪，培育厚朴风俗，使社会养老爱幼，男女有别，死葬有制。受到定公重视，孔子升为司空。在管理土地上，先是辨别土地性质，看哪种土地适合种植哪种植物，这说明我们先人早已有了耕种经验。孔子做司空的第二件事，就是坚守礼制，说服权臣，使鲁昭公墓葬与先祖之墓合而为一。孔子为大司寇，制定了法律，但因风俗美善，竟没有奸诈犯法之民。第三件事是夹谷之会，孔子在会中占尽风光。"有文事者必有武备，有武事者必有文备"，这是警世名言。"裔不谋夏，夷不乱华，俘不干盟，兵不偪好"，这是华夷之辨。至于斩侏儒，似和儒家思想不符。孔子还建议鲁定公隳毁了季孙、叔孙、孟孙三家大夫不合礼法的都邑，使鲁国的君权得到加强。夹谷之会，见于《左传》、《穀梁传》、《史记·孔子世家》。隳三都，见于《左传》、《公羊传》。《左传》无斩侏儒记载。《穀梁传》说"齐人使优施舞于鲁君之幕下"，旧注说"欲嗤笑鲁君"，所以遭到斩首。可供参考。

孔子初仕，为中都宰①。制为养生送死之节，长幼异食，强弱异任，男女别涂，路无拾遗，器不雕伪②。为四寸之棺，五寸之椁③，因丘陵为坟，不封不树④。行之一年，而西方之诸侯则焉。

定公谓孔子曰⑤："学子此法以治鲁国，何如？"孔子对曰："虽天下可乎，何但鲁国而已哉！"于是二年，定公以为司空⑥，乃别五土之性⑦，而物各得其所生之宜，咸得厥所。

先时，季氏葬昭公于墓道之南⑧，孔子沟而合诸墓焉⑨。谓季桓子曰⑩："贬君以彰己罪，非礼也。今合之，所以掩夫子之不臣。"

由司空为鲁大司寇⑪，设法而不用，无奸民。

【注释】

① 中都：鲁邑，在今山东汶上县西。宰：一邑长官。

② 器不雕伪：器物无文饰雕画，不作伪。

③ 椁（guǒ）：棺木有二重，里面称棺，外面称椁。

④ 不封：不聚土以起坟，因山丘为坟，无需聚土建坟。
　不树：坟周边不种松柏。

⑤ 定公：鲁国国君，姓姬名宋，定是谥号。

⑥ 司空：主管工程、制造和手工业的官。

⑦ 五土之性：旧注："一曰山林，二曰川泽，三曰丘陵，四曰坟衍，五曰原隰。"坟衍指肥沃平旷的土地。原隰指广平低湿的土地。

⑧ 季氏葬昭公于墓道之南：鲁昭公二十五年，昭公讨伐

季平子，失败流亡于晋，三十二年死于晋地乾侯。季平子于鲁定公元年秋天把昭公葬于鲁先君陵寝墓道以南，不使与先君合葬，是一种贬斥行为。季氏，鲁桓公之子季友的后代，一直是鲁国权臣。此指季平子。

⑨沟：挖沟。合诸墓：表示同一墓域。

⑩季桓子：季平子之子。

⑪大司寇：主管刑狱的官，为六卿之一。

【译文】

孔子刚做官时，担任中都邑的邑宰。他制定了使老百姓生有保障、死得安葬的制度，提倡按照年纪的长幼吃不同的食物，根据能力的大小承担不同的任务，男女走路各走一边，在道路上遗失的东西没人拾取据为己有，器物不求浮华雕饰。死人装殓，棺木厚四寸，椁木厚五寸，依傍丘陵修墓，不建高大的坟，不在墓地周围种植松柏。这样的制度施行一年之后，西方各诸侯国都纷纷效法。

鲁定公对孔子说："学习您的施政方法来治理鲁国，您看怎么样？"孔子回答说："就是天下也足以治理好，岂只是治理好鲁国呢！"这样实施了两年，鲁定公任命孔子做了司空。孔子根据土地的性质，把它们分为山林、川泽、丘陵、高地、沼泽五类，各种作物都种植在适宜的环境里，都得到了很好的生长。

早先，季平子把鲁昭公葬在鲁国先君陵寝的墓道南面，孔子做司空后，派人挖沟把昭公的陵墓与先君的陵墓圈连到一起。孔子对季桓子说："令尊以此羞辱国君却彰显了自己的罪行，这是破坏礼制的行为。现在把陵墓合到一起，可以掩盖令尊不守臣道的罪名。"

之后，孔子又由司空升为鲁国的大司寇，他虽然设立了法律，也派不上用场，没有犯法的奸民。

定公与齐侯会于夹谷^①，孔子摄相事^②，曰："臣闻有文事者必有武备，有武事者必有文备。古者诸侯出疆，必具官以从，请具左右司马^③。"定公从之。

至会所，为坛位，土阶三等，以遇礼相见^④，揖让而登。献酢既毕^⑤，齐使莱人以兵鼓谑^⑥，劫定公。孔子历阶而进^⑦，以公退，曰："士，以兵之！吾两君为好，裔夷之俘敢以兵乱之^⑧，非齐君所以命诸侯也！裔不谋夏，夷不乱华，俘不干盟，兵不偪好。于神为不祥，于德为愆义，于人为失礼，君必不然。"齐侯心怍，麾而避之。

有顷，齐奏宫中之乐，俳优侏儒戏于前^⑨。孔子趋进，历阶而上，不尽一等，曰："匹夫荧侮诸侯者，罪应诛。请右司马速刑焉！"于是斩侏儒，手足异处。齐侯惧，有惭色。

将盟，齐人加载书曰^⑩："齐师出境，而不以兵车三百乘从我者，有如此盟。"孔子使兹无还对曰^⑪："而不返我汶阳之田^⑫，吾以供命者，亦如之。"

齐侯将设享礼^⑬。孔子谓梁丘据曰^⑭："齐鲁之故，吾子何不闻焉？事既成矣，而又享之，是勤执事。且牺象不出门^⑮，嘉乐不野合^⑯。享而既具，是弃礼；若其不具，是用秕稗。用秕稗，君辱；弃礼，名恶。子盍图之？夫享，所以昭德也。不昭，不如其已。"乃不果享。

齐侯归，责其群臣曰："鲁以君子道辅其君，而子独以夷狄道教寡人，使得罪。"于是乃归所侵鲁之四邑及汶阳之田^⑰。

【注释】

①齐侯：齐国国君。夹谷：即今山东莱芜境内的夹谷山。

②摄：代理。相：司仪。

③左右：正副。司马：掌管军事的官。

④遇礼：旧注："会遇之礼，礼之简略者也。"

⑤献酢（zuò）：主客互相揖让敬酒。

⑥莱人：齐国东部一个少数民族。鼓谮（zào）：敲鼓，呼叫。旧注："雷鼓曰谮。"

⑦历阶：一步一级地快步登阶。

⑧裔夷之俘：边远地区少数民族的俘虏。旧注："裔，边裔。夷，夷狄。俘，军所获虏也。"

⑨俳（pái）优：演舞蹈滑稽戏的人。侏儒：身体矮小的杂技艺人。

⑩载书：指盟书，会盟时所订的誓约文字。

⑪兹无还：人名。旧注："鲁大夫。"

⑫汶阳之田：鲁国汶水以北土地。

⑬享礼：宴会礼仪。

⑭梁丘据：齐大夫。

⑮牺象：牛形和象形的酒器。门：这里指宫门。

⑯嘉乐：钟鼓之乐。不野合：嘉乐是宴享正礼，应设在宗庙和宫廷，不得违礼而行于野。

⑰四邑：旧注："郓、讙、龟、阴之地也。"一说龟阴为一邑之名。

【译文】

鲁定公和齐侯在齐国的夹谷举行盟会，孔子代理司仪，孔子对鲁定公说："我听说，举行和平盟会一定要有武力作为后盾，而进行军事活动也一定要有和平外交的准备。古代的诸侯离开自己的疆域，必须配备应有的文武官员随从，请您带上正副司马。"定公听从了孔子的建议。

到举行盟会的地方，筑起盟会的高台，土台设立三个台阶。双方以简略的会遇之礼相见，相互行礼谦让着登上高台。互赠礼品互相敬酒后，齐国一方派莱人军队擂鼓呼叫，威逼鲁定公。孔子一步一级地快步登上台阶，保护鲁定公退避，说："鲁国士兵，你们去攻击莱人！我们两国国君在这里举行友好会盟，远方夷狄的俘虏竟敢拿着武器行暴，这绝不是齐君和天下诸侯友好邦交之道。远方异国不得谋我华夏，夷狄不得扰乱中国，俘虏不可扰乱会盟，武力不能逼迫友好。否则，这是对神明的不敬，从道德上讲是不义，从为人上讲是失礼。齐侯必然不会这么做。"齐侯听了孔子的话，内心感到愧疚，挥手让莱人军队撤了下去。

过了一会儿，齐国方面演奏宫廷乐舞，歌舞艺人和矮人小丑在国君面前表演歌舞杂技、调笑嬉戏。孔子一步一级地快步登上台阶，站在第二级上说："卑贱的人敢戏弄诸侯国君，罪当斩。请右司马迅速对他们用刑。"于是斩杀了侏儒小丑，砍断手足。齐侯心中恐慌，脸上露出惭愧的神色。

正当齐、鲁两国就要歃血为盟时，齐国在盟书上加了一段话说："将来齐国发兵远征时，鲁国假如不派三百辆兵车从征，就要按照本盟约规定加以制裁。"孔子让鲁大夫兹无还针锋相对地回应道："你齐国不归还我汶河以北的属地，而要让鲁国派兵跟从的话，齐国也要按本盟约的条文接受处罚。"

齐侯准备设宴款待鲁定公。孔子对齐大夫梁丘据说："齐、鲁两国的传统礼节，阁下难道没听说过吗？会盟既然已经完成，贵国国君却要设宴款待我国国君，这岂不是徒然烦扰贵国群臣？何况牛形和象形的酒器，按规矩不能拿出宫门，而雅乐也不能在荒野演奏。假如宴席上配备了这些酒器雅乐，就是背弃礼仪；假如不配备，就如同舍弃五谷而用秕稗。简陋的宴席有伤贵国国君的脸面，背弃礼法贵国就会背负恶名，希望您慎重考虑。宴客是为了发扬君主的威德，假如宴会不能发扬威德，倒不如干脆作罢更好。"于是齐国就取消了这次宴会。

齐国国君回到都城，责备群臣说："鲁国的臣子用君子之道辅佐他们的国君，而你们却偏偏用偏僻蛮荒的少数部族的行为方式误导我，招来这些羞辱。"于是，齐国归还了以前侵占鲁国的四座城邑和汶河以北的土地。

孔子言于定公曰："家不藏甲①，邑无百雉之城②，古之制也。今三家过制③，请皆损之。"乃使季氏宰仲由隳三都④。叔孙不得意于季氏⑤，因费宰公山弗扰率费人以袭鲁⑥。孔子以公与季孙、叔孙、孟孙入于季氏之宫⑦，登武子之台⑧。费人攻之，及台侧，孔子命申句须、乐颀勒士众下伐之⑨，费人北。遂隳三都之城。强公室，弱私家，尊君卑臣，政化大行。

【注释】

①家：指卿大夫。甲：旧注："甲，铠也。"即武装。

②邑：卿大夫所居城邑。雉：古代计算城墙面积的单位。一雉之墙长三丈，高一丈。旧注："高丈、长丈曰堵，三堵曰雉。"

③三家：指当时鲁国势力很大的权臣季孙、叔孙、孟孙三家。

④宰：卿大夫家臣或采邑长官。仲由：字子路，孔子弟子。隳（huī）：毁坏。三都：指费、郈（hòu）、成三地，分别为季孙、叔孙、孟孙的都城。

⑤叔孙：此指叔孙氏庶子叔孙辄。不得意于季氏："季氏"当作"叔孙氏"，《左传·定公十二年》杜预注："辄不得志于叔孙氏。"即得不到叔孙氏重用。旧注："不得志于叔孙氏。"

⑥费宰：费城长官。公山弗扰：人名，费城长官。

⑦季氏之宫：季氏住宅。

⑧武子之台：旧说台在季氏宅内。

⑨申句须、乐颀：鲁大夫。

【译文】

孔子对鲁定公说："卿大夫的家中不能私藏兵器铠甲，封地内不能建筑一百雉规模的城邑，这是古代的礼制。当前季孙氏、叔孙氏、孟孙氏三家大夫的城邑都逾越了礼制，请您削减他们的势力。"于是派季氏家臣仲由拆除三家大夫的都城——季孙氏的费城、叔孙氏的郈城、孟孙氏的成城。叔孙氏的庶子叔孙辄得不到叔孙氏的器重，联合费城的长官公山弗扰率领费人进攻鲁国都城曲阜。孔子保护着鲁定公和季孙氏、叔孙氏、孟孙氏三大夫躲入季氏的住宅，登上武子台。费人进攻武子台，攻到台的一侧，孔子命令申句须、乐颀两位大夫统领士卒前去抵挡，费人败退。这样，终于拆毁了三座都邑的城池。这一行动使鲁国国君的权力得到加强，大夫的势力被削减，国君得到尊崇，臣子地位下降，政治教化措施得到执行。

始诛第二

  这篇第一段记载了孔子诛少正卯的事，此事又见于《荀子·宥坐》、《说苑·指武》，文字大体相同。这说明这种传说古已有之。后来儒者不常提起，大概因为这里充满杀气，与《论语》中孔子仁爱气象有很大不同。

  第二段讲法制与教化关系，真是深刻。孔子主张先教后诛，如果不教而诛，是暴虐行为。国家首先要进行道德教育，然后要树立正面形象加以引导，如果不从，才能加以刑威。本章又见于《荀子·宥坐》、《韩诗外传三》、《说苑·政理》，文字不尽相同，可参看。

孔子为鲁司寇①，摄行相事②，有喜色。仲由问曰："由闻君子祸至不惧，福至不喜，今夫子得位而喜，何也？"孔子曰："然，有是言也。不曰'乐以贵下人'乎？"于是朝政七日而诛乱政大夫少正卯③，戮之于两观之下④，尸于朝三日⑤。

　　子贡进曰⑥："夫少正卯，鲁之闻人。今夫子为政而始诛之，或者为失乎？"孔子曰："居⑦，吾语汝以其故。天下有大恶者五，而窃盗不与焉。一曰心逆而险⑧，二曰行僻而坚⑨，三曰言伪而辩⑩，四曰记丑而博⑪，五曰顺非而泽⑫。此五者，有一于人，则不免君子之诛，而少正卯皆兼有之。其居处足以撮徒成党⑬，其谈说足以饰邪莹众⑭，其强御足以反是独立⑮，此乃人之奸雄，有不可以不除。夫殷汤诛尹谐⑯，文王诛潘正⑰，周公诛管蔡⑱，太公诛华士⑲，管仲诛付乙⑳，子产诛史何㉑，凡此七子皆异世而同诛者，以七子异世而同恶，故不可赦也。《诗》云㉒：'忧心悄悄㉓，愠于群小㉔。'小人成群，斯足忧矣。"

【注释】
①司寇：主管刑狱的官。
②摄行相事：代理宰执，相当后世宰相。
③朝政：执政。少正卯：鲁大夫。和孔子同时讲学。
④戮：杀掉。两观：宫殿门外的两座高台。
⑤尸于朝三日：陈列尸首三天。

⑥子贡：端木赐，字子贡。孔子弟子。

⑦居：坐下。

⑧心逆而险：《荀子·宥坐》作"心达而险"，《说苑·指武》作"心辨而险"，译文采用"心达而险"，指心通达古今事物但很凶险。

⑨行僻而坚：行为邪辟而意志坚定。

⑩言伪而辩：言语虚伪但说得头头是道。

⑪记丑而博：《荀子》杨倞注："丑，谓怪异之事。"旧注："丑谓非义。"译文采用杨说。

⑫顺非而泽：顺着错误言论，而且能够为之润色。一说"泽"当作"释"，为之解释。

⑬撮（cuō）徒成党：旧注："撮，聚。"《荀子》作"聚徒成群"。

⑭饰邪莹众："莹"一本作"荣"。二字古相通。《荀子·宥坐》作"饰邪营众"，《说苑·指武》作"足以移众"，译文采用荀子说，即掩饰自己邪恶，迷惑民众。

⑮强御足以反是独立：强暴有势力足以反对正道而独立成家。

⑯殷汤：商朝开国君主。尹谐：《说苑·指武》作"蠋沐"。事迹不详。

⑰文王：名姬昌，周武王父。居岐山之下，周朝开始强大，号西伯。潘正：《荀子·宥坐》作"潘止"，《说苑·指武》作"潘阯"。事迹不详。

⑱周公诛管蔡：周公名姬旦，文王子，武王弟。辅助

武王灭殷，周成王年幼时曾摄政。管蔡指周文王子管叔、蔡叔，他们同殷后人武庚作乱，周公平定叛乱，诛管叔，流放蔡叔，参见《史记·管蔡世家》。

⑲太公：即姜太公，姜姓，吕氏，名尚，周文王师。帮助武王灭殷，封于齐。华士：旧注："士之为人虚伪以聚党也。而韩非谓华士耕而后食，凿井而饮。"

⑳管仲：名夷吾，字仲。相齐桓公称霸。付乙：《荀子·宥坐》作"付里乙"，《说苑·指武》作"附里"。

㉑子产：名侨，字子产。郑国著名政治家。史何：《荀子·宥坐》作"邓析、史付"，《说苑·指武》作"邓析"。

㉒《诗》：这里指《诗经·邶风·柏舟》。

㉓忧心悄悄：忧心忡忡。

㉔愠于群小：为小人所恼怒。

【译文】

孔子做鲁国的大司寇，代理行使宰相的职务，表现出高兴的神色。弟子仲由问他："我听说君子祸患来临不恐惧，幸运降临也不表现出欢喜。现在您得到高位而流露出欢喜的神色，这是为什么呢？"孔子回答说："对，确实有这样的说法。但不是有'显贵了而仍以谦恭待人为乐事'的说法吗？"就这样，孔子执掌朝政七天就诛杀了扰乱朝政的大夫少正卯，在宫殿门外的两座高台下杀了他，还在朝廷暴尸三日。

子贡向孔子进言："这个少正卯，是鲁国知名的人，现在老师您执掌朝政首先就杀掉他，可能有些失策吧？"孔子回答说："坐下来，我告诉你杀他的缘由。天下称得上大恶的有五种，连盗窃的行为也不包括在内。一是通达事理却又心存险恶，二是行为怪癖而又坚定固执，三是言语虚伪却又能言善辩，四是对怪异的事知道得过多，五是言论错误还要为之润色。这五种大恶，人只要有其中之一恶，就免不了受正人君子的诛杀，而少正卯五种恶行样样都有。他身居一定的权位就足以聚集起自己的势力结党营私，他的言论也足以伪饰邪恶迷惑众人而得到声望，他积蓄的强大力量足以反对正道成为异端。这就是人中的奸雄啊，不可不及早除掉。历史上，殷汤杀掉尹谐，文王杀掉潘正，周公杀掉管叔、蔡叔，姜太公杀掉华士，管仲杀掉付乙，子产杀掉史何，这七个人生于不同时代但都被杀了头，原因是七个人尽管所处时代不同，但具有的恶行是一样的，所以对他们不能放过。《诗经》中所说的：'忧心如焚，被群小所憎恶。'如果小人成群，那就足以令人担忧了。"

孔子为鲁大司寇^①，有父子讼者，夫子同狴执之^②，三月不别。其父请止，夫子赦之焉。

季孙闻之不悦^③，曰："司寇欺余。曩告余曰^④：'国家必先以孝。'余今戮一不孝以教民孝，不亦可乎？而又赦，何哉？"

冉有以告孔子^⑤，子喟然叹曰："呜呼！上失其道而杀其下，非理也。不教以孝而听其狱，是杀不辜^⑥。三军大败，不可斩也；狱犴不治^⑦，不可刑也。何者？上教之不行，罪不在民故也。夫慢令谨诛^⑧，贼也；征敛无时，暴也；不试责成，虐也。政无此三者，然后刑可即也。《书》云⑨：'义刑义杀⑩，勿庸以即汝心⑪，惟曰未有慎事⑫。'言必教而后刑也。既陈道德以先服之，而犹不可，尚贤以劝之；又不可，即废之；又不可，而后以威惮之。若是三年，而百姓正矣。其有邪民不从化者，然后待之以刑，则民咸知罪矣。《诗》云⑬：'天子是毗⑭，俾民不迷⑮。'是以威厉而不试⑯，刑错而不用⑰。今世则不然，乱其教，繁其刑，使民迷惑而陷焉，又从而制之，故刑弥繁而盗不胜也⑱。夫三尺之限⑲，空车不能登者，何哉？峻故也。百仞之山⑳，重载陟焉㉑，何哉？陵迟故也㉒。今世俗之陵迟久矣，虽有刑法，民能勿逾乎？"

【注释】

①大司寇：鲁有三卿，司空兼司寇，孟孙兼职。司空下有小司寇，孔子似乎是小司寇，《荀子·宥坐》作"孔子为鲁司寇"。

②同狴（bì）执之：关在同一监牢。旧注："狴，狱牢也。"

③季孙：鲁桓公子季友后裔，又称季孙氏，三卿之一，司徒兼冢宰。自鲁文公后，季孙行父、季孙宿等都是鲁国实权人物。

④曩（nǎng）：往昔，从前。

⑤冉有：即冉求，字子有。孔子弟子，季氏家臣。

⑥不辜：没有罪的人。

⑦狱犴（àn）：这里指刑狱。

⑧慢令谨诛：法令松弛而刑杀甚严。

⑨《书》：这里指《尚书·康诰》，文字有出入。

⑩义刑义杀：刑杀要符合正义。

⑪勿庸以即汝心：旧注："庸，用也。即，就也。刑杀皆当以义，勿用以就汝心之所安。"即不要只求符合你的心意。

⑫惟曰未有慎事：慎事，旧注："顺事。"意为可以说没有顺当的事。此句前《康诰》还有"乃汝尽逊曰时叙"，意为假如完全顺从你的意志断案才叫顺当。

⑬《诗》：这里指《诗经·小雅·节南山》。

⑭毗（pí）：辅佐。旧注："毗，辅也。"

⑮俾（bǐ）：旧注："俾，使也。"迷：迷失。

⑯威厉而不试：严酷的刑罚不使用。

⑰错：放置。

⑱刑弥繁而盗不胜：刑罚繁多而盗贼越多。

⑲限：门槛，这里指险阻。《荀子·宥坐》作"岸"。

⑳仞（rèn）：七尺或八尺为一仞。

㉑陟（zhì）：登。

㉒陵迟：这里指坡度斜缓。在下一句里则指衰败、败坏。

【译文】

孔子做鲁国的大司寇，有父子二人来打官司，孔子把他们羁押在同一间牢房里，过了三个月也不判决。父亲请求撤回诉讼，孔子就把父子二人都放了。

季孙氏听到这件事，很不高兴，说："司寇欺骗我。从前他曾对我说过：'治理国家一定要以提倡孝道为先。'现在我要杀掉一个不孝的人来教导百姓遵守孝道，不也可以吗？司寇却又赦免了他们，这是为什么呢？"

　　冉有把季孙氏的话告诉了孔子，孔子叹息说："唉！身居上位不按道行事而滥杀百姓，这违背常理。不用孝道来教化民众而随意判决官司，这是滥杀无辜。三军打了败仗，是不能用杀士卒来解决问题的；刑事案件不断发生，是不能用严酷的刑罚来制止的。为什么呢？因为统治者的教化没有起到作用，罪责不在百姓一方。法律松弛而刑杀严酷，是杀害百姓的行径；随意横征暴敛，是凶恶残酷的暴政；不加以教化而苛求百姓遵守礼法，是残暴的行为。施政中没有这三种弊害，然后才可以使用刑罚。《尚书》说：'刑杀要符合正义，不能要求都符合自己的心意，断案不是那么顺当的事。'说的是先施教化后用刑罚。先陈说道理使百姓明白敬服，如果不行，就应该以贤良的人为表率引导鼓励他们；还不行，才放弃种种说教；还不行，才可以用威势震慑他们。这样做三年，而后百姓就会走上正道。其中有些不从教化的顽劣之徒，对他们就可以用刑罚，这样一来百姓都知道什么是犯罪了。《诗经》说：'辅佐天子，使百姓不迷惑。'能做到这些，就不必用严刑峻法，刑法也可搁置不用了。当今之世却不是这样，教化紊乱，刑法繁多，使民众迷惑而随时会落入陷阱，官吏又用繁多的刑律来控制约束，所以刑罚越繁盗贼越多。三尺高的门槛，即使空车也不能越过，为什么呢？是因为门槛高的缘故。一座百仞高的山，负载极重的车子也能登上去，为什么呢？因为山是由低到高缓缓升上去的，车就会慢慢登上去。当前的社会风气已经败坏很久了，即使有严刑苛法，百姓能不违犯吗？"

王言解第三

　　这是孔子与弟子曾参一篇完整的对话。这篇对话又见于《大戴礼记·主言》。清人王聘珍认为："王肃私定《孔子家语》，盗窃此篇，改为《王言》，俗儒反据肃书，改窜本经，亦作《王言》，非是。"他认为本篇当作《主言》。仔细对照两篇，觉得《大戴礼记》多有脱漏，不及《家语》完整。本篇主要说明作为统领天下的王者，如何不出户牖而教化天下，其宗旨是"内修七教，外行三至"。七教就是执政者用敬老推动民众孝顺，用尊齿推动兄弟间的情意，用好施推动民众的宽厚精神，用亲近贤人推动民众选择良友，用推崇道德推动民众的真诚精神，用憎恶贪婪推动民众知耻而不争，用兴廉让之风推动民众知耻而讲操守。所谓三至，就是行"至礼"、"至赏"、"至乐"，从而做到"天下治"、"士悦"、"民和"。这些都体现了儒家教化第一的思想。

孔子闲居，曾参侍①。孔子曰："参乎，今之君子，唯士与大夫之言可闻也，至于君子之言者，希也。於乎②！吾以王言之，其不出户牖而化天下③。"

曾子起，下席而对曰："敢问何谓王者言？"孔子不应。曾子曰："侍夫子之闲也难④，是以敢问。"孔子又不应。曾子肃然而惧，抠衣而退⑤，负席而立⑥。

【注释】

①曾参：春秋鲁人，字子舆。孔子弟子。

②於乎：感叹声。

③户牖（yǒu）：门窗。

④侍夫子之闲也难：此句意为等到孔子有空闲的时候很难。侍，《大戴礼记》作"得"，意为等到。"难"下原有"对"字，今据《大戴礼记》删。

⑤抠：用手挖。此作提讲。

⑥负：背靠着。旧注："负，倚也。"

【译文】

孔子在家闲居，弟子曾参在身边陪侍。孔子说："曾参啊，当今身居高位的人，只能听到士和大夫的言论，至于那些有高尚道德的君子的言论，就很少听到了。唉，我若把成就王业的道理讲给居高位的人听，他们不出门户就可以治理好天下了。"

曾参谦恭地站起来，走下坐席问孔子："请问先生，什么是成就王业的道理呢？"孔子不回答。曾参又说："赶上

先生您有空闲的时候也难，所以敢大胆向您请教。"孔子
又不回答。曾参紧张而害怕，提起衣襟退下去，站在座位
旁边。

有顷，孔子叹息，顾谓曾子曰："参，汝可语明
王之道与？"曾子曰："非敢以为足也，请因所闻而
学焉。"

子曰："居，吾语汝！夫道者，所以明德也；德
者，所以尊道也。是以非德道不尊，非道德不明。
虽有国之良马，不以其道服乘之^①，不可以道里^②。
虽有博地众民，不以其道治之，不可以致霸王。是
故，昔者明王内修七教^③，外行三至^④。七教修，然
后可以守；三至行，然后可以征。明王之道，其守
也，则必折冲千里之外^⑤；其征也，则必还师衽席
之上^⑥。故曰内修七教而上不劳，外行三至而财不
费。此之谓明王之道也。"

【注释】

①服乘：使用，指驾车或骑乘。

②不可以道里：旧注："另本'以'后有'取'字。王
注：取，趣也。"道里，在道路上行进。

③七教：指后文所说的"敬老"、"尊齿"、"乐施"、
"亲贤"、"好德"、"恶贪"、"廉让"七种教化。

④三至：指后文所说的"至礼不让"、"至赏不费"、
"至乐无声"。

⑤折冲：使敌人的战车后撤。即击退敌人。

⑥衽席之上：旧注："言安安而无忧也。"衽席，卧席。

【译文】

过了一会儿，孔子叹息了一声，回头对曾参说："曾参啊，可以对你谈谈古代明君治国之道吗？"曾参回答说："我不敢认为自己有了足够的知识能听懂您谈治国的道理，只是想通过听您的谈论来学习它。"

孔子说："你坐下来，我讲给你听！所谓道，是用来彰明德行的；德，是用来尊崇道义的。所以没有德行，道义不能被尊崇；没有道义，德行也无法发扬光大。即使有一国之内最好的马，如果不能按照正确的方法来驾驭骑乘，它就不可能在道路上奔跑。一个国家即使有广阔的土地和众多的百姓，如果国君不用正确的方法来治理，也不可能成为霸主或成就王业。因此，古代圣明的国君在内实行七教，对外实行三至。七教修成，就可以守卫国家；三至实行，就可以征伐外敌。圣明国君的治国之道，用以守卫国家，一定能将敌人击退到千里之外；用以对外征伐，也一定能得胜还朝。因此说，在内实行七教，国君就不会因政事而烦劳；对外实行三至，就不至于劳民伤财。这就是所说的古代明王的治国之道。"

曾子曰："不劳不费之谓明王，可得闻乎？"

孔子曰："昔者帝舜左禹而右皋陶①，不下席而天下治，夫如此，何上之劳乎？政之不中，君之患也；令之不行，臣之罪也。若乃十一而税②，用民之力岁不过三日，入山泽以其时而无征，关讥市廛皆不收赋③，此则生财之路，而明王节之④，何财之费乎？"

【注释】

①皋陶：也称咎繇。传说为舜的大臣，掌刑狱之事。

②十一而税：按收成的十分之一收田税。

③关讥市廛（chán）：指商旅集中的处所。关讥，在关口设立界卡检查行旅。市廛，市场上供给储存货物的屋舍和场地，交易前不征收货物税。旧注："讥，呵也。讥异服识异言。及市廛皆不赋税，古之法也。"可参阅。

④而明王节之：《大戴礼记·主言》作"明王舍其四者而节其二者"。注："四者谓关、市、山、泽，二者谓田税、民力。"语意更为明确。

【译文】

曾参问道："不为政事烦劳、不劳民伤财叫做明君，其中的道理可以讲给我听听吗？"

孔子说："古代帝舜身边有两个得力臣子禹和皋陶，他不用走下坐席天下就治理好了，这样，国君还有什么烦劳呢？国家政局不安，是国君最大的忧患；政令不能推行，是臣子的罪责。至于实行十分之一的税率，民众服劳役一年不超过三天，让百姓按季节进入山林湖泊伐木渔猎而不滥征税，交易场所也不滥收赋税，这些都是生财之路，而圣明的君主节制田税和使用民力，怎么还会浪费财力呢？"

曾子曰："敢问何谓七教？"

孔子曰："上敬老则下益孝，上尊齿则下益悌，上乐施则下益宽，上亲贤则下择友，上好德则下不隐，上恶贪则下耻争，上廉让则下耻节，此之谓七教。七教者，治民之本也。政教定，则本正也。凡上者，民之表也①，表正则何物不正？是故人君先立仁于己，然后大夫忠而士信，民敦而俗朴②，男悫而女贞③。六者，教之致也。布诸天下四方而不怨，纳诸寻常之室而不塞。等之以礼，立之以义，行之以顺，则民之弃恶如汤之灌雪焉。"

【注释】

①表：表率。

②敦：敦厚。朴：淳朴。旧注："朴，悫愿貌。"

③悫（què）：诚实，谨慎。

【译文】

曾参问："敢问什么是七教呢？"

孔子回答说："居上位的人尊敬老人，那么下层百姓会更加遵行孝道；居上位的人尊敬比自己年长的人，下层百姓会更加敬爱兄长；居上位的人乐善好施，下层百姓会更加宽厚；居上位的人亲近贤人，下层百姓就会择良友而交；居上位的人注重道德修养，下层百姓就不会隐瞒自己的观点；居上位的人憎恶贪婪的行为，下层百姓就会以争利为耻；居上位的人讲刚正谦让，下层百姓就会以不讲气节德操为耻。这就是所说的七种教化。这七教，是治理民众的根本。政治教化的原则确定了，那治民的根本就是正确的。凡是身居上位的人，都是百姓的表率，表率正还有什么不正的呢？因此国君首先自己能做到仁，然后大夫也就会做到忠于国君，而士也就能做到讲信义，民心敦厚民风淳朴，男人诚实谨慎女子忠贞不贰。这六个方面，是教化导致的结果。这样的教化散布天下四方而不会产生怨恨情绪，用来治理普通家庭而不会遭到拒绝。用礼来区分人的等级尊卑，以道义立身处世，遵照礼法来行事，那么百姓放弃恶行就如同用热水浇灌积雪一样了。"

曾子曰："道则至矣，弟子不足以明之。"

孔子曰："参以为姑止乎？又有焉。昔者明王之治民也，法必裂地以封之①，分属以理之，然后贤民无所隐，暴民无所伏。使有司日省而时考之，进用贤良，退贬不肖，则贤者悦而不肖者惧。哀鳏寡，养孤独，恤贫穷，诱孝悌，选才能。此七者修，则四海之内无刑民矣。上之亲下也，如手足之于腹心矣；下之亲上也，如幼子之于慈母矣。上下相亲如此，故令则从，施则行，民怀其德，近者悦服，远者来附，政之致也。夫布指知寸，布手知尺，舒肘知寻②，斯不远之则也。周制，三百步为里，千步为井③，三井而埒④，埒三而矩，五十里而都，封百里而有国，乃为福积资求焉⑤，恤行者之有亡⑥。是以蛮夷诸夏⑦，虽衣冠不同，言语不合，莫不来宾⑧。故曰无市而民不乏，无刑而民不乱。

田猎罩弋⑨，非以盈宫室也；征敛百姓，非以盈府库也。懆怛以补不足⑩，礼节以损有余⑪。多信而寡貌⑫，其礼可守，其言可复，其迹可履。如饥而食，如渴而饮。民之信之，如寒暑之必验。故视远若迩，非道迩也，见明德也。是故兵革不动而威，用利不施而亲，万民怀其惠。此之谓明王之守，折冲千里之外者也。"

【注释】

①裂地：划分属地。封：君主把土地或爵位赐给臣子。

②寻：度量单位，两臂伸开为一寻。

③千步为井：旧注："此说里数不可以言井，井自方里之名，疑此误。"

④埒（liè）：田间筑起的分界矮墙。旧注："封道曰埒。《淮南子》曰：'道有行埒。'又堤也。"

⑤福积资求：积累生活资料。一本"求"作"裘"，《大戴礼记·主言》作"畜积衣裘"。

⑥恤行者之有亡：同情帮助流浪外出的人。

⑦蛮夷：代指四方少数民族。蛮，古代对南方少数民族的贬称。夷，古代对东方少数民族的贬称。诸夏：周王室分封的诸国。指中原民族。

⑧来宾：前来归附朝拜。

⑨罩：捕鱼或鸟的竹器。弋：以绳系箭而射。旧注："罩，鱼笼，掩网。弋，缴射也。"

⑩懆怛（cǎndá）：惨痛，悲伤。这里是同情之意。

憯，同"惨"。

⑪礼节：以礼来节制。

⑫信：诚信。貌：文饰。

【译文】

曾参又说："这样的治国方法确实是最好的了，只是我不足以进一步深入理解它。"

孔子说："你以为这些就够了吗？还有呢。古代圣明的君主治理百姓，按照法规，一定要把土地分封下去，分别派官吏来治理，这样，贤良的人不会被埋没，顽劣的暴民也无处隐藏。派主管官员经常视察定时考核，进用贤良的人，罢免贬斥才能品德差的官员，这样一来，贤良的人就会愉快，而才能品德差的官员就会害怕。怜悯没有伴侣的老年人，抚养孤儿和无子老人，同情穷苦贫困的人，诱导百姓孝敬父母尊重兄长，选拔有才能的人。一个国家做到这七个方面，那么四海之内就没有犯罪的人了。身居上位的人爱护百姓，如同手足爱护腹心；那么百姓爱戴居上位者，也如同幼儿对待慈母。上下能如此相亲，上面的命令百姓就会听从，措施也得以推行，民众会感怀他的德政，身边的人会心悦诚服，远方的人会来归附，这真是政治所达到的最高境界。伸开手指可以知道寸的长短，伸开手可以知道尺的长短，展开肘臂可以知道寻的长短，这是近在身边的准则。周代的制度以三百步为一里，一千步见方为一井，三井合为一埒，三埒成为一矩，五十里的疆域可以建大城市，分封百里的土地可以建国都，这是为了积蓄生活所需的物品，让安居的人帮助居无定所的人。因此，偏远地方的少数民族，虽然服装不同，言语不通，没有不归服的。所以说，没有市场交易百姓也不缺乏生活用品，没有严刑峻法社会秩序也不会混乱。捕猎野兽鱼鸟不是为了充盈宫室，征敛赋税也不是为了充实国库，满怀同情来补救灾年的不足，用礼来节制淫逸奢靡。多一些诚信少一些文饰，礼法就会得到遵守，国君的话百姓就会听信，国君的行为就会成为百姓的表率。国君和百姓的关系就像饿了要吃饭，渴了要喝水一样。百姓信任国君，就像相信寒来暑往的规律一样。国君离百姓虽远，可觉得就像在身边一样，这不是距离近，而是四海之内都可看到圣明的德政。所以不动用武力就有威慑之力，不必赏赐财物臣民自然亲附，感念他的恩惠。这就是所说的圣明国君守御国家的方法，也是能把敌人击退到千里之外的原因。"

曾子曰："敢问何谓三至？"

孔子曰："至礼不让而天下治，至赏不费而天下士悦，至乐无声而天下民和。明王笃行三至，故天下之君可得而知，天下之士可得而臣，天下之民可得而用。"

【译文】

曾参又问："敢问什么是'三至'呢？"

孔子回答说："最高的礼节不谦让而天下得到治理，最高的奖赏不耗费财物而天下的士人都很高兴，最美妙的音乐没有声音而能使百姓和睦。圣明的君王努力做到这三种极致，就可以知道谁是能治理好天下的君子，天下的士人都可以成为他的臣子，天下的百姓都能为他所用。"

曾子曰："敢问此义何谓？"

孔子曰："古者明王必尽知天下良士之名，既知其名，又知其实，又知其数及其所在焉，然后因天下之爵以尊之，此之谓至礼不让而天下治。因天下之禄以富天下之士，此之谓至赏不费而天下之士悦。如此，则天下之民名誉兴焉，此之谓至乐无声而天下之民和。故曰，所谓天下之至仁者，能合天下之至亲也；所谓天下之至知者，能用天下之至和者也；所谓天下之至明者，能举天下之至贤者也。此三者咸通，然后可以征。是故仁者莫大乎爱人，智者莫大乎知贤，贤政者莫大乎官能。有土之君修此三者，则四海之内供命而已矣。夫明王之所征，必道之所废者也，是故诛其君而改其政，吊其民而不夺其财。故明王之政，犹时雨之降，降至则民悦矣。是故行施弥博，得亲弥众，此之谓还师祗席之上。"

【译文】

曾参问："敢问这是什么意思呢？"

孔子回答说："古代圣明的国君必定知道天下所有贤良士人的名字，既知道他们的名字，又知道他们的实际才能，还知道他们的人数，以及他们所住的地方，然后把天下的爵位封给他们使他们得到尊崇，这就是最高的礼节不谦让而天下得到治理。用天下的禄位使天下的士人得到富贵，这就是最高的奖赏不耗费财物而天下的士人都会高兴。这样，天下的人就会重视名誉，这就是最美妙的音乐没有声音而使百姓和睦。所以说，天下最仁慈的人，能亲和天下至亲的人；天下最明智的人，能任用天下使百姓和睦的人；天下最英明的人，能任用天下最贤良的人。这三方面都做到了，然后可以向外征伐。因此，仁慈者莫过于爱护人民，有智者莫过于知道贤人，善于执政的君主莫过于选拔任用贤能的官吏。拥有疆土的国君能做到这三点，那么天下的人都可以听其差遣了。圣明君主所征伐的国家，必定是礼法废弛的国家，所以要诛讨他们的国君来改变这个国家的政治，抚慰这个国家的百姓而不掠夺他们的财物。因此圣明君主的政治就像及时雨，降下百姓就欢愉。所以，他的教化施行的范围越广博，得到亲附的民众越多，这就是军队出征能得胜还朝的原因。"

大婚解第四

　　这是孔子和鲁哀公讨论婚礼意义的对话，其中涉及许多孔子的政治思想。对话先从人道谈起，孔子认为，人道中政治是第一位的。如何为政，要做到三点：夫妇别，男女亲，君臣信。然后提出"爱与敬"是"政之本"，而婚礼正是爱与敬的体现，能"成亲"、"成身"，从而使人道与天道合一。这篇内容又见于《礼记·哀公问》和《大戴礼记·哀公问于孔子》，文字互有同异，也可互为补充。本文"男女亲"，《礼记》和《大戴礼记》均作"父子亲"，似乎后者义见长。本书"人道政为大"后，《礼记》、《大戴礼记》均有"公曰：'敢问何谓为政？'孔子对曰"数字，文字显得顺畅。本书"百姓与名，谓之君子，则是成其亲为君而为其子也"，语义不甚明确，《礼记》、《大戴礼记》作"百姓归之名，谓之君子之子，是使其亲为君子也，是谓成其亲之名也"，语义十分明确。本书"爱政而不能爱人"，《礼记》、《大戴礼记》作"古之为政，爱人为大，不能爱人"，显然语义完整。

孔子侍坐于哀公①，公曰："敢问人道孰为大②？"

孔子愀然作色而对曰③："君及此言也，百姓之惠也。固臣敢无辞而对：人道政为大。夫政者，正也。君为正，则百姓从而正矣。君之所为，百姓之所从。君不为正，百姓何所从乎！"

【注释】

①哀公：鲁定公之子，名将。哀是谥号。

②人道：这里指治理民众的措施。

③愀（qiǎo）然：容色改变的样子。作色：变了脸色。

【译文】

孔子陪鲁哀公坐着说话，哀公问道："请问治理民众的措施中，什么最重要？"

孔子的神色变得严肃起来，回答道："您能谈到这个问题，真是百姓的幸运了。所以为臣敢不加推辞地回答这个问题：在治理民众的措施中，政事最重要。所谓政，就是正。国君做得正，那么百姓也就跟着做得正了。国君的所作所为，百姓是要跟着学的。国君做得不正，百姓跟他学什么呢？"

公曰："敢问为政如之何？"

孔子对曰："夫妇别，男女亲①，君臣信②。三者正，则庶物从之③。"

公曰："寡人虽无能也，愿知所以行三者之道，可得闻乎？"

孔子对曰："古之政，爱人为大；所以治爱人，礼为大；所以治礼，敬为大；敬之至矣，大婚为大。大婚至矣，冕而亲迎。亲迎者，敬之也。是故君子兴敬为亲，舍敬则是遗亲也。弗亲弗敬，弗尊也。爱与敬，其政之本与？"

【注释】

①男女亲：《礼记·哀公问》、《大戴礼记·哀公问于孔子》作"父子亲"。

②君臣信：《礼记·哀公问》作"君臣严"。《大戴礼记·哀公问于孔子》作"君臣义"。

③庶物：指一般的事情。旧注："物，犹事也。"

【译文】

哀公问："请问如何治理政事呢？"

孔子回答说："夫妇要有别，男女要相亲，君臣要讲信义。这三件事做好了，那么其他的事就可以做好了。"

哀公说："我虽然没有才能，但还是希望知道实行这三件事的方法，可以说给我听听吗？"

孔子回答说："古人治理政事，爱人最为重要；要做到爱人，施行礼仪最重要；要施行礼仪，恭敬最为重要；最恭敬的事，以天子诸侯的婚姻最为重要。结婚的时候，天子诸侯要穿上冕服亲自去迎新娘。亲自迎亲，是表示敬慕的感情。所以君子要用敬慕的感情和她相亲相爱，如果没有敬意，就是遗弃了相亲爱的感情。不亲不敬，双方就不能互相尊重。爱与敬，大概是治国的根本吧！"

公曰："寡人愿有言也。然冕而亲迎，不已重乎？"

孔子愀然作色而对曰："合二姓之好，以继先圣之后，以为天地宗庙社稷之主，君何谓已重乎？"

公曰："寡人实固^①，不固焉得闻此言也？寡人欲问，不能为辞，请少进。"

孔子曰："天地不合，万物不生。大婚，万世之嗣也^②，君何谓已重焉？"孔子遂言曰："内以治宗庙之礼，足以配天地之神^③；出以治直言之礼，足以立上下之敬。物耻则足以振之，国耻则足以兴之。故为政先乎礼，礼其政之本与！"孔子遂言曰："昔三代明王，必敬妻子也，盖有道焉。妻也者，亲之主也^④，子也者，亲之后也，敢不敬与？是故，君子无不敬。敬也者，敬身为大。身也者，亲之枝也，敢不敬与？不敬其身，是伤其亲；伤其亲，是伤其本；伤其本，枝从而亡。三者，百姓之象也^⑤。身以及身，子以及子，妃以及妃，君以修此三者，则大化忾乎天下矣^⑥，昔太王之道也。如此，国家顺矣。"

【注释】

①固：鄙陋。这是哀公自谦之辞。

②万世之嗣：使朝代延续万代的子孙后代。嗣，后嗣，子孙。

③足以配天地之神：此指宗庙是仅次于天地的神，即

能和天地之神相配。旧注："言宗庙天地神之次。"

④亲之主也：指侍奉宗祧的主人。

⑤百姓之象：此指百姓会按照国君的做法去做。象，
　形貌，样子。旧注："言百姓之所法而行。"

⑥大化：良好的教化。忾（kài）：到，至。

【译文】

哀公说："我还想问问您。天子诸侯穿冕服亲自去迎
亲，不是过于隆重了吗？"

孔子脸色更加严肃地回答说："婚姻是两个不同姓氏的
和好，以延续祖宗的后嗣，使之成为天地、宗庙、社稷祭
祀的主人，您怎么能说过于隆重了呢？"

哀公说："我这个人很浅陋，不浅陋怎能听到您这番
话呢？我想问，又找不到合适的言辞，请慢慢给我讲一
讲吧。"

孔子说："天地阴阳不交合，万物就不会生长。天子诸
侯的婚姻，是诞生使社稷延续万代的后嗣的大事，怎么能
说过于隆重了呢？"孔子接着又说："夫妇对内主持宗庙祭
祀的礼仪，足以与天地之神相配；对外掌管发布政教号令，
能够确立君臣上下之间的恭敬之礼。事情不合礼可以改变，
国家有丧乱可以振兴。所以治理政事先要有礼，礼不就是
执政的根本吗？"孔子继续说："从前夏商周三代圣明的君
主治理政事，必定敬重他们的妻子儿子，这是有道理的。
妻子是祭祀宗祧的主体，儿子是传宗接代的人，能不敬重
吗？所以君子对妻儿没有不敬重的。敬这件事，敬重自身
最为重要。自身，是亲人的后代，能够不敬重吗？不敬重

自身，就是伤害了亲人；伤害了亲人，就是伤害了根本；伤害了根本，支属就要随之灭绝。敬重自身、妻子、儿女这三者，百姓也照国君的做法去做。由自身想到百姓之身，由自己的儿子想到百姓的儿子，由自己的妻子想到百姓的妻子，国君能做到这三方面的敬重，那么教化就通行天下了，这是从前太王实行的治国方法。能够这样，国家就顺畅了。"

公曰："敢问何谓敬身？"

孔子对曰："君子过言则民作辞①，过行则民作则。言不过辞，动不过则，百姓恭敬以从命。若是，则可谓能敬其身，敬其身则能成其亲矣。"

【注释】

①过言：言辞错误。

【译文】

哀公问："请问什么是敬重自身？"

孔子回答说："国君说错了话民众就跟着说错话，做错了事民众就跟着效法。君主不说错话，不做错事，百姓就会恭恭敬敬地服从国君的号令了。如果能做到这点，就可以说能敬重自身了，这样就能成就其亲人了。"

公曰："何谓成其亲？"

孔子对曰："君子者，乃人之成名也。百姓与名，谓之君子，则是成其亲为君而为其子也。"孔子遂言曰:"爱政而不能爱人,则不能成其身;不能成其身,则不能安其土;不能安其土,则不能乐天;不能乐天,则不能成其身。"

【译文】

哀公问:"什么是成就其亲人?"

孔子回答道:"所谓君子,就是有名望的人。百姓送给他的名称,称作君子,就是称他的亲人为有名望的人,而他是有名望的人的儿子。"孔子接着说:"只注重政治而不能爱护民众,就不能成就自身;不能成就自身,就不能使自己的国家安定;不能使自己的国家安定,就不能无忧无虑;不能无忧无虑,就不能成就自身。"

公曰:"敢问何能成身?"

孔子对曰:"夫其行己不过乎物,谓之成身。不过乎物,合天道也。"

【译文】

哀公问:"请问怎么做才能成就自身?"

孔子回答说:"自己做任何事都合乎常理不越过界限,就可以说成就自身了。不逾越常理,就是合乎天道。"

公曰:"君子何贵乎天道也?"

孔子曰:"贵其不已也。如日月东西相从而不已也,是天道也;不闭而能久,是天道也;无为而物成，是天道也；已成而明之，是天道也。"

【译文】

哀公问："请问君子为何尊重天道呢？"

孔子回答说："尊重它是因为它不停顿地运行。就像太阳月亮每天东升西落一样，这就是天道；运行无阻而能长久，这也是天道；不见有所作为而万物发育成长，这也是天道；成就了自己而功业也得到显扬，这也是天道。"

公曰："寡人且愚冥，幸烦子之于心。"

孔子蹴然避席而对曰①："仁人不过乎物，孝子不过乎亲。是故仁人之事亲也如事天，事天如事亲，此谓孝子成身。"

公曰："寡人既闻如此言，无如后罪何②？"

孔子对曰："君之及此言，是臣之福也。"

【注释】

①蹴（cù）然避席：恭敬地离开坐席。蹴然，恭敬不安的样子。

②无如后罪何：将来出了过错怎么办呢？旧注："言寡过之难也。"

【译文】

哀公说："我实在愚昧，幸亏您耐心地给我讲这些道理。"

孔子恭敬地离开坐席回答说："仁人不能逾越事物的自

然法则，孝子不能超越亲情的规范。因此仁人侍奉父母就如同侍奉天一样，侍奉天就如同侍奉父母一样，这就是所说的孝子成就自身。"

哀公说："我已经听到了这些道理，将来还会有过错怎么办呢？"

孔子说："您能说出这样的话，这是臣下的福分啊！"

儒行解第五

　　这是一篇孔子和鲁哀公的对话。文中生动地叙述了儒者应该具有什么样的道德行为。文中称儒者待聘、待问、待举、待取，但人格是自立的，容貌是礼让的，是有待、有为，有准备的。儒者不宝金玉，不祈土地，不求多积，但讲求仁义、忠信。儒者不贪、不淫、不惧、不慑、不亏义、不更守，是特立的。儒者是刚毅的。儒者戴仁而行，抱德而处，虽有暴政，也不逃避，精神是自立的。儒者处贫贱之中，屋小门敝，无衣无食，但不疑不诒。儒者稽古察今，今世人望，后世楷模，身危而志不能夺，忧国忧民，有忧患意识。儒者有各种美德，但能"慕贤而容众，毁方而瓦合"，有宽容精神。儒者能大公无私，举贤援能。儒者"同己不与，异己不非"，完全"特行独立"。儒者可以"上不臣天子，下不事诸侯"，高尚其志。儒者还有交游之道，讲究尊让。特别提出"温良"为"仁之本"，"慎敬"为"仁之地"，"宽裕"为"仁之作"，"逊接"为"仁之能"，"礼节"为"仁之貌"，"言谈"为"仁之文"，"歌乐"为"仁之和"，"分散"为"仁之施"，这样一个结构性思维，有利于仁的体系化。本篇又见于《礼记·儒行》。

孔子在卫①，冉求言于季孙曰②："国有圣人而不能用，欲以求治，是犹却步而欲求及前人，不可得已。今孔子在卫，卫将用之。已有才而以资邻国，难以言智也，请以重币求之③。"季孙以告哀公，公从之。

【注释】

①卫：春秋时诸侯国名。周武王弟康叔封地，在今河北南部、河南北部一带。

②冉求：即冉有，字子有。春秋时鲁国人，孔子弟子。为季孙氏家臣。季孙：此指季康子，名肥，时为鲁哀公正卿。季孙为姓，是鲁桓公子季友的后代。

③重币：丰厚的礼物。指贵重的玉、帛、马匹等物品。

【译文】

孔子在卫国，冉求对季康子说："国家有圣人却不能用，这样想治理好国家，就像倒着走而又想赶上前面的人一样，是不可能的。现在孔子在卫国，卫国将要任用他，我们自己有人才却让他去帮助邻国，难以说是明智之举。请您用丰厚的聘礼把他请回来。"季康子把冉求的建议禀告了鲁哀公，鲁哀公听从了这一建议。

孔子既至，舍哀公馆焉①。公自阼阶②，孔子宾阶③，升堂立侍。

公曰："夫子之服，其儒服与？"

孔子对曰："丘少居鲁，衣逢掖之衣④；长居宋，冠章甫之冠⑤。丘闻之，君子之学也博，其服以乡，丘未知其为儒服也。"

【注释】

①舍：住宿。馆：客舍，宾馆。

②阼（zuò）阶：东阶。古代以阼为主人之位。

③宾阶：西阶。古时宾主相见，宾自西阶上。

④逢掖之衣：宽袖之衣，古代儒者所服。旧注："深衣之褒大也。"

⑤章甫之冠：缁布冠。古代举行冠礼时戴缁布冠。

【译文】

孔子回到鲁国，住在鲁哀公招待客人的馆舍里。哀公从大堂东面的台阶走上来迎接孔子，孔子从大堂西面的台阶走上来晋见哀公，然后到大堂里，孔子站着陪哀公说话。

鲁哀公问孔子说："先生穿的衣服，是儒者的服装吗？"

孔子回答说："我小时候住在鲁国，穿的是宽袖的衣服；长大后住在宋国，戴的是缁布做的礼冠。我听说，君子学问要广博，穿衣服要随其乡俗。我不知道这是不是儒者的服装。"

公曰："敢问儒行？"

孔子曰："略言之，则不能终其物；悉数之，则留更仆未可以对①。"

哀公命席，孔子侍坐，曰："儒有席上之珍以待聘，夙夜强学以待问，怀忠信以待举，力行以待取。其自立有如此者。

【注释】

①留更仆：使太仆长时间侍奉，以致疲倦。指时间长。
旧注："留，久也。仆，太仆。君燕朝，则正位掌傧
相。更之者，为久将倦，使之相代者也。"元陈澔
《礼记集说》："仆，臣之傧相者。久则疲倦，虽更代
其仆，亦未可得尽言之也。"可参看。

【译文】

鲁哀公问："请问儒者的行为是什么样的呢？"

孔子回答说："粗略地讲讲，不能把儒者的行为讲完；
如果详细地讲，讲到侍御的人换班也难以讲完。"

鲁哀公让人设席，孔子陪坐在旁边，说："儒者如同席
上的珍品等待别人来采用，昼夜不停地学习等待别人来请
教，心怀忠信等待别人举荐，努力做事等待别人录用。儒
者自修立身就是这样的。

"儒有衣冠中，动作慎，其大让如慢，小让如
伪。大则如威，小则如愧。难进而易退，粥粥若无
能也①。其容貌有如此者。

【注释】

①粥粥（yù）：谦卑的样子。

【译文】

"儒者的衣冠周正，行为谨慎，对大事推让好像很傲

慢，对小事推让好像很虚伪。做大事时神态慎重像心怀畏惧，做小事时小心谨慎像不敢去做。难于进取而易于退让，柔弱谦恭像是很无能的样子。儒者的容貌就是这样的。

"儒有居处齐难^①，其起坐恭敬，言必诚信，行必忠正。道涂不争险易之利，冬夏不争阴阳之和。爱其死以有待也，养其身以有为也。其备预有如此者。

【注释】

①齐难：庄重严肃。旧注："齐庄可畏难也。"

【译文】

"儒者的起居庄重谨慎，坐立行走恭敬，讲话一定诚信，行为必定中正。在路途不与人争好走的路，冬夏之季不与人争冬暖夏凉的地方。不轻易赴死以等待值得牺牲生命的事情，保养身体以期待有所作为。儒者预先准备就是这样的。

"儒有不宝金玉而忠信以为宝，不祈土地而仁义以为土地，不求多积，多文以为富。难得而易禄也^①，易禄而难畜也^②。非时不见，不亦难得乎？非义不合，不亦难畜乎？先劳而后禄，不亦易禄乎？其近人情有如此者。

【注释】

①难得：指人才难得。易禄：给俸禄很容易。指给很

少就可以了。

②难畜：难以留住。畜，容留。

【译文】

"儒者宝贵的不是金玉而是忠信，不谋求占有土地而把仁义当作土地，不求积蓄很多财富而把学问广博作为财富。儒者难以得到却容易供养，容易供养却难以留住。不到适当的时候不会出现，不是很难得吗？不正义的事情就不合作，不是很难留住他们吗？先效力而后才要俸禄，不是很容易供养吗？儒者近乎人情就是这样的。

"儒有委之以财货而不贪，淹之以乐好而不淫①，劫之以众而不惧，阻之以兵而不慑。见利不亏其义，见死不更其守。鸷虫攫搏不程其勇②，引重鼎不程其力③。往者不悔，来者不豫。过言不再，流言不极④。不断其威，不习其谋，其特立有如此者。

【注释】

①淹：沉迷。淫：过度。

②鸷虫：猛禽猛兽。攫搏：指鸟兽之抓取、搏击。程：显示。

③引：牵拉。此处有推举之意。

④流言不极：对流言不追根问底。极，极点，极限。旧注："流言相毁，不穷极也。"

【译文】

"儒者对于别人委托的财货不会有贪心，身处玩乐之境而不会沉迷，众人威逼也不会惧怕，用武力威胁也不会恐惧。见利不会忘义，见死不改操守。遇到猛禽猛兽的攻击不显示自己的勇敢而与之搏斗，推举重鼎不显示自己的力量尽力而为。对过往的事情不追悔，对未来的事情不疑虑。错话不说两次，流言不去追究。时常保持威严，不学习什么权谋。儒者的特立独行就是这样的。

"儒有可亲而不可劫，可近而不可迫，可杀而不可辱。其居处不过，其饮食不溽①，其过失可微辩而不可面数也。其刚毅有如此者。

【注释】

①溽（rù）：味道浓厚。

【译文】

"儒者可以亲近而不可以胁迫，可以接近而不可以威逼，可以杀头而不可侮辱。他们的居处不奢侈，他们的饮食不丰厚，他们的过失可以委婉地指出不可以当面数落。儒者的刚强坚毅就是这样的。

"儒有忠信以为甲胄，礼义以为干橹①，戴仁而行，抱德而处，虽有暴政，不更其所。其自立有如此者。

【注释】

①干橹：盾。小盾为干，大盾为橹。

【译文】

"儒者以忠信作为铠甲，以礼义作为盾牌，心中想着仁去行动，怀抱着德来居处，即使遇到暴政，也不改变操守。儒者的自立就是这样的。

"儒有一亩之宫①，环堵之室②，荜门圭窬③，蓬户瓮牖④。易衣而出，并日而食⑤。上答之，不敢以疑；上不答之，不敢以谄。其仕有如此者。

【注释】

①宫：房屋。古时无论贵贱，住房都可称作宫。

②环堵之室：旧注："方丈曰堵，一堵言其小者也。"

③荜门圭窬（yú）：极言房屋的简陋。圭窬，门边小洞。旧注："荜门，荆竹织门也。圭窬，穿墙为之，如圭也。"

④蓬户瓮牖：用蓬草编门，以破瓮之口做窗户。

⑤并日而食：一天就吃一顿饭。旧注："并一日之粮以为一食也。"

【译文】

"儒者有一亩地的宅院，居住着一丈见方的房间，荆竹编的院门狭小如洞，用蓬草编作房门，用破瓮口作为窗框。外出时才换件遮体的衣服，一天的饭并为一顿吃。君上采纳他的建议，不敢产生怀疑；君上不采纳他的建议，也不敢谄媚求进。儒者做官的原则就是这样的。

"儒有今人以居，古人以稽①；今世行之，后世以为楷。若不逢世，上所不受，下所不推，谗谄之民有比党而危之，身可危也，其志不可夺也。虽危起居，犹竟信其志，乃不忘百姓之病也。其忧思有如此者。

【注释】

①稽：旧注："稽，同。"

【译文】

"儒者与今人一起居住，而以古人的道德标准要求自己；儒者今世的行为，可以作为后世的楷模。如果生不逢时，上面没人援引，下面没人推荐，进谗谄媚的人又合伙来陷害他，只可危害他的身体，而不可剥夺他的志向。虽然能危害他的生活起居，最终他还要伸展自己的志向，仍将不忘百姓的痛苦。儒者的忧思就是这样的。

"儒有博学而不穷，笃行而不倦，幽居而不淫①，上通而不困。礼必以和，优游以法②。慕贤而容众，毁方而瓦合③。其宽裕有如此者。

【注释】

①幽居：独处。淫：放纵。旧注："穷不失义也。"

②优游：平和自在。旧注："和也。"

③毁方而瓦合：指在非原则问题上委屈自己而顺从大众。《礼记·儒行》注："方，谓物之方正，有圭角

锋芒也。瓦合，谓瓦器破而相合也。言儒者身虽方
正，毁屈己之方正下同凡众，如破去圭角与瓦器相
合也。"

【译文】

"儒者广博地学习而无休止，专意实行而不倦怠，独处
时不放纵自己，通达于上时不离道义。遵循以和为贵的原
则，悠然自得而有节制。仰慕贤人而容纳众人，有时可削
减自己的棱角而依随众人。儒者的宽容大度就是这样的。

"儒有内称不避亲，外举不避怨。程功积事^①，
不求厚禄。推贤达能，不望其报。君得其志，民赖
其德。苟利国家，不求富贵。其举贤援能有如此者。

【注释】

①程功积事：度量功绩，积累事实。旧注："程，犹效
也。言功效而已，不求厚禄也。"

【译文】

"儒者举荐人才，对内不避亲属，对外不避有仇怨的
人。度量功绩，积累事实，不谋求更高的禄位。推荐贤能
而进达于上，不祈望他们的报答。国君满足了用贤的愿望，
百姓依仗他的仁德。只要有利于国家，不贪图个人的富贵。
儒者的举贤荐能就是这样的。

"儒有澡身浴德^①，陈言而伏。静言而正之，而
上下不知也。默而翘之^②，又不急为也。不临深而

为高，不加少而为多。世治不轻③，世乱不沮④。同己不与，异己不非。其特立独行有如此者。

【注释】

①澡身浴德：沐浴身心于道德之中。旧注："常自洁净其身，沐浴于德行也。"

②默而翘之：默默地翘首等待。

③不轻：不自轻。

④不沮：不沮丧。

【译文】

"儒者沐身心于道德之中，陈述自己的意见而伏听君命。平静地纠正国君的过失，君上和臣下都难以觉察。默默地等待，不急于去做。不在地位低下的人面前显示自己高明，不把少的功劳夸大为多。国家大治的时候，群贤并处而不自轻；国家混乱的时候，坚守正道而不沮丧。不和志向相同的人结党，也不诋毁和自己政见不同的人。儒者的特立独行就是这样的。

"儒有上不臣天子，下不事诸侯，慎静尚宽，砥厉廉隅①。强毅以与人②，博学以知服③。虽以分国，视之如锱铢④，弗肯臣仕。其规为有如此者。

【注释】

①砥厉廉隅：磨炼品德。砥厉，同"砥砺"，磨炼。廉隅，本指棱角，此指品行端方。

②强毅：刚强坚毅。

③服：旧注："服，力行也。"

④锱铢（zīzhū）：古代重量单位，六铢为一锱，四锱为一两。比喻微小的东西。旧注："视之轻如锱铢。"

【译文】

"儒者中有这样一类人，对上不做天子的臣下，对下不事奉诸侯，谨慎安静而崇尚宽厚，磨炼自己端方正直的品格。待人接物刚强坚毅，广博地学习而又知所当行。即使把国家分给他，他也看做锱铢小事，不肯做别人的臣下和官吏。儒者规范自己的行为就是这样的。

"儒有合志同方，营道同术。并立则乐，相下不厌。久别则闻流言不信。义同而进，不同而退。其交有如此者。

【译文】

"儒者交朋友，要志趣相合，方向一致，营求道艺，路数相同。地位相等都高兴，地位互有上下彼此也不厌弃。久不相见，听到对方的流言飞语绝不相信。志向相同就进一步交往，志向不同就退避疏远。儒者交朋友的态度就是这样的。

"夫温良者仁之本也，慎敬者仁之地也，宽裕者仁之作也，逊接者仁之能也，礼节者仁之貌也，言谈者仁之文也，歌乐者仁之和也，分散者仁之施也。儒皆兼此而有之，犹且不敢言仁也。其尊让有如此者。

【译文】

"温和善良是仁的根本，恭敬谨慎是仁的基础，宽宏大量是仁的开始，谦逊待人是仁的功能，礼节是仁的外表，言谈是仁的文采。歌舞音乐是仁的和谐，分散财物是仁的施与。儒者兼有这几种美德，还不敢说已经做到仁了。儒者的恭敬谦让就是这样的。

"儒有不陨获于贫贱①，不充诎于富贵②，不溷君王，不累长上，不闵有司，故曰儒③。今人之名儒也妄，常以儒相诟疾。"

【注释】

①陨获：丧失志气。旧注："陨获，坠割也。一说忧闷不安之貌。"

②充诎（qū）：自满而失去节制。旧注："充诎，骄咨也。一说踊跃参扰之貌。"

③"不溷（hùn）君王"以下四句：旧注："溷，辱。闵，疾。言不为君长所辱病。儒者，中和之名。一作'累，罣碍也。'闵，伤也。言不受于君长有司也。"

【译文】

"儒者不因贫贱而灰心丧气，不因富贵而得意忘形。不玷辱君王，不拖累长上，不给有关官吏带来困扰，因此叫做儒。现今人们对儒这个名称的理解是虚妄不实的，经常把人称作儒来讥讽他。"

哀公既得闻此言也，言加信，行加敬，曰："终殁吾世^①，弗敢复以儒为戏矣！"

【注释】

① 终殁吾世：终我一生。殁，死。

【译文】

鲁哀公听到这些话后，自己说话更加守信，行为更加严肃，说："直到我死，再不敢拿儒者开玩笑了。"

问礼第六

这篇是讲礼的重要意义的。首先说明礼在事天地之神、辨尊卑之位、别亲疏、与万民同利等方面的作用，同时批评现实好利无厌、淫行荒怠、禁锢人民、虐杀刑诛等非礼治现象。本文又见于《礼记·哀公问》和《大戴礼记·哀公问于孔子》。

哀公问于孔子曰："大礼何如①？子之言礼，何其尊也？"孔子对曰："丘也鄙人，不足以知大礼也。"公曰："吾子言焉！"

孔子曰："丘闻之，民之所以生者，礼为大。非礼则无以节事天地之神焉，非礼则无以辨君臣上下长幼之位焉，非礼则无以别男女父子兄弟婚姻亲族疏数之交焉。是故君子此为之尊敬，然后以其所能教顺百姓②，不废其会节③。既有成事，而后治其文章黼黻④，以别尊卑上下之等。其顺之也，而后言其丧祭之纪⑤，宗庙之序⑥。品其牺牲⑦，设其豕腊⑧，修其岁时，以敬其祭祀，别其亲疏，序其昭穆⑨。而后宗族会燕，即安其居，以缀恩义⑩。卑其宫室，节其服御⑪，车不雕玑⑫，器不雕镂⑬，食不二味，心不淫志，以与民同利。古之明王行礼也如此。"

【注释】

① 大礼：隆重的礼仪。

② 教顺：教化引导。

③ 会节：旧注："会指理之所聚而不可遗处，节谓分之所限而不可过处。"意指最重要的礼和最高的界限。

④ 文章：车服旌旗等。黼黻（fǔfú）：古代礼服上所绣的花纹。这里代指礼服。

⑤ 丧祭：葬后的祭礼。纪：法度规矩。

⑥ 宗庙之序：宗庙祭祀的礼节。序，次序。这里引申为礼节。

⑦牺牲：供祭祀用的牲畜。

⑧豕（shǐ）腊（xī）：祭祀用的腌制干肉。豕，猪。腊，干肉。

⑨昭穆：古代宗法制度，宗庙或墓地的辈次排列。以始祖居中，二世、四世、六世位于始祖左方，称昭；三世、五世、七世位于右方，称穆。用来分别宗族内部的长幼、亲疏和远近。

⑩缀：联结。

⑪节其服御：节省日常用度。服御，衣服车马之类。

⑫雕玑：刻画漆饰成凹凸花纹。

⑬雕镂：雕刻，刻镂。

【译文】

鲁哀公向孔子请教说："隆重的礼仪是什么样的？您为什么把礼说得那么重要呢？"孔子回答道："我是个鄙陋的人，不足以了解隆重的礼节。"鲁哀公说："您还是说说吧！"

孔子回答道："我听说，在民众生活中，礼仪是最重要的。没有礼就不能有节制地侍奉天地神灵，没有礼就无法区别君臣、上下、长幼的地位，没有礼就不能分别男女、父子、兄弟的亲情关系以及婚姻亲族交往的亲疏远近。所以，君主把礼看得非常重要，认识到这一点以后，用他所了解的礼来教化引导百姓，使他们懂得礼的重要和礼的界限。等到礼的教化卓有成效之后，才用文饰器物和礼服来区别尊卑上下。百姓顺应礼的教化后，才谈得上丧葬祭祀的规则，宗庙祭祀的礼节。安排好祭祀用的牺牲，布置好祭神祭祖用的干肉，每年按时举行严肃的祭礼，以表达对神灵、先祖的崇敬之心，区别血缘关系的亲疏，排定昭穆的次序。祭祀以后，亲属在一起饮宴，依序坐在应坐的位置上，以联结彼此的亲情。住低矮简陋的居室，穿俭朴无华的衣服，车辆不加雕饰，器具不刻镂花纹，饮食不讲究滋味，内心没有过分的欲望，和百姓同享利益。以前的贤明君主就是这样讲礼节的。"

公曰："今之君子胡莫之行也①？"

孔子对曰："今之君子，好利无厌，淫行不倦，荒怠慢游，固民是尽②。以遂其心，以怨其政，以忤其众，以伐有道。求得当欲不以其所，虐杀刑诛不以其治。夫昔之用民者由前，今之用民者由后。是即今之君子莫能为礼也。"

【注释】

①胡：何，为什么。莫：没有人。
②固：坚持，一定。

【译文】

鲁哀公问："现在的君主为什么没有人这样做了呢？"

孔子回答说："现在的君主贪婪爱财没有满足的时候，放纵自己的行为不感到厌倦，放荡懒散而又态度傲慢，固执地搜刮尽人民的资财。为满足自己的欲望，不顾招致百姓的怨恨，违背众人的意志，去侵犯政治清明的国家。只求个人欲望得到满足而不择手段，残暴地对待人民而肆意刑杀，不设法使国家得到治理。以前的君主统治民众是用前面说的办法，现在的君主统治民众是用后面说的办法。这说明现在的君主不能修明礼教。"

五仪解第七

　　本篇第一部分主要讲"五仪"。所谓"五仪"就是指五个等次的人的特征。这五个等次是：庸人、士人、君子、贤人、圣人。他们各有特点，境界也由低向高。最后一问思想价值很高。鲁哀公自称"寡人生于深宫之内，长于妇人之手，未尝知哀，未尝知忧，未尝知劳，未尝知惧，未尝知危，恐不足以行五仪之教"，孔子告诉他如何思哀、思忧、思劳、思惧，很有借鉴意义。这一部分又见于《荀子·哀公》。《大戴礼记·哀公问五义》也有本篇，只是缺"寡人生于深宫之内"一段，里面还有句子脱落，似乎本篇较完整。《新序·杂事四》也有"寡人生于深宫之内"一段。最后孔子提出一个重要论断："存亡祸福，皆己而已。"反对天命说。并举历史事实，警告君主"侧身修行，思先王之政，明养民之道"，可以使"灾妖不胜善政"。本段又见于《说苑·敬慎》。

哀公问于孔子曰："寡人欲论鲁国之士，与之为治，敢问如何取之？"

孔子对曰："生今之世，志古之道；居今之俗，服古之服。舍此而为非者^①，不亦鲜乎？"

曰："然则章甫、绚履、绅带、缙笏者^②，皆贤人也？"

孔子曰："不必然也。丘之所言，非此之谓也。夫端衣玄裳^③，冕而乘轩者^④，则志不在于食焄^⑤；斩衰菅菲^⑥，杖而歠粥者^⑦，则志不在于酒肉。生今之世，志古之道；居今之俗，服古之服；谓此类也。"

公曰："善哉！尽此而已乎？"

孔子曰："人有五仪^⑧，有庸人，有士人，有君子，有贤人，有圣人。审此五者，则治道毕矣。"

【注释】

①舍此：旧注："舍，读去声，训为'处'。"意为处于这种境况的人，有此种作为的人。

②章甫：缁布冠，此处指戴缁布冠。绚（qú）履：穿鞋头有装饰的鞋子。绚，古时鞋头上的装饰。绅带：古代有地位和权势的人腰间系的一头垂下的大带。缙（jìn）笏：插笏于绅。缙，插。笏，古代朝会时所执的手板，其上书写所奏之事，以备遗忘。

③端衣玄裳：指穿着礼服。端衣，古代祭祀时所穿的礼服。玄，黑红色。

④冕而乘轩：头戴冠冕乘着车。轩，古代卿大夫所乘之车。

⑤荤（hūn）：通"荤"。指葱韭之类带辛辣气味的蔬菜。

⑥斩衰（cuī）：古代丧服，用粗麻布做成，不缝边。

菅菲：据《荀子·哀公》当作"菅屦"，草鞋。

⑦杖：拄着丧杖。歠（chuò）粥：喝粥。

⑧五仪：五个等次。

【译文】

鲁哀公向孔子问道："我想选拔鲁国的人才，和他们一起治理国家，请问怎么选拔人才呢？"

孔子回答说："生活在当今的时代，倾慕古代的道德礼仪；依现今的习俗而生活，穿着古代的儒服。有这样的行为而为非作歹的人，不是很少见吗？"

哀公问："那么戴着缁布冠，穿着鞋头上有装饰的鞋子，腰上系着大带子并把笏板插在带子里的人，都是贤人吗？"

孔子说："那倒不一定。我刚才说的话，并不是这个意思。那些穿着礼服，戴着礼帽，乘着车子去行祭祀礼的人，他们的志向不在于食荤；穿着用粗麻布做的丧服，穿着草鞋，拄着丧杖喝粥来行丧礼的人，他们的志向不在于酒肉。生活在当今的时代，却倾慕古代的道德礼仪；依现代的习俗生活，却穿着古代的儒服；我说的是这一类人。"

哀公说："你说得很好！就仅仅是这些吗？"

孔子回答道："人分五个等级，有庸人，有士人，有君子，有贤人，有圣人。分清这五类人，那治世的方法就都具备了。"

公曰:"敢问何如斯可谓之庸人?"

孔子曰:"所谓庸人者,心不存慎终之规①,口不吐训格之言②,不择贤以托其身,不力行以自定。见小暗大,而不知所务;从物如流③,不知其所执。此则庸人也。"

【注释】

①慎终:谨慎小心,始终到底。

②训格:规范,典范。

③从物如流:凡事随大流,没有主见。

【译文】

哀公问道:"请问什么样的人叫做庸人?"

孔子回答说:"所谓庸人,他们心中没有谨慎行事、善始善终的原则,口中说不出有道理的话,不选择贤人善士作为自己的依靠,不努力行事使自己得到安定的生活。他们往往小事明白大事糊涂,不知自己在忙些什么;凡事随大流,不知自己所追求的是什么。这样的人就是庸人。"

公曰:"何谓士人?"

孔子曰:"所谓士人者,心有所定,计有所守,虽不能尽道术之本①,必有率也②;虽不能备百善之美,必有处也。是故智不务多,必审其所知;言不务多,必审其所谓;行不务多,必审其所由。智既知之，言既道之，行既由之，则若性命之于形骸不可易也③。富贵不足以益，贫贱不足以损。此则士人也。”

【注释】

①道术：道德学术。

②率：遵循。

③形骸：人的形体、躯壳。

【译文】

哀公问道：“请问什么是士人？”

孔子回答说：“所谓士人，他们心中有确定的原则，有明确的计划，即使不能尽到行道义治国家的本分，也一定有遵循的法则；即使不能集百善于一身，也一定有自己的操守。因此他们的知识不一定非常广博，但一定要审查自己具有的知识是否正确；话不一定说得很多，但一定要审查说得是否确当；路不一定走得很多，但一定要明白所走的路是不是正道。知道自己具有的知识是正确的，说出的话是确当的，走的路是正道，那么这些正确的原则就像性命对于形骸一样不可改变了。富贵不能对自己有所补益，贫贱不能对自己有所损害。这样的人就是士人。”

公曰：“何谓君子？”

孔子曰：“所谓君子者，言必忠信而心不怨，仁义在身而色无伐①，思虑通明而辞不专。笃行信道，自强不息。油然若将可越②，而终不可及者。此则君子也。"

【注释】

①色无伐：脸上没有自夸的神色。伐，自夸。

②油然：从容安闲的样子。

【译文】

哀公问："什么样的人是君子呢？"

孔子回答说："所谓君子，说出的话一定忠信而内心没有怨恨，身有仁义的美德而没有自夸的表情，考虑问题明智通达而话语委婉。遵循仁义之道努力实现自己的理想，自强不息。他那从容的样子好像很容易超越，但终不能达到他那样的境界。这样的人就是君子。"

公曰："何谓贤人？"

孔子曰："所谓贤人者，德不逾闲①，行中规绳②。言足以法于天下而不伤于身，道足以化于百姓而不伤于本。富则天下无宛财③，施则天下不病贫。此则贤者也。"

【注释】

①逾闲：越出法度。

②规绳：指规范、法则。规，校正圆形的用具。绳，木工用的墨线。

③宛财：《荀子·哀公》作"怨财"，怨恨他财富多。旧注："宛，积也。"

哀公问:"什么样的人称得上是贤人呢?"

孔子回答说:"所谓贤人,他们的品德不逾越常规,行为符合礼法。他们的言论可以让天下人效法而不会招来灾祸,道德足以感化百姓而不会给自己带来伤害。他虽富有,天下人不会怨恨;他一施恩,天下人都不贫穷。这样的人就是贤人。"

公曰:"何谓圣人?"

孔子曰:"所谓圣者,德合于天地,变通无方。穷万事之终始,协庶品之自然,敷其大道而遂成情性。明并日月,化行若神。下民不知其德,睹者不识其邻。此谓圣人也。"

【译文】

哀公又问:"什么样的人称得上是圣人呢?"

孔子回答说:"所谓圣人,他们的品德符合天地之道,变通自如。能探究万事万物的终始,使万事万物符合自然法则,依照万事万物的自然规律来成就它们。光明如日月,教化如神灵。下面的民众不知道他的德行,看到他的人也不知道他就在身边。这样的人就是圣人。"

公曰:"善哉!非子之贤,则寡人不得闻此言也。虽然,寡人生于深宫之内,长于妇人之手,未尝知哀,未尝知忧,未尝知劳,未尝知惧,未尝知危，恐不足以行五仪之教。若何？"

孔子对曰："如君之言，已知之矣，则丘亦无所闻焉。"

【译文】

哀公说："好啊！不是先生贤明，我就听不到这些言论了。虽然如此，但我从小生在深宫之内，由妇人抚养长大，不知道悲哀，不知道忧愁，不知道劳苦，不知道惧怕，不知道危险，恐不足以实行五仪之教。怎么办呢？"

孔子回答说："从您的话中可以听出，您已经明白这些道理了，我也就没什么可对您说的了。"

公曰："非吾子，寡人无以启其心。吾子言也。"

孔子曰："君子入庙①，如右②，登自阼阶，仰视榱桷③，俯察机筵④，其器皆存，而不睹其人。君以此思哀，则哀可知矣。昧爽夙兴⑤，正其衣冠；平旦视朝⑥，虑其危难。一物失理，乱亡之端。君以此思忧，则忧可知矣。日出听政，至于中冥⑦，诸侯子孙，往来为宾，行礼揖让，慎其威仪。君以此思劳，则劳亦可知矣。缅然长思⑧，出于四门，周章远望⑨，睹亡国之墟，必将有数焉。君以此思惧，则惧可知矣。夫君者，舟也；庶人者，水也。水所以载舟，亦所以覆舟。君以此思危，则危可知矣。君既明此五者，又少留意于五仪之事，则于政治何有失矣！"

①君子：指国君。

②如右：《荀子·哀公》作"而右"，指从右边走。古人以右为尊。

③榱桷（cuījué）：房屋的椽子。

④机筵：筵席。也作"几筵"。

⑤昧爽：拂晓，天未全明之时。夙兴：早起。

⑥平旦：清晨。

⑦中昃：午后。旧注："中，日中。昃，昳（dié）中也，日昃曰昳。"昳，午后日偏斜。

⑧缅然：悠思貌。

⑨周章：周游。

【译文】

哀公说："要不是您，我的心智就得不到启发。您还是再说说吧！"

孔子说："国君到庙中行祭祀之礼，从右边台阶走上去，抬头看到屋椽，低头看到筵席，亲人使用的器物都在，却看不到他们的身影。您因此感到哀伤，那么就知道哀伤是什么了。天还没亮就起床，衣帽穿戴整齐；清晨到朝堂听政，考虑国家是否会有危难。一件事处理不当，往往会成为国家混乱灭亡的开端。您以此来忧虑国事，那么也就知道什么是忧愁了。太阳出来就处理国家大事，直至午后，接待各国诸侯及子孙，还有宾客往来，行礼揖让，谨慎地按照礼法显示自己的威严仪态。您因此思考什么是辛劳，那么也就知道什么是辛劳了。缅怀远古，走出都门，周游浏览，向远眺望，看到那些亡国的废墟，可见灭亡之国不只一个。您因此感到惧怕，那么也就知道什么是惧怕了。国君是舟，百姓就是水。水可以载舟，也可以覆舟。您由此想到危险，那么也就知道什么是危险了。您明白这五个方面，又稍稍留意国家中的五种人，那么治理国家还会有什么失误呢？”

哀公问于孔子曰：“夫国家之存亡祸福，信有天命①，非唯人也？”

孔子对曰：“存亡祸福，皆己而已，天灾地妖，不能加也。”

公曰：“善！吾子之言，岂有其事乎？”

孔子曰：“昔者殷王帝辛之世②，有雀生大鸟于城隅焉，占之曰：‘凡以小生大，则国家必王，而名必昌。’于是帝辛介雀之德③，不修国政，亢暴无极④，朝臣莫救，外寇乃至，殷国以亡。此即以己逆天时，诡福反为祸者也⑤。又其先世殷王太戊之时⑥，道缺法圯，以致夭蘖⑦，桑穀于朝⑧，七日大拱⑨，占之者曰：‘桑穀野木而不合生朝，意者国亡乎？’太戊恐骇，侧身修行，思先王之政，明养民之道，三年之后，远方慕义，重译至者⑩，十有六国。此即以己逆天时，得祸为福者也。故天灾地妖，所以儆人主者也⑪；寤梦征怪⑫，所以儆人臣者也。灾妖不胜善政，寤梦不胜善行。能知此者，至治之极也，唯明王达此。”

公曰："寡人不鄙固此⑬，亦不得闻君子之教也。"

【注释】

①信：的确。

②帝辛：即商纣王。

③介雀之德：介，因，依赖。旧注："介，助也，以雀之德为助也。"

④亢暴：非常残暴。

⑤诡：奇异，怪异。

⑥太戊：商王名。太庚子。时商朝衰微，太戊用伊陟、巫咸等贤人，商朝复兴。

⑦夭蘖（niè）：反常的树木。

⑧桑穀（gǔ）于朝：古时以桑木、穀木合生于朝为不祥之兆。穀，楮木。

⑨大拱：长大到两手可以围抱。

⑩重译：辗转翻译。指远方国家的使者经过多重翻译才能交流。说明相隔遥远。

⑪儆（jǐng）：告诫，警告。

⑫寤梦：半睡半醒，似梦非梦，恍惚如有所见。征怪：怪异的征兆。

⑬鄙：鄙陋，浅陋。固：鄙陋。

【译文】

鲁哀公问孔子："国家的存亡祸福，的确是由天命决定的，不是人力所能左右的吗？"

孔子回答说："国家的存亡祸福都是由人自己决定的，

天灾地妖都不能改变国家的命运。"

哀公说："好！您说的话，有什么事实根据吗？"

孔子说："从前殷纣王时代，在国都的城墙边，有一只小鸟生出一只大鸟，占卜说：'凡是以小生大，国家必将成为霸主，声名必将大振。'于是，商纣王凭借小鸟生大鸟的好兆头，不好好治理国家，残暴之极，朝中大臣也无法挽救，外敌攻入，殷国因此灭亡。这就是以自己的肆意妄为违背天时，奇异的福兆反而变成灾祸的事例。再者纣王的先祖殷王太戊时代，社会道德败坏，国家法纪紊乱，以致出现反常的树木，朝堂上长出桑穀，七天就长得两手合抱之粗。占卜者说：'桑穀野木不应共同生长在朝堂上，难道国家要灭亡吗？'太戊非常恐惧，小心地修养自己的德行，学习先王治国的方法，探究养民的措施，三年之后，远方的国家思慕殷国的道义，偏远之国的使者经过多重翻译来朝见的，有十六国之多。这就是以自己的谨身修治改变天时，祸兆反变为福的事例。所以说，天灾地妖是上天来警告国君的；梦见怪异是上天来警告臣子的。灾祸胜不过良好的政治，梦兆也胜不过善良的行为。能明白这个道理，就是治国的最高境界，只有贤明的国君才能做到。"

鲁哀公说："我如果不是如此浅陋，也就不能听到您这样的教诲了。"

卷二

致思第八

"致思"二字源于篇中"于斯致思",是集中精神思考的意思。本篇由许多小事、小段落组成。"孔子北游"章是孔子听弟子言志,这里突显"不伤财,不害民,不繁词"的德治。本章又见于《韩诗外传九》、《说苑·指武》,文字有异同。"孔子之楚"章从馈鱼说起,可以看出孔子是尊重节俭而又与人分享的人。又见于《说苑·贵德》。"子路为蒲宰"章是讲要凸显君之惠,不要见己之德美,不然会引来祸患。又见于《说苑·臣术》。"孔子适齐"章是讲人生中的三种遗憾,即欲孝而亲丧,臣节不遂,朋友离绝。《韩诗外传九》、《说苑·敬慎》也有类似文字。"孔子谓伯鱼"章是讲学习的重要性。类似文字又见《韩诗外传六》、《说苑·建本》、《尚书大传》。"子贡问"章孔子回答死者有知、无知,是从道德上观察的。文字又见《说苑·辨物》。"子贡问治民"章,孔子认为治民必存畏惧之心,以道导之。又见《说苑·政理》。

孔子北游于农山①，子路、子贡、颜渊侍侧②。孔子四望，喟然而叹曰③："于斯致思④，无所不至矣。二三子各言尔志，吾将择焉。"

子路进曰："由愿得白羽若月，赤羽若日，钟鼓之音上震于天，旍旗缤纷下蟠于地⑤。由当一队而敌之⑥，必也攘地千里⑦，搴旗执馘⑧。唯由能之，使二子者从我焉。"

夫子曰："勇哉！"

子贡复进曰："赐愿使齐、楚合战于漭瀁之野⑨，两垒相望，尘埃相接，挺刃交兵。赐着缟衣白冠⑩，陈说其间，推论利害，释二国之患。唯赐能之，使夫二子者从我焉。"

夫子曰："辩哉⑪！"

颜回退而不对。孔子曰："回，来，汝奚独无愿乎⑫？"颜回对曰："文武之事，则二子者既言之矣，回何云焉？"

孔子曰："虽然，各言尔志也，小子言之。"

对曰："回闻薰莸不同器而藏⑬，尧桀不共国而治，以其类异也。回愿得明王圣主辅相之，敷其五教⑭，导之以礼乐⑮，使民城郭不修，沟池不越，铸剑戟以为农器，放牛马于原薮⑯，室家无离旷之思⑰，千岁无战斗之患。则由无所施其勇，而赐无所用其辩矣。"

夫子凛然曰⑱："美哉！德也。"

子路抗手而对曰⑲："夫子何选焉？"

孔子曰："不伤财，不害民，不繁词，则颜氏之子有矣。"

【注释】

①农山：山名，在鲁国（今山东）境内。

②侍侧：在旁边陪着。

③喟（kuì）然：叹息的样子。

④于斯：在这里。致思：集中心思思考。

⑤旌（jīng）旗：即旌旗。蟠：盘曲地伏着。旧注："蟠，委。"

⑥当：掌管，率领。

⑦攘：夺取。或作排斥义。旧注："攘，却。"意为使敌人退却。

⑧搴（qiān）旗执馘（guó）：搴旗，指拔取敌人的军旗。馘，战争中割取敌人的左耳。古代常以获取敌人耳朵的多少来计功。旧注："搴，取也，取敌之旌旗。馘，截耳也，截敌之耳以效获也。"

⑨溿漾：广大貌。

⑩缟（gǎo）衣白冠：白衣白帽。战争中穿这样的服装表示奋死一战的决心。旧注："兵，凶事，故白冠服也。"

⑪辩：有辩才。

⑫奚独：为何只有你。奚，疑问词，为何，如何。

⑬薰：一种香草。莸：一种臭草。

⑭敷：布，施。五教：指父义、母慈、兄友、弟恭、

子孝这五种德行。

⑮导：教导。

⑯原薮（sǒu）：原，平原。薮，水浅草茂的湿地。旧注："广平曰原，泽无水曰薮也。"

⑰离旷：丈夫离家，妇人独处。

⑱凛然：态度严肃，令人敬畏的样子。

⑲抗手：举手。

【译文】

孔子向北游览到农山，子路、子贡、颜渊在身边陪着。孔子向四面望了望，感叹地说："在这里集中精力思考问题，什么想法都会出现啊！你们每个人各自谈谈自己的志向，我将从中做出选择。"

子路走上前说："我希望有这样一个机会，白色的指挥旗像月亮，红色的战旗像太阳，钟鼓的声音响彻云霄，繁多的旌旗在地面盘旋舞动。我带领一队人马进攻敌人，必会夺取敌人千里之地，拔去敌人的旗帜，割下敌人的耳朵。这样的事只有我能做到，您就让子贡和颜渊跟着我吧！"

孔子说："真勇敢啊！"

子贡也走上前说道："我愿出使到齐国和楚国交战的广阔原野上，两军的营垒遥遥相望，扬起的尘埃连成一片，士兵们挥刀交战。在这种情况下，我穿戴着白色衣帽，在两国之间陈说，论述交战的利弊，解除两国的灾难。这样的事只有我能做得到，您就让子路和颜渊跟着我吧！"

孔子说："真有口才啊！"

颜回后退不说话。孔子说："颜回，过来，为何只有你没有志向呢？"颜回回答说："文武两方面的事，子路和子贡都已经说过了，我还说什么呢？"

孔子说："虽然如此，还是各人说说各人的志向，你就说吧。"

颜回回答说："我听说薰草和莸草不能藏在同一个容器中，尧和桀不能共同治理一个国家，因为他们不是同一类人。我希望得到明王圣主来辅助他们，向人民宣传五教，用礼乐来教导他们，使百姓不修筑城墙，不逾越护城河，剑戟之类的武器改铸为农具，平原湿地放牧牛马，妇女不因丈夫长期离家而忧虑，千年无战争之患。这样，子路就没有机会施展他的勇敢，子贡就没有机会运用他的口才了。"

孔子表情严肃地说："这种德行是多么美好啊！"

子路举起手来问道："老师您选择哪种呢？"

孔子说："不耗费财物，不危害百姓，不费太多的言辞，这只有颜回才有这个想法啊！"

　

孔子之楚，而有渔者而献鱼焉，孔子不受。渔者曰："天暑市远，无所鬻也①。思虑弃之粪壤，不如献之君子，故敢以进焉。"

于是夫子再拜受之，使弟子扫地，将以享祭②。门人曰："彼将弃之，而夫子以祭之，何也？"孔子曰："吾闻诸：惜其腐馂③，而欲以务施者，仁人之偶也④。恶有受仁人之馈而无祭者乎⑤？"

【注释】

①鬻（yù）：卖。

②享祭：祭祀。

③腐馂（niè）：腐烂，食物变质。馂，熟食。旧注：
"同饪。"

④偶：同类。

⑤恶有：怎有。

【译文】

孔子到楚国去，有一位打鱼人献给他一些鱼，孔子不接受。打鱼人说："天热市场又远，已经无法卖了。我想扔到粪堆上，不如献给君子，所以敢于进献给您。"

于是孔子拜了又拜，接受了这些鱼，让弟子把地打扫干净，准备祭祀。弟子说："打鱼人本来要扔掉这些鱼，而老师却要用来祭祀，这是为什么呢？"孔子说："我听说：怕食物变质而把它送给别人的人，是仁人一类的人。哪有接受了仁人的馈赠而不祭祀的呢？"

子路为蒲宰①，为水备②，与其民修沟渎。以民之劳烦苦也，人与之一箪食③，一壶浆④。

孔子闻之，使子贡止之。子路忿然不悦，往见孔子，曰："由也以暴雨将至，恐有水灾，故与民修沟洫以备之。而民多匮饿者，是以箪食壶浆而与之。夫子使赐止之⑤，是夫子止由之行仁也。夫子以仁教而禁其行，由不受也。"

孔子曰："汝以民为饿也，何不白于君，发仓廪以赈之⑥？而私以尔食馈之，是汝明君之无惠，而见己之德美矣。汝速已则可，不则汝之见罪必矣⑦。"

【注释】

①蒲：鲁国地名，在今河北长垣。

②为水备：做防备水灾的准备。

③箪（dān）：盛饭的竹器。

④浆：稀米汤。或指水。

⑤赐：子贡的名，姓端木。

⑥发：打开。仓廪：粮仓。赈：救济。

⑦不则：否则。见罪：被认为有罪。见，被，表示
　被动。

【译文】

　　子路在蒲地做县令，采取了防备水灾的措施，和民众一起修筑沟渠。考虑到民众劳作过于辛苦，子路就给每人发一箪饭一壶水。

　　孔子听到这件事，立刻让子贡阻止子路这样做。子路愤懑不悦，于是去见孔子，说："我因为暴雨即将来临，恐怕会有水灾，所以和民众一起修筑沟渠来防备。民众中很多人因为缺粮而挨饿，因此发给他们每人一箪食一壶水。老师您派子贡来阻止我，这是您阻止我行仁啊。您教导我们要有仁爱之心却禁止我行仁，我不能接受。"

　　孔子说："你既然知道民众在挨饿，为何不向国君报告，请他发放国家粮仓的粮食来救济呢？而你私下里把你的食物送给他们，这是你彰显国君没有恩惠而表现自己道

德的美好。你赶快停止还可以，不然你必定会获罪。"

孔子适齐①，中路闻哭者之声，其音甚哀。孔子谓其仆曰："此哭哀则哀矣，然非丧者之哀矣。"驱而前，少进，见有异人焉②，拥镰带素③，哭者不衰。

孔子下车，追而问曰："子何人也？"对曰："吾丘吾子也④。"

曰："子今非丧之所，奚哭之悲也⑤？"丘吾子曰："吾有三失，晚而自觉，悔之何及？"

曰："三失可得闻乎？愿子告吾，无隐也。"

丘吾子曰："吾少时好学，周遍天下，后还，丧吾亲，是一失也。长事齐君，君骄奢失士，臣节不遂，是二失也。吾平生厚交，而今皆离绝，是三失也。夫树欲静而风不停，子欲养而亲不待。往而不来者，年也；不可再见者，亲也。请从此辞。"遂投水而死。

孔子曰："小子识之⑥，斯足为戒矣！"自是弟子辞归养亲者十有三。

【注释】

①适：往，到。

②异人：不同一般的人。

③拥镰带素：拿着镰刀，穿着素衣。

④丘吾子：一说名皋鱼，贤者。

⑤奚：为什么。

⑥识：记住。

【译文】

　　孔子到齐国去，在路途中听到有人在哭，哭声很悲哀。孔子对跟随他的人说："这人的哭声悲哀是悲哀，但不是丧失亲人的悲哀。"于是继续驱车前行，没走多远，看到一个非同一般的人，拿着镰刀，穿着素衣，哭个不停。

　　孔子下了车，追上前问道："您是谁啊？"那人回答说："我是丘吾子。"

　　孔子说："您现在并不在举办丧事的地方，为什么哭得如此伤心呢？"丘吾子说："我有三件过失，到晚年才发现，后悔又有什么用呢？"

　　孔子问："您的三件过失可以说来听听吗？希望您毫无隐瞒地告诉我。"

　　丘吾子说："我年轻时很好学，走遍了天下，后来回了家，父母都已去世，这是第一件过失。年长后事奉齐国国君，齐君骄奢失去臣民拥护，我作为臣子节操也不能保全，这是第二件过失。我平生结交了很多朋友，现今都离我而去，断绝了来往，这是第三件过失。树欲静而风却不停地吹，儿子想奉养父母而父母却已去世。过去了而不能再返回的，是岁月；不能再见到的，是父母。请让我从此辞离人世吧！"于是投水而死。

　　孔子对弟子们说："你们要记着，这足以为戒了。"从此以后，弟子中回去奉养父母的有十三个人。

孔子谓伯鱼曰①："鲤乎，吾闻可以与人终日不倦者，其唯学乎？其容体不足观也，其勇力不足惮也②，其先祖不足称也③，其族姓不足道也，终而有大名，以显闻四方，流声后裔者④，岂非学之效也？故君子不可以不学，其容不可以不饬⑤，不饬无类⑥。无类失亲，失亲不忠。不忠失礼，失礼不立。夫远而有光者，饬也；近而愈明者，学也。譬之污池，水潦注焉⑦，萑苇生焉⑧，虽或以观之，孰知其源乎？"

【注释】

①伯鱼：孔子儿子孔鲤的字。

②惮：畏惧，害怕。

③称：赞扬，称道。

④后裔：后代，后世。

⑤饬：一本作"饰"，指修饰，打扮。

⑥无类：没有礼貌。旧注："类宜为貌，不在饬，故无貌，不得言不饬无类也。礼貌矜庄，然后亲爱可久，故曰无类失亲也。"

⑦水潦：雨水。

⑧萑（huán）苇：芦苇一类。

【译文】

孔子对他的儿子孔鲤说："鲤啊！我听说可以和人整天不停地谈论而不厌倦的，恐怕只有学问吧。一个人容貌不美不足以让人欣赏，勇力不够不足以让人害怕，先祖没有

名声不足以让人称赞，姓氏不显赫不足以让人称道，最终
有了名声而显扬四方，流传后世的，难道不是学问的功效
吗？因此君子不能不学习，容貌不能不修饰，不修饰就是
没礼貌。没礼貌就会失去别人的亲近，失去别人的亲近就
没有人对你忠诚。没有忠诚也就没有了礼，失去了礼就不
能自立。远看而有光彩的，是修饰的结果；近看更加耀眼
的，是学习的功效。这就好像一个烂泥坑，雨水注入，芦
苇生长出来，虽然有人来观看，谁知道水源是从哪里来
的呢？"

　　子贡问于孔子曰："死者有知乎？将无知乎？"
　　子曰："吾欲言死之有知，将恐孝子顺孙妨生以
送死①；吾欲言死之无知，将恐不孝之子弃其亲而
不葬。赐不欲知死者有知与无知，非今之急，后自
知之。"

【注释】

①顺孙：孝顺之孙。

【译文】

　　子贡问孔子："死去的人有知觉呢？还是无知觉呢？"

　　孔子说："我要说死者有知觉，恐怕那些孝顺子孙因送
别死者而妨害了生者；我要说死者没有知觉，又怕不孝之
子抛弃亲人而不埋葬。赐啊！你不必知道死者是有知还是
无知，这不是现在急于了解的事，以后你自然会知道。"

　　子贡问治民于孔子。子曰："懔懔焉若持腐索之扞马①。"子贡曰："何其畏也？"孔子曰："夫通达之御②，皆人也。以道导之③，则吾畜也；不以道导之，则吾雠也。如之何其无畏也？"

【注释】

①懔懔焉：紧张恐惧的样子。扞马：驾驭马。

②通达：道路宽阔。

③道：正确的方法。

【译文】

　　子贡向孔子询问治理民众的方法。孔子说："像手持腐朽的缰绳驾驭奔跑的马那样地小心紧张就行了。"子贡说："有那么可怕吗？"孔子说："在交通要道上驾驭马，到处都是人。用正确的方法来引导马，那么这马就是我驯养的听话的马；用不正确的方法引导它，它则会成为我的仇敌。怎么能不畏惧呢？"

三恕第九

　　这篇也是由许多小议论组成的，大多内容又见《荀子》。"孔子曰"二章，一是说君臣、父子、兄弟间要讲恕道，一是讲君子要三思。均见《荀子·法行》。"孔子观于鲁桓公之庙"章是讲"虚则敧，中则正，满则覆"的道理。主张遵守愚、让、怯、谦的损之又损之道，这就是"满招损，谦受益"俗语的来源。这段又见《荀子·宥坐》、《韩诗外传三》、《说苑·敬慎》、《淮南子·道应训》、《文子·十守》。"孔子观于东流之水"章，孔子以水喻德，"故君子见必观焉"。又见《荀子·宥坐》。"子路见于孔子"章从子路、子贡、颜渊的回答，看出三人的思想境界。又见《荀子·子道》，文字有不同，《荀子》此段有三个层次，一是"士"，二是"士君子"，三是"明君子"。这里是两个层次。别人知己、爱己是低层次，知人、爱人则进了一层，自知、自爱才是明智者。

孔子曰："君子有三恕①：有君不能事，有臣而求其使，非恕也；有亲不能孝，有子而求其报，非恕也；有兄不能敬，有弟而求其顺，非恕也。士能明于三恕之本，则可谓端身矣②。"

【注释】

①恕：儒家的伦礼范畴之一，即推己及人。用孔子的话来说，就是"己所不欲，勿施于人"，"我不欲人之加诸我也，吾亦欲无加诸人"。

②端身：正身，使行为端正。

【译文】

孔子说："君子有三恕：有国君而不能事奉，有臣子却要役使，这不是恕；有父母不能孝敬，有儿子却要求他报恩，这也不是恕；有哥哥不能尊敬，有弟弟却要求他顺从，这也不是恕。读书人能明了这三恕的根本意义，就可以算得上行为端正了。"

孔子曰："君子有三思，不可不察也。少而不学，长无能也；老而不教①，死莫之思也；有而不施，穷莫之救也。故君子少思其长则务学，老思其死则务教，有思其穷则务施。"

【注释】

①教：指教育自己的子孙。

【译文】

孔子说："君子有三种思虑，是不能不深察的。小时候不爱学习，长大后就没有技能；年老不教导子孙，死后就没人思念；富有时不愿施舍，穷困时就没人救济。所以君子年少时想到长大以后的事就要努力学习，年老了想到死后的事就要好好教导儿孙，富有时想到穷困时就要致力于施舍。"

孔子观于鲁桓公之庙①，有攲器焉②。夫子问于守庙者曰："此谓何器？"对曰："此盖为宥坐之器③。"

孔子曰："吾闻宥坐之器，虚则攲④，中则正⑤，满则覆。明君以为至诚，故常置之于坐侧。"顾谓弟子曰："试注水焉！"乃注之。水中则正，满则覆。夫子喟然叹曰："呜呼！夫物恶有满而不覆哉？"

子路进曰："敢问持满有道乎⑥？"

子曰："聪明睿智，守之以愚；功被天下，守之以让；勇力振世，守之以怯；富有四海，守之以谦。此所谓损之又损之之道也⑦。"

【注释】

①鲁桓公：惠公子，名轨。桓为谥号。

②攲（qī）器：容易倾斜倒下的器物。旧注："攲，倾戾也。"

③宥坐之器：放在座位右边以示警戒的器物，相当于后来的座右铭。

④虚则欹：空虚的时候就倾斜。

⑤中：指水不多不少，恰到好处。

⑥持满：据上下文意，此当指不盈不满，可理解为保守成业。

⑦损：减少。

【译文】

孔子到鲁桓公的庙里去参观，在那里看到一件容易倾倒的器物。于是他问守庙的人："这是什么器物啊？"守庙人回答说："这是国君放在座位右边以示警戒的欹器。"

孔子说："我听说国君放在座位右边的欹器，空虚时就倾侧，水不多不少时就端正，水满时就翻倒。贤明的国君把它作为最高警戒，所以常常把它放在座位边。"说完回头对弟子："灌进水试试。"弟子把水灌进欹器，水不多不少时欹器就端正，水满时就翻倒。孔子感叹道："唉，哪有东西盈满了不倒的呢！"

子路走上前去问道："请问保守成业有什么方法吗？"

孔子说："聪明睿智的人，用愚朴来保守成业；功盖天下的人，用谦让来保守成业；勇力震世的人，用怯懦来保守成业；富有四海的人，用谦卑来保守成业。这就是退损再退损的方法。"

孔子观于东流之水。子贡问曰："君子所见大水必观焉，何也？"

孔子对曰："以其不息，且遍与诸生而不为也①，夫水似乎德；其流也，则卑下倨邑必循其理②，此

似义；浩浩乎无屈尽之期，此似道；流行赴百仞之
壑而不惧，此似勇；至量必平之③，此似法；盛而
不求概④，此似正；绰约微达⑤，此似察；发源必
东，此似志；以出以入，万物就以化絜，此似善化
也。水之德有若此，是故君子见必观焉。"

【注释】
①遍与诸生而不为：普遍给予万物却不认为有功。旧
　注："诸生，谓万物。"
②倨邑（è）：弯曲。倨、邑，都是微曲的意思。
③至量：用水作标准来衡量。
④概：用量器量物时用来刮平的小木条。
⑤绰约：柔弱。微达：很细微的地方都能到达。

【译文】
　　孔子观赏东流的河水。子贡问道："君子见到大水必定
要观赏，这是为什么呢？"
　　孔子回答说："因为它不停地奔流，滋润万物却不认为
自己有什么功劳，这就像德；水流动时，在高下弯曲的地
方必定遵循地理，这就像义；水浩浩荡荡地流淌没有穷尽
之日，这就像道；水流向百仞深的山谷而无所畏惧，这就
像勇；用水来测量必定是平的，这就像法；水盈满时不必
用概来刮平，这就像正直端正；水虽柔弱但细微之处都能
到达，这就像明察；发源后一定向东流，这就像志；经水
洗过，万物都干干净净，这就像善于教化。水具有这样的
美德，所以君子看到就一定要观赏。"

　　子路见于孔子。孔子曰："智者若何？仁者若何？"子路对曰："智者使人知己，仁者使人爱己。"子曰："可谓士矣^①。"

　　子路出，子贡入，问亦如之。子贡对曰："智者知人，仁者爱人。"子曰："可谓士矣。"

　　子贡出，颜回入，问亦如之。对曰："智者自知，仁者自爱。"子曰："可谓士君子矣。"

【注释】

①士：指有道德修养的读书人。

【译文】

　　子路来见孔子。孔子问他："有智慧的人是什么样的？仁德的人是什么样的？"子路回答说："有智慧的人让别人了解自己，仁德的人让别人热爱自己。"孔子说："可以算得上是士了。"

　　子路出去后，子贡进来，孔子也对他提出同样的问题。子贡回答说："有智慧的人理解别人，仁德的人热爱别人。"孔子说："可以算得上是士了。"

　　子贡出去后，颜回进来，孔子又问了颜回同样的问题。颜回回答说："有智慧的人有自知之明，仁德的人自尊自爱。"孔子说："可以算得上是士君子了。"

好生第十

这也是许多小篇章的汇聚。首章是孔子和鲁哀公对话，哀公不问大事，孔子说的却是大事。讲舜"好生而恶杀"，"授贤而替不肖"，有德而善任人。这是从政的根本。又见《荀子·哀公》。"虞、芮二国"章是对文王实施教化的赞美。又见《诗·绵》毛传、《尚书大传》、《说苑·君道》。"君子有三患"章强调闻、学、行的连带关系，并以五耻为激励。又见《礼记·杂记下》、《说苑·说丛》，二书多"君子有五耻"五字，义更明。"鲁人有独处室者"这则故事，又见《诗·巷伯》毛传。不过毛传有准许邻之妇入室一段，本书做了删节，不准入室，似不近情理，不过孔子这里突出的是男女独处一室无法避嫌，明智的做法是避免引起嫌疑。

　　鲁哀公问于孔子曰:"昔者舜冠何冠乎?"孔子不对。公曰:"寡人有问于子,而子无言,何也?"对曰:"以君之问不先其大者,故方思所以为对。"公曰:"其大何乎?"孔子曰:"舜之为君也,其政好生而恶杀,其任授贤而替不肖。德若天地而静虚①,化若四时而变物②。是以四海承风③,畅于异类④,凤翔麟至,鸟兽驯德⑤。无他也,好生故也。君舍此道而冠冕是问,是以缓对。"

【注释】

①静虚:清静无欲。

②变物:使万物变化。

③承风:接受教化。

④异类:指与人不是同类的动植物。一说指少数民族。旧注:"异类,四方之夷狄也。"

⑤驯:顺从。

【译文】

　　鲁哀公向孔子问道:"从前舜戴的是什么帽子啊?"孔子不回答。鲁哀公说:"我有问题问你,你却不说话,这是为什么呢?"孔子回答说:"因为您问问题不先问重要的,所以我正在思考怎样回答。"鲁哀公说:"重要的问题是什么呢?"孔子说:"舜作为君主,他的政治是爱惜生命而厌恶杀戮,他用人的原则是以有才能的人替换无才能的人。他的仁德像天地一样广大而又清静无欲,他的教化像四季一样使万物变化。所以,四海之内都接受了他的教化,甚至遍及动植物之类，凤凰飞来，麒麟跑来，鸟兽都被他的仁德感化。这没有别的原因，就是因为他爱惜生命的缘故。您不问这些治国之道而问戴什么帽子，所以我才迟迟不做回答。"

虞、芮二国争田而讼①，连年不决，乃相谓曰："西伯②，仁人也，盍往质之③。"

入其境，则耕者让畔④，行者让路。入其邑，男女异路，斑白不提挈⑤。入其朝，士让为大夫，大夫让为卿。虞、芮之君曰："嘻！吾侪小人也⑥，不可以入君子之朝。"遂自相与而退，咸以所争之田为闲田矣。

孔子曰："以此观之，文王之道，其不可加焉。不令而从，不教而听，至矣哉！"

【注释】

①虞、芮：春秋时两个小诸侯国。虞国在今山西平阴，芮国在今山西芮城。讼：打官司。

②西伯：即周文王。

③盍：何不。质：评判。

④畔：指田地的边界。

⑤提挈（qiè）：提着举着，指负重。

⑥吾侪（chái）：我等，我辈，我们这类人。

【译文】

虞国和芮国为了争田而打官司，打了几年也没结果，他们就相互说："西伯是一位仁人，我们何不到他那里让他给评判呢？"

他们进入西伯的领地后，看到耕田的人互相谦让田地的边界，走路的人互相让路。进入城邑后，看到男女分道而行，老年人没有提着重东西的。进入西伯的朝廷后，士谦让着让他人做大夫，大夫谦让着让他人做卿。虞国和芮国的国君说："唉！我们真是小人啊！是不可以进入西伯这样的君子之国的。"于是，他们就一起远远地退让，都把所争的田作为闲田。

孔子说："从这件事看来，文王的治国之道，不可以再超过了。不下命令就听从，不用教导就听从，这是达到最高境界了。"

孔子曰："君子有三患[1]：未之闻，患不得闻；既闻之，患弗得学；既得学之，患弗能行。有其德而无其言[2]，君子耻之；有其言而无其行，君子耻之；既得之而又失之，君子耻之；地有余民不足，君子耻之；众寡均而人功倍己焉[3]，君子耻之。"

【注释】

①患：担忧，忧虑。

②有其德：《礼记·杂记下》作"居其位"，较胜。译文采此说。

③众寡均：任务和别人相同。人功倍己：别人的功劳比自己多一倍。旧注："凡兴功业，多少与人同，而

功殊倍己，故耻之也。"

【译文】

孔子说："君子有三种担心：没有听到的知识，担心听不到；听到以后，又担心学不到；学到以后，又担心不能实行。身居某种职位却无所建言，君子感到羞耻；有言论而没有行动，君子感到羞耻；既得到了而又失去，君子感到羞耻；土地有余百姓却不富足，君子感到羞耻；大家的任务相同，而别人的功劳比自己多一倍，君子感到羞耻。"

鲁人有独处室者，邻之嫠妇亦独处一室①。夜，暴风雨至，嫠妇室坏，趋而托焉。鲁人闭户而不纳。嫠妇自牖与之言："子何不仁而不纳我乎？"鲁人曰："吾闻男女不六十不同居。今子幼，吾亦幼，是以不敢纳尔也。"妇人曰："子何不如柳下惠然②？妪不逮门之女③，国人不称其乱。"鲁人曰："柳下惠则可，吾固不可。吾将以吾之不可，学柳下惠之可。"

孔子闻之曰："善哉！欲学柳下惠者，未有似于此者。期于至善而不袭其为④，可谓智乎！"

【注释】

①嫠妇：寡妇。

②柳下惠：即春秋鲁国大夫展禽，因食邑柳下，谥惠，故称柳下惠。传说他曾遇一无家女子，怕她冻伤，就让她坐于自己怀中，用衣服把她裹起来，整夜都

无淫乱行为。

③妪：即妪育之意，此指爱抚。

④期：希望。袭：继承，因袭。

【译文】

有一位鲁国人独自在家，邻居的一位寡妇也是独居。一天夜里，风雨大作，寡妇的房子坏了，她跑到鲁国人门口，希望能进去躲避风雨。鲁人闭门不让她进去。寡妇在窗外对鲁人说："你为何这样没有仁心而不让我进去呢？"鲁人说："我听说男女不到六十岁不能同处一室。现在你年龄不大，我也年龄不大，因此不敢让你进来。"寡妇说："你为何不像柳下惠那样呢？爱抚一个无家可归的女子，国人不认为他是淫乱。"鲁人说："柳下惠那样做可以，我却不可以。我将以我的不可以，学柳下惠的可以。"

孔子听说了这件事，说："好啊！想学柳下惠的人，没有像他这样做得好的。期望做得最好而又不沿袭别人的行为，可称得上是智者了。"

卷三

观周第十一

　　孔子是中国历史上最好学的人，他喜欢向天下万事万物学习。孔子有没有向老聃学习过，这曾是儒道两家争论的一个焦点。本文记载了这个学习过程。文中首先讲了孔子家族历史，说他的家族是以恭俭出名的。孔子适周，是要"观先王之遗制，考礼乐之所极"。他在周问礼于老聃，访乐于苌弘，对郊社之所、明堂之则、庙朝之度都做了考察，真正了解周公为何是圣人与周之所以王天下的原因，并获得老子赠言。孔子强调明镜察形，往古知今，国家必须往安定的路上走，决不能忽视危亡的原因。孔子观后稷之庙，读金人铭，等于学习了《老子》。这大概就是儒家谨言慎行的思想渊源之一。有关孔子身世又见《左传》和《史记·孔子世家》。"入后稷庙"章，又见《说苑·敬慎》。全篇充溢道家思想。

孔子谓南宫敬叔曰①："吾闻老聃博古知今②，通礼乐之原，明道德之归，则吾师也，今将往矣。"对曰："谨受命。"

遂言于鲁君曰："臣受先臣之命云：'孔子圣人之后也，灭于宋。其祖弗父何③，始有国而授厉公④。及正考父佐戴、武、宣⑤，三命兹益恭⑥。故其鼎铭曰⑦："一命而偻⑧，再命而伛⑨，三命而俯。循墙而走⑩，亦莫余敢侮⑪。饘于是⑫，粥于是，以餬其口。"其恭俭也若此。臧孙纥有言⑬："圣人之后，若不当世⑭，则必有明德而达者焉。孔子少而好礼，其将在矣。"'属臣：'汝必师之。'今孔子将适周，观先王之遗制，考礼乐之所极⑮，斯大业也！君盍以乘资之⑯？臣请与往。"公曰："诺。"与孔子车一乘，马二匹，竖子侍御⑰。敬叔与俱。

至周，问礼于老聃，访乐于苌弘⑱，历郊社之所⑲，考明堂之则⑳，察庙朝之度㉑。于是喟然曰："吾乃今知周公之圣，与周之所以王也。"

及去周，老子送之，曰："吾闻富贵者送人以财，仁者送人以言。吾虽不能富贵，而窃仁者之号，请送子以言乎！凡当今之士，聪明深察而近于死者，好讥议人者也；博辩闳达而危其身㉒，好发人之恶者也。无以有己为人子者㉓，无以恶己为人臣者㉔。"孔子曰："敬奉教。"自周反鲁，道弥尊矣。远方弟子之进，盖三千焉。

【注释】

①南宫敬叔：鲁国大夫，即孟僖子之子，原姓仲孙，名阅。

②老聃：即老子。旧注："老聃，老子。博古知今而好道。"

③弗父何：宋湣公之长子，厉公兄，孔父嘉之高祖。旧注："弗父何，缗公世子，厉公兄也。让国以授厉公。《春秋传》曰：'以有宋而授厉公者。'"

④厉公：宋湣公之子，弗父何之弟，名鲋祀。

⑤正考父：弗父何的曾孙，曾辅佐宋戴公、武公、宣公。生孔父嘉，即孔子的祖先。

⑥三命：三次任命。旧注："考父士一命，其大夫再命，卿三命是也。"兹益恭：更加恭敬。

⑦鼎铭：旧注："臣有功德，君命铭之于其宗庙之鼎也。"

⑧一命而偻：第一次接受任命时弯着腰。

⑨伛（yǔ）：弯着身子。旧注："伛恭于偻，俯恭于伛。"

⑩循墙而走：旧注："言恭之甚。"

⑪亦莫余敢侮：旧注："余，我也，我考父也。以其恭如此，故人亦莫之侮。"

⑫饘（zhān）：稠粥。旧注："饘，糜也，为糜粥于此鼎，言至俭也。"

⑬臧孙纥：即鲁大夫臧武仲，为人有远见。

⑭若不当世：如果不掌管天下。旧注："纥，臧武仲。弗父何，殷汤之后，而不继世为宋君。"

⑮极：所达到的最高点。

⑯盍以乘资之：何不资助他一辆车。

⑰竖子：童仆。侍：服侍。御：驾车。

⑱苌弘：周敬王大夫。

⑲郊社：祭天地。

⑳明堂：古代帝王宣明政教的地方。

㉑庙朝：宗庙朝廷。

㉒闳达：宽宏通达。

㉓无以有己为人子者：意为作为人子要想到父母，即孝顺父母。旧注："身，父母之有也。"

㉔无以恶己为人臣者：意为作为臣子，既要忠心尽职，还要爱惜生命。旧注："言听则仕，不用则退，保身全行，臣之节也。"

【译文】

孔子对南宫敬叔说："我听说老子博古通今，通晓礼乐的起源，明白道德的归属，那么他就是我的老师，现在我要到他那里去。"南宫敬叔回答说："我遵从您的意愿。"

于是南宫敬叔对鲁国国君说："我接受父亲的嘱咐说：'孔子是圣人的后代，他的先祖在宋国消亡了。他的祖先弗父何，本应拥有宋国，而让给了弟弟厉公。到了正考父时，辅佐戴公、武公、宣公三个国君，三次任命，他一次比一次恭敬。因此他家鼎上刻的铭文说："第一次任命，他弯着腰；第二次任命，他弯着身子；第三次任命，他俯下身子。他靠着墙根走，也没有人敢欺侮他。在这个鼎里煮稠粥，煮稀粥，用来糊口。"他的恭敬节俭就到了这种地步。臧孙纥曾说过这样的话："圣人的后代，如果不能执掌天下，那么必定有圣明的君主使他通达。孔子从小就喜好礼仪，他大概就是这个人吧。'我父亲又嘱咐我说：'你一定要拜他为师。'现在孔子将要到周国去，观看先王遗留的制度，考察礼乐所达到的高度，这是大事业啊！您何不提供车子资助他呢？我请求和他一起去。"鲁君说："好。"送给孔子一辆车，两匹马，派了一个仆人侍候他给他驾车。南宫敬叔和孔子一起去周国。

到了周国，孔子向老子询问礼，向苌弘询问乐，走遍了祭祀天地之所，考察明堂的规则，察看宗庙朝堂的制度。于是感叹地说："我现在才知道周公的圣明，以及周国称王天下的原因。"

离开周国时，老子去送他，说："我听说富贵者拿财物送人，仁者用言语送人。我虽然不能富贵，但私下用一下仁者的称号，请让我用言语送你吧！但凡当今的士人，因聪明深察而危及生命的，都是喜欢讥讽议论别人的人；因知识广博喜好辩论而危及生命的，都是喜好揭发别人隐私的人。作为人子不要只想着自己，作为人臣要尽职全身。"孔子说："我一定遵循您的教诲。"从周国返回鲁国，孔子的道更加受人尊崇了。从远方来向他学习的，大约有三千人。

孔子观乎明堂，睹四门墉①，有尧舜与桀纣之象，而各有善恶之状，兴废之诫焉。又有周公相成王，抱之负斧扆南面以朝诸侯之图焉②。

孔子徘徊而望之，谓从者曰："此周公所以盛也。夫明镜所以察形，往古者所以知今③。人主不务袭迹于其所以安存④，而忽怠所以危亡⑤，是犹未有以异于却走而欲求及前人也，岂不惑哉！"

【注释】

①墉：墙壁。

②负：背对着。斧扆（yǐ）：古代帝王所用的状如屏风的器物，高八尺，上绣斧形图案。

③往古：古昔，古代的事。

④袭迹：沿袭。

⑤忽怠：忽略轻视。

【译文】

孔子观看明堂，看到四门的墙上有尧舜桀纣的画像，画出了每个人善恶的事迹，并有关于国家兴亡告诫的话。还有周公辅佐成王，抱着成王背对着屏风面朝南接受诸侯朝见的画像。

孔子走来走去地观看着，对跟从他的人说："这是周朝兴盛的原因啊。明亮的镜子可以照出形貌，古代的事情可以用来了解现在。君主不努力沿着使国家安定的路走，而忽视国家危亡的原因，这和倒着跑却想追赶上前面的人一样，难道不糊涂吗？"

孔子观周，遂入太祖后稷之庙。庙堂右阶之前，有金人焉，三缄其口①，而铭其背曰："古之慎言人也。戒之哉！无多言，多言多败；无多事，多事多患。安乐必戒，无所行悔。勿谓何伤，其祸将长；勿谓何害，其祸将大；勿谓不闻，神将伺人②。焰焰不灭，炎炎若何？涓涓不壅③，终为江河；绵绵不绝，或成网罗；毫末不札④，将寻斧柯⑤。诚能慎之，福之根也。口是何伤？祸之门也。强梁者不得其死⑥，好胜者必遇其敌。盗憎主人，民怨其上。君子知天下之不可上也，故下之；知众人之不可先也，故后之。温恭慎德，使人慕之；执雌持下⑦，人莫逾之。人皆趋彼，我独守此；人皆或之⑧，我独不徙。内藏我智，不示人技；我虽尊高，人弗我害。谁能于此？江海虽左⑨，长于百川，以其卑也。天道无亲，而能下人。戒之哉！"

孔子既读斯文也，顾谓弟子曰："小人识之！此言实而中，情而信。《诗》曰⑩：'战战兢兢，如临深渊，如履薄冰⑪。'行身如此，岂以口过患哉？"

【注释】

①缄：封闭。

②伺：监视。

③涓涓：细小的水流。壅：堵塞。

④毫末：细小的树枝。不札：不拔除。旧注："如毫之末，言至微也。札，拔也。"

⑤寻：用。柯：斧柄。

⑥强梁者：强横的人。

⑦雌：柔弱。

⑧或之：摇摆不定。旧注："或之，东西转移之貌。"

⑨江海虽左：左，处于下游。旧注："水阴长右，海江虽在于其左，而能为百川长，以其能下。"

⑩《诗》：这里指《诗经·小雅·小旻》。

⑪履：踩。

【译文】

孔子在周国观览，进入周太祖后稷的庙内。庙堂右边台阶前有铜铸的人像，嘴被封了三层，还在像的背后刻着铭文："这是古代说话谨慎的人。警戒啊！不要多言，多言多败；不要多事，多事多患。安乐时一定要警戒，不要做后悔的事。不要以为话多不会有什么伤害，祸患是长远的；不要以为话多没什么害处，祸患将是很大的；不要认为别人听不到，神在监视着你。初起的火苗不扑灭，变成熊熊大火怎么办？涓涓细流不堵塞，终将汇集为江河；长长的线不弄断，将有可能结成网；细小的枝条不剪掉，将来就要用斧砍。如能谨慎，是福的根源。口能造成什么伤害？是祸的大门。强横的人不得好死，争强好胜的人必定会遇到对手。盗贼憎恨物主，民众怨恨长官。君子知道天下的事不可事事争上，所以宁愿居下；知道不可居于众人之先，所以宁愿在后。温和谦恭谨慎修德，会使人仰慕；守住柔弱保持卑下，没人能够超越。人人都奔向那里，我独自守在这里；人人都在变动，我独自不移。智慧藏在心里，不向别人炫耀技艺；我虽然尊贵高尚，人们也不会害我。有谁能做到这样呢？江海虽然处于下游，却能容纳百川，因为它地势低下。上天不会亲近人，却能使人处在它的下面。

要以此为戒啊！"

　　孔子读完这篇铭文，回头对弟子说："你们要记住啊，这些话实在而中肯，合情而可信。《诗经》说：'战战兢兢，如临深渊，如履薄冰。'立身行事能够这样，哪还能因言语惹祸呢？"

弟子行第十二

　　这是一篇首尾连贯的完整对话，文中有子贡对孔门数位弟子的操行所做的评价。这些评价不似《论语》中简洁，有七十子后学之文风。后面还有孔子对历史人物的评价，可供研究先秦史和儒学史的人参考。整篇文字又见《大戴礼记·卫将军文子》。

卫将军文子问于子贡曰①："吾闻孔子之施教也，先之以《诗》、《书》，导之以孝悌，说之以仁义，观之以礼乐，然后成之以文德。盖入室升堂者②，七十有余人，其孰为贤？"子贡对以不知。文子曰："以吾子常与学，贤者也，何为不知？"子贡对曰："贤人无妄③，知贤即难。故君子之言曰：'智莫难于知人。'是以难对也。"文子曰："若夫知贤，莫不难。今吾子亲游焉④，是以敢问。"子贡曰："夫子之门人，盖有三千就焉⑤，赐有逮及焉，未逮及焉，故不得遍知以告也。"文子曰："吾子所及者，请闻其行。"

【注释】

①文子：卫国公卿，名弥牟。

②入室升堂：指学问渐进于精深的境界。

③无妄：无误，不虚假。

④游：外出求学。

⑤三千：《大戴礼记·卫将军文子》作"三就"，指在孔子门下求学的弟子，成就有上、中、下三等。就：即，靠近。

【译文】

　　卫国的将军文子问子贡说："我听说孔子教育弟子，先教他们读《诗》和《书》，然后教他们孝顺父母尊敬兄长的道理，讲的是仁义，观看的是礼乐，然后用文才和德行来成就他们。大概学有所成的有七十多人，他们之中谁更贤明呢？"子贡回答说不知道。文子说："因为您常和他们一起学习，也是贤者，为何说不知道呢？"子贡回答说："贤能的人没有妄行，了解贤人就很困难。所以君子说：没有比了解人更困难的了。因此难以回答。"文子说："对于了解贤人，没有不困难的。现在您本人亲身在孔子门下求学，所以敢冒昧问您。"子贡说："先生的门人，大概有三千人就学。有些是与我接触过的，有些没有接触，所以不能普遍地了解来告诉你。"文子说："请就您所接触到的谈谈，我想问问他们的品行。"

子贡对曰："夫能夙兴夜寐，讽诵崇礼，行不贰过，称言不苟，是颜回之行也。孔子说之以《诗》曰^①：'媚兹一人^②，应侯慎德^③。''永言孝思，孝思惟则。'若逢有德之君，世受显命^④，不失厥名^⑤。以御于天子，则王者之相也。

【注释】

①《诗》：这里指《诗经·大雅·下武》。

②媚兹一人：旧注："谓御于天子而蒙宠爱。"意指颜渊如被天子任用定会受到宠爱。媚，爱。一人，指天子。

③应侯顺德：旧注："逢国君能成其德。"意指颜渊遇到国君任用能够成就他的美德。又旧注："言颜渊之德足以媚爱天子，当于其心惟慎德。"意为颜渊能得到天子喜爱，因为他能慎德。

④显命：指帝王给予的美誉。

⑤厥：代词，他的。

【译文】

子贡回答说："能够起早贪黑，背诵经书，崇尚礼义，行动不犯第二次过错，引经据典很认真的，是颜渊的品行。孔子用《诗经》的话来形容颜渊说：'如果遇到国君宠爱，就能成就他的德业。''永远恭敬尽孝道，孝道足以为法则。'如果颜渊遇到有德的君王，就会世代享受帝王给予的美誉，不会失去他的美名。被君王任用，就会成为君王的辅佐。

"在贫如客，使其臣如借。不迁怒，不深怨，不录旧罪①，是冉雍之行也②。孔子论其材曰：'有土之君子也，有众使也，有刑用也，然后称怒焉。匹夫之怒，唯以亡其身③。'孔子告之以《诗》曰④：'靡不有初⑤，鲜克有终⑥。'

【注释】

①录：记住。

②冉雍：字仲弓。孔子弟子。

③"匹夫之怒"二句："之"原作"不"，此二句原在"鲜克有终"后，均据《大戴礼记·卫将军文子》改、移。

④《诗》：这里指《诗经·大雅·荡》。

⑤靡：没有。

⑥鲜：很少。克：能。

【译文】

"身处贫困能矜持庄重如同做客一样，使用仆人如同借用般客气。不把怒气转移到别人身上，不总是怨恨别人，不总是记着别人过去的罪过，这是冉雍的品行。孔子评论他的才能说：'拥有土地的君子，有民众可以役使，有刑罚可以施用，而后可以迁怒。普通人发怒，只会伤害自己的身体。'孔子用《诗经》的话告诉他说：'万事都有开端，但很少有善始善终的。'

"不畏强御①，不侮矜寡，其言循性，其都以富②，材任治戎，是仲由之行也。孔子和之以文，说之以《诗》曰③：'受小共大共④，而为下国骏庞⑤，荷天子之龙⑥。不戁不悚⑦，敷奏其勇。'强乎武哉，文不胜其质。

【注释】

①强御：强暴，强悍。

②其都以富：都，为赞美之词，指娴雅，美好。富，富于容貌。一说"都"指为官。"富"指富于才干。旧注："仲由长于政事。"

③《诗》：这里指《诗经·商颂·长发》。

④共：法。

⑤骏庞：笃厚。一说为覆庇，保护。旧注："骏，大也。庞，厚也。"

⑥荷天子之龙：旧注："荷之言受大法，为国大厚，可

任天下道也。"龙，通"宠"，荣誉，荣宠。

⑦戁（nǎn）：恐惧。悚：震惊。

【译文】

"不害怕强暴，不欺辱鳏寡，说话遵循本性，相貌堂堂端正，才能足以打仗带兵，这是子路的品行。孔子用文辞来赞美他，用《诗经》中的话来称赞他：'接受上天大法和小法，庇护下面诸侯国，接受天子授予的荣宠。不胆怯不惶恐，施神威奏战功。'强力又勇敢啊！文采胜不过他的质朴。

"恭老恤幼，不忘宾旅①，好学博艺，省物而勤也，是冉求之行也②。孔子因而语之曰：'好学则智，恤孤则惠，恭则近礼，勤则有继。尧舜笃恭以王天下。'其称之也，曰'宜为国老'③。

【注释】

①宾旅：旅客。

②冉求：即冉有，字子有。孔子弟子。

③国老：古代告老退职的卿大夫。此指应受到国君的
　尊重，即任用为卿大夫。

【译文】

"尊敬长辈，同情幼小，不忘在外的旅人，喜好学习，博综群艺，体察万物且勤劳，这是冉求的品行。孔子因此对他说：'好学就有智慧，同情孤寡就是仁爱，恭敬就接近礼义，勤劳就有收获。尧舜忠诚谦恭，所以能称王天下。'

孔子很称赞他，说：'你应当成为国家的卿大夫。'

"齐庄而能肃，志通而好礼，傧相两君之事^①，笃雅有节，是公西赤之行也^②。子曰：'礼经三百，可勉能也；威仪三千，则难也。'公西赤问曰：'何谓也？'子曰：'貌以傧礼，礼以傧辞，是谓难焉。'众人闻之，以为成也。孔子语人曰：'当宾客之事，则达矣。'谓门人曰：'二三子之欲学宾客之礼者，其于赤也。'

【注释】

①傧相：古时为主人接待宾客或赞礼的人。

②公西赤：即公西华。孔子弟子。

【译文】

"严肃庄重而又谨肃，志向通达而又喜好礼仪，作为两国之间的傧相，忠诚雅正而有节制，这是公西赤的品行。孔子说：'礼经三百篇，可以通过努力学习来了解；三千项威严的礼仪细节，则难以掌握。'公西赤说：'为什么这样说呢？'孔子说：'作傧相接待宾客要有庄重的容貌，要根据不同的礼节来致辞，所以说很难。'众人听孔子说公西赤能行三千之威仪，以为他事业成功了。孔子对大家说：'只不过接待宾客这件事，他已经做到了。'孔子又对弟子说：'你们想学习接待宾客礼仪的人，就向公西赤学习吧。'

"满而不盈，实而如虚，过之如不及，先王难之。博无不学,其貌恭,其德敦;其言于人也,无所不信;其桥大人也^①,常以浩浩,是以眉寿^②,是曾参之行也^③。孔子曰:'孝,德之始也;悌,德之序也;信,德之厚也;忠,德之正也。参中夫四德者也。'以此称之。

【注释】

①桥大:桥,原作"骄",据《大戴礼记·卫将军文子》改。《大戴礼记》注:"桥大,谓高明广大也。"

②眉寿:长寿。因人老会长出长眉毛,故称眉寿。

③曾参:即曾点。孔子弟子。

【译文】

"完满却不自我满足,渊博却如同虚空,超过却如同赶不上,古代的君王也难以做到。知识广博无所不学,他的外表恭敬,德行敦厚;他对任何人说话,没有不真实的;他的志向高明远大,他的胸襟开阔坦荡,因此他长寿,这是曾参的品行。孔子说:'孝是道德的起始,悌是道德的前进,信是道德的加深,忠是道德的准则。曾参集中了这四种品德。'孔子就以此来称赞他。

"美功不伐,贵位不善,不侮不佚^①,不傲无告^②,是颛孙师之行也^③。孔子言之曰:'其不伐,则犹可能也;其不弊百姓,则仁也。《诗》云^④:"恺悌君子^⑤,民之父母。"'夫子以其仁为大。

【注释】

①不侮不佚：侮，轻慢。佚，放荡。旧注："侮佚，贪功慕势之貌。"

②无告：无依无靠之人。

③颛孙师：字子张。孔子弟子。

④《诗》：这里指《诗经·大雅·泂酌》。

⑤恺悌：和乐简易。

【译文】

"有大功不夸耀，处高位不欣喜，不贪功不慕势，不在贫苦无告者面前炫耀，这是颛孙师的品行。孔子这样评价他：'他的不夸耀，别人还可能做到；他在贫苦无告者面前不炫耀，则是仁德的表现。《诗经》说："平易近人的君子，是百姓的父母。"'先生认为他的仁德是很伟大的。

"学之深，送迎必敬，上交下接若截焉^①，是卜商之行也^②。孔子说之以《诗》曰^③：'式夷式己^④，无小人殆^⑤。'若商也，其可谓不险矣。

【注释】

①截：界限分明。

②卜商：即子夏。孔子弟子。

③《诗》：这里指《诗经·小雅·节南山》。

④式夷式已：旧注："式，用。夷，平也。言用平则已也。"意为用平和、公平的态度处人处事。

⑤殆：危害。旧注："殆，危也。无以小人至于危也。"

"学习能够深入理解其义，送迎宾客必定恭敬，和上下级交往界限分明，是卜商的品行。孔子用《诗经》的话评价他说：'能够用平和公正的态度处人处事，就不会受到小人的危害。'像卜商这样，可以说不至于有危险了。

"贵之不喜，贱之不怒；苟利于民矣，廉于行己；其事上也，以佑其下，是澹台灭明之行也①。孔子曰：'独贵独富，君子耻之，夫也中之矣。'

【注释】

①澹台灭明：字子羽。孔子弟子。

【译文】

"富贵了他也不欣喜，贫贱了他也不恼怒；假如对民众有利，他宁愿约束自己的行为；他事奉君王，是为了帮助下面的百姓，这是澹台灭明的品行。孔子说：'独自一个人富贵，君子认为是可耻的，澹台灭明就是这样的人。'

"先成其虑，及事而用之，故动则不妄，是言偃之行也①。孔子曰：'欲能则学，欲知则问，欲善则详②，欲给则豫③。当是而行，偃也得之矣。'

【注释】

①言偃：字子游。孔子弟子。

②详：审慎，详审。旧注："欲善其事当详慎也。"

③给（jǐ）：丰足，充裕。豫：事先准备。旧注："事欲给而不碍，则莫若于豫。"

【译文】

"先考虑好，事情来临就按计划而行，这样行动就不会有错，这是言偃的品行。孔子说：'想要有才能就要学习，想要知道就要问别人，想要把事情做好就要仔细审慎，想要富足就要先有储备。按照这个原则行事，言偃是做到了。'

"独居思仁，公言言义，其于《诗》也①，则一日三覆'白圭之玷'②，是宫绡之行也③。孔子信其能仁，以为异士。

【注释】

①《诗》：这里指《诗经·大雅·抑》。

②三覆"白圭之玷"：多次去掉白玉上的斑点。覆，回，返。此有擦拭，磨去之意。白圭，白玉。玷，玉上的斑点。旧注："玷，缺也。《诗》曰：'白圭之玷，尚可磨也。斯言之玷，不可为也。'一日三覆之，慎之至也。"

③宫绡：即南宫括，字子容，亦称南容。孔子弟子。

【译文】

"个人独居时想着仁义，做官时讲话讲的是仁义，对于《诗经》上的'白圭之玷，尚可磨也'的话牢记在心，因此言行极其谨慎，如同一天多次磨去白玉上的斑点，这是宫缩的品行。孔子相信他能行仁义，认为他是与众不同的人。

　　"自见孔子，出入于户，未尝越礼。往来过之，足不履影。启蛰不杀，方长不折。执亲之丧，未尝见齿。是高柴之行也①。孔子曰：'柴于亲丧，则难能也；启蛰不杀，则顺人道；方长不折，则恕仁也。成汤恭而以恕②，是以日跻③。'凡此诸子，赐之所亲睹者也。吾子有命而讯赐，赐也固，不足以知贤。"

【注释】

①高柴：字子羔。孔子弟子。
②成汤：商朝开国之君，子姓，名履，又称天乙。讨伐夏桀，建立商朝，传十七代，至纣为周所灭。
③跻（jī）：升。旧注："跻，升也。成汤行恭而能恕，出见搏鸟焉，四面施网乃去其三面。《诗》曰：'汤降不迟，圣敬日跻。'言汤疾行下人之道，其圣敬之德日升闻也。"

【译文】

　　"自从见到孔子，进门出门，从没有违反礼节。走路来往，脚不会踩到别人的影子。不杀蛰伏刚醒的虫子，不攀折正在生长的草木。为亲人守丧，没有言笑。这是高柴的品行。孔子说：'高柴为亲人守丧的诚心，是一般人难以做到的；春天不杀生，是遵从做人的道理；不折断正在生长的树木，是推己及物的仁爱。成汤谦恭而又能推己及人，因此威望天天升高。’以上这几个人是我亲自目睹的。您向我询问，要求我回答，我是鄙陋之人，不能够知道谁是贤人。”

文子曰：“吾闻之也，国有道则贤人兴焉，中人用焉，乃百姓归之。若吾子之论，既富茂矣，壹诸侯之相也①。抑世未有明君，所以不遇也。”

【注释】

①壹：全，都。

【译文】

文子说：“我听说，国家按正道行事，那么贤人就兴起来了，正直的人就会被任用，百姓也会归附。按照您刚才的议论，内容已经很丰富了，他们都可以做诸侯的辅佐啊。大概世上没有明君，所以没有得到任用。”

子贡既与卫将军文子言，适鲁见孔子曰：“卫将军文子问二三子之于赐，不壹而三焉①，赐也辞不获命，以所见者对矣。未知中否，请以告。”孔子曰：“言之乎。”子贡以其辞状告孔子。子闻而笑曰：“赐，汝次为人矣②。”子贡对曰：“赐也何敢知人，此以赐之所睹也。”孔子曰：“然。吾亦语汝耳之所未闻，目之所未见者，岂思之所不至，智之所未及哉？”子贡曰：“赐愿得闻之。”

①不壹而三：这里指再三。

②次：编次，排次序。旧注："言为知人之次。"

【译文】

子贡和卫将军文子说过话之后，到了鲁国，见到孔子，说："卫将军文子向我问同学们的情况，再三地问，我推辞不掉，把我所见到的告诉了他。不知道是否合适，请让我告诉您吧。"孔子说："说说吧。"子贡把和文子对话的情况告诉了孔子。孔子听后笑着说："赐啊，你能给人排座次了。"子贡回答说："我怎敢说知人，这是我亲眼看见的啊。"孔子说："是这样的。我也告诉你一些你没听到、没看到的事，这些难道是头脑想不到的，智力达不到的吗？"子贡说："我很愿意听。"

孔子曰："不克不忌①，不念旧怨，盖伯夷叔齐之行也②。思天而敬人③，服义而行信，孝于父母，恭于兄弟，从善而教不道，盖赵文子之行也④。其事君也，不敢爱其死，然亦不敢忘其身，谋其身不遗其友。君陈则进而用之，不陈则行而退。盖随武子之行也⑤。其为人之渊源也⑥，多闻而难诞⑦，内植足以没其世。国家有道，其言足以治；无道，其默足以生。盖铜鞮伯华之行也⑧。外宽而内正，自极于隐括之中⑨，直己而不直人，汲汲于仁，以善自终。盖蘧伯玉之行也⑩。孝恭慈仁，允德图义⑪，约货去怨⑫，轻财不匮。盖柳下惠之行也⑬。其言曰，君虽不量于其身，臣不可以不忠于其君。是故君择臣而任之，臣亦择君而事之。有道顺命，无道衡命⑭。盖晏平仲之行也⑮。蹈忠而行信⑯，终日言不在尤之内。国无道，处贱不闷，贫而能乐。盖老莱子之行也⑰。易行以俟天命，居下不援其上。其亲观于四方也⑱，不忘其亲，不尽其乐。以不能则学，不为己终身之忧。盖介子山之行也⑲。"

【注释】

①克：苛刻。忌：嫉妒。

②伯夷叔齐：商代孤竹君的两个儿子，相传其父遗命要立次子叔齐为继承人。孤竹君死后，叔齐让位给长子伯夷，伯夷不接受。二人先后逃到周国。周武王伐纣，二人曾谏阻。武王灭商后，他们耻食周粟，逃到首阳山，采薇而食，饿死在山里。

③思天：《大戴礼记·卫将军文子》作"畏天"，较胜。

④赵文子：名武，赵朔之子。亦称赵孟，春秋时晋国人。父为屠岸贾所杀，赵武被程婴、公孙杵臼搭救。后立为卿，为晋悼公相。

⑤随武子：即晋大夫范会。

⑥渊源：指思虑深邃。

⑦诞：欺骗。

⑧铜鞮伯华：即羊舌赤，春秋时晋国人，食邑于铜鞮。

⑨隐括：校正竹木弯曲的器具。这里引申为约束意。

⑩蘧伯玉：名瑗，字伯玉。春秋时卫国人。

⑪允德图义：允德，修德，涵养德性。图义，考虑义。旧注："允，信也。图，谋。"

⑫约货去怨：约，少。货，货利。旧注："夫利，怨之所聚，故约省其货，以远去其怨。"

⑬柳下惠：即展禽，食采于柳下，谥惠。

⑭无道衡命：旧注："衡，横也，谓不受其命之隐居者也。"意为天下无道即隐居不仕。

⑮晏平仲：即晏婴，春秋时齐国人。以节俭力行著名。

⑯蹈：实行。

⑰老莱子：原作"老子"，据《大戴礼记·卫将军文子》改。老莱子，春秋时楚国人，与孔子同时。

⑱其亲观于四方：《大戴礼记·卫将军文子》无"其亲"二字，是。

⑲介子山：即晋大夫介子推。传说晋文公回国后，赏赐流亡时的随从，他没有得到提名，就和母亲一起隐居到绵山。文公想逼他出山，放火烧山，他坚持不出，被烧死。

【译文】

孔子说："不苛刻不忌妒，不计较过去的仇恨，这是伯夷叔齐的品行。思考天道而且尊敬人，服从仁义而做事讲信用，孝敬父母，友爱兄弟，从善如流而又教导不按正道而行的人，这是赵文子的品行。侍奉国君，不敢爱惜自己的生命，然而也不敢不爱惜自己的身体，谋求自己的发展，也不忘记朋友。君王任用时他就努力去做，不用则离开而退隐。这是随武子的品行。为人思虑深邃，见闻广博难以被欺骗，内心修养足以终身受用。国家按正道治理，他的言论足以用来治国；国家不按正道治理，他的沉默足以用来保存自己。这是铜鞮伯华的品行。外表宽容而且内心正直，能自己矫正自己的行为，自己正直而不要求别人，努力地追求仁义，终身行善。这是蘧伯玉的品行。孝敬谦恭慈善仁爱，涵养德行谋求仁义，少积聚财富消除怨恨，轻视财物又不匮乏。这是柳下惠的品行。他说：君主虽然不能度量臣子的能力，臣子不能不忠于君主。因此君主选择臣子而任用，臣子也选择君主来事奉。君主按正道而行就听从他的命令，不按正道就隐居不仕。这是晏平仲的品行。行动讲求忠信，即使整天说话，也不会出错。国家混乱，身处低位而不愁闷，生活贫困而能保持快乐。这是老莱子的品行。改变自己的行为来等待机遇，身处低位却不攀附高枝。到四处游观，不忘记父母；想到父母，不尽兴就赶快归来。因为才能不足就去学习，不造成终身的遗憾。这是介子推的品行。"

子贡曰："敢问夫子之所知者，盖尽于此而已乎？"孔子曰："何谓其然？亦略举耳目之所及而矣。昔晋平公问祁奚曰①：'羊舌大夫②，晋之良大夫也，其行如何？'祁奚辞以不知。公曰：'吾闻子少长乎其所，今子掩之，何也？'祁奚对曰：'其少也恭而顺，心有耻而不使其过宿；其为大夫，悉善而谦其端③；其为舆尉也④，信而好直其功。至于其为容也，温良而好礼，博闻而时出其志。'公曰：

'曩者问子，子奚曰不知也？'祁奚曰：'每位改变，未知所止，是以不敢得知也。'此又羊舌大夫之行也。"子贡跪曰："请退而记之。"

【注释】

①祁奚：春秋时晋国人。晋悼公时为中军尉，年老请退，悼公让他推荐代替者。他先推荐了仇人解狐，又推荐其子祁午，因有"外举不隐仇，内举不隐子"之称。

②羊舌大夫：即羊舌赤。亦即铜鞮伯华。

③悉善而谦其端：悉，尽。端，正。旧注："尽善道而谦让，是其正也。"

④舆尉：春秋时晋国主持征役的官。

【译文】

子贡问："请问老师您所知道的，就到此为止了吗？"孔子说："怎么能这样说呢？我只是大略举出耳闻目睹的罢了。从前晋平公问祁奚：'羊舌大夫是晋国的优秀大夫，他的品行怎么样？'祁奚推辞说不知道。晋平公说：'我听说你从小在他家长大，你现在隐藏着不愿说，是为什么呢？'祁奚回答说：'他小时候谦恭而和顺，心里觉得有过错不会留到第二天来改正；他作为大夫，凡事皆出于善心而又谦虚正直；他做舆尉时，讲信用而不隐瞒功绩。至于他的外表，温和善良而喜好礼节，广博地听取而时出己见。'晋平公说：'刚才我问你，你怎么说不知道呢？'祁奚说：'他的职位经常改变，不知他现在做什么官，所以不敢说知道。'

这又是羊舌大夫的品行。"子贡跪下说:"请让我回去记下您的话。"

贤君第十三

　　这是由孔子回答许多提问组成的一篇，这里择其要者做些说明。哀公问贤君章，赞扬卫灵公知人善用。又见《说苑·尊贤》。子贡问贤臣章，孔子以善于推荐高于自己的人为贤臣，自然会触及那些妒贤嫉能者。类似文字又见《韩诗外传七》、《说苑·臣术》。哀公问忘章，孔子以忘身回答，大胆而深刻。孔子读《诗》章，是总结历史教训，探讨从上依世废道与违上离俗危身的关系。这是个历史性的难题。两章文字又见《说苑·敬慎》。子路问治国所先章，道理深刻，治国在用人，必须做到"尊贤而贱不肖"，如果"尊贤而不能用，贱不肖而不能去。贤者知其不用而怨之，不肖者知其必己贱而仇之"，"怨仇并存于国，邻敌构兵于郊"，必然灭亡。齐景公问政章讲治国尊贤之道。两章文字同见《说苑·尊贤》。哀公问政章，孔子回答，最紧要的是让民众富且寿。又见《说苑·政理》。

哀公问于孔子曰："当今之君，孰为最贤？"孔子对曰："丘未之见也，抑有卫灵公乎^①？"公曰："吾闻其闺门之内无别^②，而子次之贤，何也？"孔子曰："臣语其朝廷行事，不论其私家之际也^③。"公曰："其事何如？"孔子对曰："灵公之弟曰公子渠牟，其智足以治千乘，其信足以守之，灵公爱而任之。又有士曰林国者，见贤必进之，而退与分其禄，是以灵公无游放之士^④，灵公贤而尊之。又有士曰庆足者，卫国有大事，则必起而治之；国无事，则退而容贤^⑤，灵公悦而敬之。又有大夫史鰌，以道去卫。而灵公郊舍三日^⑥，琴瑟不御^⑦，必待史鰌之入，而后敢入。臣以此取之，虽次之贤，不亦可乎？"

【注释】

①抑：或。

②闺门之内无别：家庭之内男女无别。

③私家之际：私人家庭之间。

④游放之士：没被任用的读书人。

⑤退而容贤：自己退位，把位置让给贤能的人。

⑥郊舍：在郊外住宿。

⑦不御：不弹奏、吹奏。

【译文】

鲁哀公问孔子："当今的君主，谁最贤明啊？"孔子回答说："我还没有看到，或许是卫灵公吧？"哀公说："我听说他家庭之内男女没有分别，而你把他说成贤人，为什么呢？"孔子说："我是说他在朝廷所做的事，而不论他家庭内部的事情。"哀公问："朝廷的事怎么样呢？"孔子回答说："卫灵公的弟弟公子渠牟，他的智慧足以治理拥有千辆兵车的大国，他的诚信足以守卫这个国家，灵公喜欢他而任用他。又有个叫林国的士人，发现贤能的人必定推荐，如果那人被罢了官，林国还要把自己的俸禄分给他，因此在灵公的国家没有不被任用的士人，灵公认为林国很贤明因而很尊敬他。又有个叫庆足的士人，卫国有大事，就必定出来帮助治理；国家无事，就辞去官职而让其他的贤人被容纳，卫灵公喜欢而且尊敬他。还有个大夫叫史鳅，因为道不能实行而离开卫国。卫灵公在郊外住了三天，不弹奏琴瑟，一定要等到史鳅回国，而后他才敢回去。我拿这些事来选取他，即使把他放在贤人的地位，不也可以吗？"

子贡问于孔子曰："今之人臣，孰为贤？"子曰："吾未识也。往者齐有鲍叔①，郑有子皮②，则贤者矣。"子贡曰："齐无管仲，郑无子产？"子曰："赐，汝徒知其一，未知其二也。汝闻用力为贤乎？进贤为贤乎？"子贡曰："进贤贤哉。"子曰："然。吾闻鲍叔达管仲③，子皮达子产，未闻二子之达贤己之才者也。"

【注释】

① 鲍叔：即鲍叔牙，春秋时齐国人。他和管仲是好朋友，推荐管仲做齐桓公的相。

②子皮：名罕虎，春秋时郑国人。他推荐子产做郑国
的卿。

③达：显达。这里指使别人显达。

【译文】

子贡问孔子："当今的大臣，谁是贤能的人呢？"孔子说："我不知道。从前，齐国有鲍叔，郑国有子皮，他们都是贤人。"子贡说："齐国不是有管仲，郑国不是有子产吗？"孔子说："赐，你只知其一，不知其二。你听说是自己努力成为贤人的人贤能呢？还是能举荐贤人的人贤能呢？"子贡说："能举荐贤人的人贤能。"孔子说："这就对了。我听说鲍叔牙使管仲显达，子皮使子产显达，却没有听说管仲和子产让比他们更贤能的人显达。"

哀公问于孔子曰："寡人闻忘之甚者，徙而忘其妻①，有诸？"孔子对曰："此犹未甚者也。甚者乃忘其身。"公曰："可得而闻乎？"孔子曰："昔者夏桀贵为天子，富有四海，忘其圣祖之道，坏其典法，废其世祀，荒于淫乐，耽湎于酒。佞臣谄谀，窥导其心②；忠士折口③，逃罪不言。天下诛桀而有其国。此谓忘其身之甚矣。"

【注释】

①徙：迁移。这里是搬家的意思。

②窥导：窥测引导。

③折口：闭口。

鲁哀公问孔子说："我听说忘性大的人，搬了家就忘记了自己的妻子，有这种人吗？"孔子回答说："这还不是忘性最大的。更厉害的是忘记了自身。"鲁哀公说："可以说给我听听吗？"孔子说："从前夏桀贵为天子，富有天下，却忘记了他圣明先祖的治国之道，破坏了先祖设立的典章制度，废除了世代的祭祀活动，放纵地淫逸享乐，沉湎于酒色。奸臣阿谀奉承，窥测迎合夏桀的心意；忠臣闭口不敢说话，逃避罪责不敢建言。天下人杀了夏桀而占有了他的国家。这才是忘记了自身的典型啊！"

孔子读《诗》，于《正月》六章^①，惕焉如惧，曰："彼不达之君子^②，岂不殆哉？从上依世^③，则道废；违上离俗，则身危。时不兴善，己独由之，则曰非妖即妄也。故贤也既不遇天，恐不终其命焉。桀杀龙逢^④，纣杀比干^⑤，皆类是也。《诗》曰^⑥：'谓天盖高，不敢不局^⑦。谓地盖厚，不敢不蹐^⑧。'此言上下畏罪，无所自容也。"

【注释】

①《正月》：《诗经·小雅》中的一篇。

②不达：不得志。

③从上依世：顺从国君，依从世俗。

④龙逢：即关龙逢，传说为夏朝贤人。夏桀无道，为酒池糟丘，关龙逢极谏，被夏桀囚禁杀害。

⑤比干：殷纣王的叔伯父。传说纣王淫乱，比干犯颜强谏，被纣王剖心而死。

⑥《诗》：这里指《诗经·小雅·正月》。

⑦局：曲。

⑧蹐：轻步，小步行走。

【译文】

孔子读《诗经》，读到《正月》第六章时，表现出一副提心吊胆很警惧的样子，说："那些不得志的君子，岂不是太危险了吗？顺从君主附和世俗，就得废弃道；违背君主远离世俗，自身就有危险。如果当时不提倡善，自己偏要追求善，有人就会说你反常或不和法。所以贤人如果不能遭逢天时，恐怕不能终养天年。夏桀杀害龙逢，商纣杀害比干，都是这一类的事。《诗经》说：'谁说天很高，走路不敢不弯腰；谁说地很厚，走路不敢不蹐脚。'这是说对上下都怕得罪，没有自己的容身之地。"

子路问于孔子曰："贤君治国，所先者何？"孔子曰："在于尊贤而贱不肖①。"子路曰："由闻晋中行氏尊贤而贱不肖矣，其亡何也？"孔子曰："中行氏尊贤而不能用，贱不肖而不能去。贤者知其不用而怨之，不肖者知其必己贱而仇之。怨仇并存于国，邻敌构兵于郊②，中行氏虽欲无亡，岂可得乎？"

【注释】

①贱：轻视。

②构兵：集聚军队。

【译文】

子路问孔子说："贤明的君主治理国家，首先要做的是什么呢？"孔子说："在于尊重贤人而轻视不贤的人。"子路说："我听说晋国中行氏尊重贤人而轻视不贤的人，他为什么灭亡了呢？"孔子说："中行氏尊重贤人却不任用他们，看不起不贤的人却不能撤换他们。贤人知道自己不会被任用而怨恨，不贤的人知道自己被看不起而仇恨。怨恨和仇恨的人同时存在于国内，邻国的军队又集聚于郊外，中行氏即使不想灭亡，能够做得到吗？"

齐景公来适鲁，舍于公馆，使晏婴迎孔子。孔子至，景公问政焉。孔子答曰："政在节财。"公悦。又问曰："秦穆公国小处僻而霸①，何也？"孔子曰："其国虽小，其志大；处虽僻，而其政中。其举也果，其谋也和，法无私而令不偷②。首拔五羖③，爵之大夫，与语三日而授之以政。此取之，虽王可，其霸少矣。"景公曰："善哉！"

【注释】

①秦穆公：嬴姓，名任好。他任用百里奚、蹇叔等，励精图治，国势日强。

②偷：原作"愉"，王肃认为是"偷"字之误。偷，为苟且之意。

③首拔五羖（gǔ）：首先选拔百里奚。五羖，五张黑

羊皮，这里指百里奚，秦穆公之贤相。他曾为楚囚，秦穆公闻其贤，用五张黑羊皮赎之，称为五羖大夫。

【译文】

齐景公来到鲁国，住在宾馆里，让晏婴把孔子迎接来。孔子到了宾馆，齐景公向他询问如何治理国家。孔子回答说："治理国家在于节省财物。"齐景公很高兴。又问道："秦穆公的国家很小，处于偏僻之地却能称霸，这是为什么呢？"孔子说："他的国家虽然很小，他的志向却很大；虽处于偏僻之地，政治却恰到好处。他的举措果断，谋略适当，执法没有偏私，政令不随便凑合。首先提拔百里奚，授给他大夫的爵位，和他谈了三天就把政事交给他处理。采取这些办法，即使称王也是可以的，称霸还不算什么呢。"齐景公说："说得好啊！"

　　哀公问政于孔子。孔子对曰："政之急者，莫大乎使民富且寿也。"公曰："为之奈何？"孔子曰："省力役，薄赋敛，则民富矣；敦礼教，远罪疾，则民寿矣。"公曰："寡人欲行夫子之言，恐吾国贫矣。"孔子曰："《诗》云①：'恺悌君子，民之父母。'未有子富而父母贫者也。"

【注释】

①《诗》：这里指《诗经·大雅·泂酌》。

　　鲁哀公向孔子询问治理国家的事。孔子回答说："治理国家最急迫的事，没有比让民众富裕和长寿更重要的了。"鲁哀公说："怎么能做到呢？"孔子说："减少劳役，减轻赋税，民众就会富裕；敦行礼仪教化，远离罪恶疾病，民众就会长寿。"鲁哀公说："我想按您的话去做，又担心我的国家会贫穷啊！"孔子说："《诗经》上说：'平易近人的君子，是民众的父母。'没有儿女富裕而父母却贫穷的。"

辩政第十四

　　"子贡问"章可以看出孔子回答问题"各因其事"，具有针对性，很灵活。文又见《韩非子·难三》、《尚书大传》。五谏章，孔子赞扬讽谏。文又见《说苑·正谏》。"孔子谓宓子贱"章，讲求贤的重要。文又见《说苑·政理》、《韩诗外传八》。"子贡为信阳宰"章中的一些名句，如："知为吏者，奉法以利民；不知为吏者，枉法以侵民。此怨之所由也。治官莫若平，临财莫如廉。廉平之守，不可改也。"十分精彩。文又见《说苑·政理》。"子路治蒲"章，给后人提供观察执政好坏的视角。文又见《韩诗外传六》。

子贡问于孔子曰："昔者齐君问政于夫子，夫子曰政在节财。鲁君问政于夫子，子曰政在谕臣①。叶公问政于夫子，夫子曰政在悦近而来远。三者之问一也，而夫子应之不同，然政在异端乎②？"

孔子曰："各因其事也。齐君为国，奢乎台榭③，淫于苑囿④，五官伎乐⑤，不解于时，一旦而赐人以千乘之家者三⑥，故曰政在节财。鲁君有臣三人⑦，内比周以愚其君⑧，外距诸侯之宾以蔽其明⑨，故曰政在谕臣。夫荆之地广而都狭⑩，民有离心，莫安其居，故曰政在悦近而来远。此三者所以为政殊矣。《诗》云⑪：'丧乱蔑资⑫，曾不惠我师⑬。'此伤奢侈不节以为乱者也。又曰：'匪其止共，惟王之邛⑭。'此伤奸臣蔽主以为乱也。又曰：'乱离瘼矣，奚其适归⑮？'此伤离散以为乱者也。察此三者，政之所欲，岂同乎哉！"

【注释】

①谕臣：了解大臣。谕，知道，了解。一说"谕"当作"论"，意为选择。

②异端：不同方面。

③台榭：楼台水榭。

④苑囿：官室园林。

⑤五官伎乐：指声色享乐。五官，指眼、耳、鼻、舌、身五种感官。伎，歌女。

⑥千乘：《韩非子·难三》作"三百乘"，《尚书大传》

作"百乘","千乘"恐误。

⑦有臣三人：指孟孙、叔孙、季孙三家。

⑧比周：勾结。愚：愚弄。

⑨距：通"拒"，拒绝。

⑩荆：即楚国。

⑪《诗》：这里指《诗经·大雅·板》。

⑫丧乱蔑资：国家混乱国库空虚。旧注："蔑，无也。资，财也。"

⑬曾不惠我师：曾，副词，可译为竟然。师，众。旧注："师，众也。夫为亡乱之政，重赋厚敛，民无资财，曾莫肯爱我众。"

⑭"匪其止共"二句：出自《诗经·小雅·巧言》。意为臣子不忠于职守，而让君王担忧。止，达到。共，通"恭"，指忠于职守。邛（qióng），病。旧注："邛音昂。止，止息也。邛，病也。谗人不共所止息，故惟王之病。"

⑮"乱离瘼矣"二句：出自《诗经·小雅·四月》。意为兵荒马乱心忧苦，何处去栖身呢。瘼，疾苦。奚，何。适，往。旧注："离，忧也。瘼，病也。言离散以成忧，忆祸乱于斯，归于祸乱者也。"

【译文】

子贡问孔子说："从前齐国国君向您询问如何治理国家，您说治理国家在于节省财力。鲁国国君向您询问如何治理国家，您说在于了解大臣。叶公向您询问如何治理国家，您说治理国家在于使近处的人高兴使远处的人前来依附。三个人的问题是一样的，而您的回答却不同，然而治国有不同的方法吗？"

孔子说："按照各国不同的情况来治理。齐国君主治理国家，建造很多楼台水榭，修筑很多园林宫殿，声色享乐，无时无刻，有时一天就三次赏赐给人一千辆战车的赋税，所以说为政在于节财。鲁国国君有三个大臣，在朝廷内相互勾结愚弄国君，在朝廷外排斥诸侯国的宾客，遮盖君主明察的目光。所以说为政在于了解大臣。楚国国土广阔而都城狭小，民众想离开那里，不安心在此居住，所以说为政在于让近处的人高兴，让远方的人来依附。这三个国家的情况不同，所以施政方针也不同。《诗经》上说：'国家混乱国库空，从不救济我百姓。'这是哀叹奢侈浪费不节约资财而导致国家动乱啊。又说：'臣子不忠于职守，使国君担忧。'这是哀叹奸臣蒙蔽国君而导致国家动乱啊。又说：'兵荒马乱心忧苦，何处才是我归宿。'这是哀叹民众四处离散而导致国家动乱啊。考察这三种情况，根据政治的需要，方法难道能相同吗？"

孔子曰："忠臣之谏君，有五义焉①：一曰谲谏②，二曰戆谏③，三曰降谏④，四曰直谏，五曰风谏⑤。唯度主而行之，吾从其风谏乎。"

【注释】

①五义：五种方法。

②谲（jué）谏：直接指出问题而委婉地规劝。旧注：

"正其事以谲谏其君。"

③戆（zhuàng）谏：刚直地规劝。旧注："戆谏，无文饰也。"

④降谏：低声下气地规劝。旧注："卑降其体所以谏也。"

⑤风谏：《说苑·正谏》作"讽谏"，意为以婉言隐语规劝。旧注："风谏，依违远罪避害者也。"

【译文】

孔子说："忠臣规劝君主，有五种方法：一是委婉而郑重地规劝，二是刚直地规劝，三是低声下气地规劝，四是直截痛快地规劝，五是用婉言隐语来规劝。这些方法需要揣度君主的心意来采用，我愿意采用婉言隐语的方法来规劝吧。"

孔子谓宓子贱曰①："子治单父②，众悦。子何施而得之也？子语丘所以为之者。"对曰："不齐之治也，父恤其子，其子恤诸孤，而哀丧纪③。"孔子曰："善！小节也，小民附矣。犹未足也。"曰："不齐所父事者三人，所兄事者五人，所友事者十一人。"孔子曰："父事三人，可以教孝矣；兄事五人，可以教悌矣；友事十一人，可以举善矣。中节也，中人附矣。犹未足也。"曰："此地民有贤于不齐者五人，不齐事之而禀度焉④，皆教不齐之道。"孔子叹曰："其大者乃于此乎有矣。昔尧舜听天下，务求贤以自辅。夫贤者，百福之宗也，神明之主也⑤。惜乎不齐之以所治者小也。"

①宓（mì）子贱：名不齐，字子贱。春秋时鲁国人。孔子弟子。

②单父：地名。鲁国都邑，故址在今山东单县南。

③"父恤其子"三句：《说苑·政理》作"父其父，子其子，恤诸孤而哀丧纪"，意为像对待自己的父亲那样对待百姓的父亲，像对待自己的儿子那样对待百姓的儿子，救济所有的孤儿办好丧事。据此，"其子恤诸孤"之"其"字当衍。

④禀度：受教。

⑤神明：明智如神。

【译文】

孔子对宓子贱说："你治理单父这个地方，民众很高兴。你采用什么方法而做到的呢？你告诉我都采用了什么办法。"宓子贱回答说："我治理的办法是，像父亲那样体恤百姓的儿子，像顾惜自己儿子那样照顾孤儿，而且以哀痛的心情办好丧事。"孔子说："好！这只是小节，小民可以依附了。恐怕还不只这些吧。"宓子贱说："我像对待父亲那样事奉的有三个人，像兄长那样事奉的有五个人，像朋友那样交往的有十一个人。"孔子说："像父亲那样事奉这三个人，可以教民众孝道；像兄长那样事奉五个人，可以教民众敬爱兄长；像朋友那样交往十一个人，可以提倡友善。这只是中等的礼节，中等的人可以依附了。恐怕还不只这些吧。"宓子贱说："在单父这个地方，比我贤能的有五个人，我都尊敬地和他们交往并向他们请教，他们都教我治理之道。"孔子感叹地说："治理好单父的大道理就在这里了。从前尧舜治理天下，一定要访求贤人来辅助自己。那些贤人，是百福的来源，是神明的主宰啊。可惜你治理的地方太小了。"

子贡为信阳宰①，将行，辞于孔子。孔子曰："勤之慎之，奉天之时，无夺无伐，无暴无盗。"子贡曰："赐也少而事君子，岂以盗为累哉？"

孔子曰："汝未之详也。夫以贤代贤，是谓之夺；以不肖代贤，是谓之伐；缓令急诛②，是谓之暴；取善自与，是谓之盗。盗非窃财之谓也。吾闻之，知为吏者，奉法以利民；不知为吏者，枉法以侵民。此怨之所由也。治官莫若平，临财莫如廉。廉平之守，不可改也。匿人之善，斯谓蔽贤；扬人之恶，斯为小人。内不相训③，而外相谤④，非亲睦也。言人之善，若己有之；言人之恶，若己受之。故君子无所不慎焉。"

【注释】

①信阳：地名。故址在今河南信阳南四十里。

②缓令急诛：命令慢，惩罚快。

③训：训诫，教育。

④谤：指责别人的过失。

【译文】

子贡要去当信阳宰，临行时，向孔子辞行。孔子说：

"要勤勉谨慎，要顺应天时，不要夺不要伐，不要暴不要偷。"子贡说："我从年轻时就事奉您，难道您还担心我会有偷盗的行为吗？"

孔子说："你没弄清我的意思。以贤人代替贤人，这叫做夺；以不贤者代替贤人，这叫做伐；法令下达缓慢惩罚却很急迫，这叫做暴；把好处都归于自己，这叫做盗。盗不是窃取财物的意思。我听说，懂得为官之道的人，依法行事来为民造福；不懂为官之道的人，歪曲法律来侵害人民。这就是百姓怨恨官吏的原因。作为官吏最重要的是公正，面对财物最重要的是廉洁。廉洁公正的操守是不能改变的。隐匿别人的优点，这叫蔽贤；宣扬别人的缺点，这是小人。当面不互相告诫，而背后相互诽谤，不会友好和睦。谈到别人的优点，如同自己有这些优点；谈到别人的缺点，如同自己有这些缺点。所以君子对任何事都要谨慎。"

子路治蒲三年，孔子过之，入其境，曰："善哉由也！恭敬以信矣。"入其邑，曰："善哉由也！忠信而宽矣。"至庭①，曰："善哉由也！明察以断矣。"

子贡执辔而问曰："夫子未见由之政，而三称其善，其善可得闻乎？"孔子曰："吾见其政矣。入其境，田畴尽易②，草莱甚辟③，沟洫深治，此其恭敬以信，故其民尽力也。入其邑，墙屋完固，树木甚茂，此其忠信以宽，故其民不偷也④。至其庭，庭甚清闲，诸下用命⑤，此其言明察以断，故其政不扰也⑥。以此观之，虽三称其善，庸尽其美乎⑦？"

【注释】

①庭：官衙。

②田畴：耕熟的田地。易：治理。

③草莱：杂草。辟：除去，清除。

④偷：怠惰。

⑤诸下：指官衙中的臣仆人等。用命：听从命令。

⑥不扰：不受干扰。

⑦庸：岂，难道。

【译文】

子路治理蒲地三年，孔子经过蒲地，进入其境内，说："子路做得好啊！以恭敬来取得信用。"进入城里，说："子路做得好啊！忠信而宽大。"进入官衙，说："子路做得好啊！经过明察来作出判断。"

子贡拉着马缰绳问道："您还没有看见子路处理政事，却三次称赞他做得好，他的善政可以说给我听听吗？"孔子说："我看见他的善政了。进入蒲地境内，田地都整治过了，杂草都清除了，沟渠都挖深了，说明他以恭敬取得了信用，所以老百姓种田很努力。进入城里，看到墙壁房屋都很坚固，树木生长茂盛，这说明他忠信而且宽大，所以老百姓不会磨工偷懒。进入官衙的厅堂，厅堂中清静闲适，下面办事的人都听从他的命令，这说明他能明察作出判断，所以政事有条不紊。以此看来，我虽然三次称赞他做得好，难道能说尽他的优点吗？"

卷四

六本第十五

　　这篇也是由诸多篇章组成，先择其要者介绍。"行己有六本"章，指立身、丧纪、战阵、治政、居国、生财六个方面都要立本。又见《说苑·建本》，文字略有不同。"良药苦于口而利于病，忠言逆于耳而利于行"，是流传甚广的两句话。本章也是讲谏诤的。文又见《说苑·正谏》。"孔子在齐"章，孔子根据"天之以善，必报其德，祸亦如之"的格言，推断出周釐王庙的火灾。事情虽属巧合，对奢侈者也有警诫作用。其事又见《说苑·权谋》。"孔子读《易》"章，讲损、益的辩证关系。反对持满，主张以虚受人，成其满博。又见《说苑·敬慎》。"曾子耘瓜"章不主张"殪而不避"的愚孝。又见《说苑·建本》和《韩诗外传八》。"孔子游于泰山"章，孔子赞扬能自我宽慰的人。文又见《列子·天瑞》和《说苑·杂言》。"孔子曰吾死之后"章，留下千古名句："与善人居，如入芝兰之室，久而不闻其香，即与之化矣。与不善人居，如入鲍鱼之肆，久而不闻其臭，亦与之化矣。丹之所藏者赤，漆之所藏者黑。是以君子必慎其所与处者焉。"文字又见《说苑·杂言》。

孔子曰："行己有六本焉①，然后为君子也。立身有义矣，而孝为本；丧纪有礼矣，而哀为本；战阵有列矣，而勇为本；治政有理矣，而农为本；居国有道矣，而嗣为本②；生财有时矣，而力为本。置本不固，无务农桑；亲戚不悦，无务外交；事不终始，无务多业；记闻而言，无务多说；比近不安，无务求远。是故反本修迩③，君子之道也。"

【注释】

①行己：立身处世。本：根本。

②嗣：子孙，这里指选定继位之君。

③反本修迩：返回到事物的根本，从近处做起。

【译文】

孔子说："立身行事有六个根本，然后才能成为君子。立身有仁义，孝道是根本；举办丧事有礼节，哀痛是根本；交战布阵有行列，勇敢是根本；治理国家有条理，农业是根本；掌管天下有原则，选定继位人是根本；创造财富有时机，肯下力气是根本。根本不巩固，就不能很好地从事农桑；不能让亲戚高兴，就不要进行人事交往；办事不能有始有终，就不要经营多种产业；道听途说的话，就不要多说；不能让近处安定，就不要去安定远方。因此返回到事物的根本从近处做起，是君子遵循的途径。"

孔子曰："良药苦于口而利于病，忠言逆于耳而利于行。汤武以谔谔而昌①，桀纣以唯唯而亡②。君无争臣③，父无争子，兄无争弟，士无争友，无其过者，未之有也。故曰：'君失之，臣得之；父失之，子得之；兄失之，弟得之；己失之，友得之。'是以国无危亡之兆，家无悖乱之恶，父子兄弟无失，而交友无绝也。"

【注释】

①谔谔：直言进谏的样子。

②唯唯：恭敬顺从的应答声。

③争：通"诤"，直言劝谏。

【译文】

孔子说："良药苦口利于病，忠言逆耳利于行。商汤和周武王因为能听取进谏的直言而使国家昌盛，夏桀和商纣因为只听随声附和的话而国破身亡。国君没有直言敢谏的大臣，父亲没有直言敢谏的儿子，兄长没有直言敢劝的弟弟，士人没有直言敢劝的朋友，要想不犯错误是不可能的。所以说：'国君有失误，臣子来补救；父亲有失误，儿子来补救；哥哥有失误，弟弟来补救；自己有失误，朋友来补救。'这样，国家就没有灭亡的危险，家庭就没有悖逆的坏事，父子兄弟之间不会失和，朋友也不会断绝来往。"

孔子在齐，舍于外馆，景公造焉①。宾主之辞既接，而左右白曰："周使适至，言先王庙灾②。"景公覆问③："灾何王之庙也？"孔子曰："此必釐王之庙④。"公曰："何以知之？"孔子曰："《诗》云⑤：

'皇皇上天，其命不忒⑥。'天之以善，必报其德，祸亦如之。夫釐王变文武之制，而作玄黄华丽之饰⑦，宫室崇峻，舆马奢侈，而弗可振也⑧。故天殃所宜加其庙焉。以是占之为然⑨。"公曰："天何不殃其身，而加罚其庙也？"孔子曰："盖以文武故也。若殃其身，则文武之嗣，无乃殄乎⑩？故当殃其庙以彰其过。"

俄顷，左右报曰："所灾者，釐王庙也。"景公惊起，再拜曰："善哉！圣人之智，过人远矣。"

【注释】

①造：造访，访问。

②灾：自然发生的火灾。

③覆问：讯问。

④釐王：东周国君，周庄王之子，名胡。

⑤《诗》：此诗已佚，今本《诗经》无。旧注："此逸诗也。"

⑥忒：变更，差错。旧注："忒，差也。"

⑦玄黄：泛指颜色。

⑧振：救。

⑨占：预测，推测。

⑩殄（tiǎn）：断绝，灭绝。

【译文】

孔子在齐国，住在旅馆里，齐景公到旅馆来看他。宾主刚互致问候，景公身边的人就报告说："周国的使者刚到，说先王的宗庙遭了火灾。"景公追问："哪个君王的庙被烧了？"孔子说："这一定是釐王的庙。"景公问："怎么知道的呢？"孔子说："有诗说：'伟大的上天啊，它所给予的不会有差错。'上天降下的好事，一定回报给有美德的人，灾祸也是如此。釐王改变了文王和武王的制度，而且制作色彩华丽的装饰，宫室高耸，车马奢侈，而无可救药。所以上天把灾祸降在他的庙上。我以此作了这样的推测。"景公说："上天为什么不降祸到他的身上，而要惩罚他的宗庙呢？"孔子说："大概是因为文王和武王的缘故吧。如果降到他身上，文王和武王的后代不是灭绝了吗？所以降灾到他的庙上来彰显他的过错。"

一小会儿，有人报告："受灾的是釐王的庙。"景公吃惊地站起来，再次向孔子行礼说："好啊！圣人的智慧，超过一般人太多了。"

孔子读《易》，至于《损》、《益》①，喟然而叹。子夏避席问曰②："夫子何叹焉？"孔子曰："夫自损者必有益之，自益者必有决之③，吾是以叹也。"

子夏曰："然则学者不可以益乎？"子曰："非道益之谓也，道弥益而身弥损。夫学者损其自多，以虚受人，故能成其满博也。天道成而必变，凡持满而能久者，未尝有也。故曰：'自贤者，天下之善言不得闻于耳矣。'昔尧治天下之位，犹允恭以持之④，克让以接下⑤。是以千岁而益盛，迄今而逾彰。夏桀昆吾⑥，自满而无极，亢意而不节⑦，斩刈黎民如草芥焉⑧。天下讨之如诛匹夫，是以千载而恶著，迄今而不灭。观此，如行则让长，不疾先；如在舆，遇三人则下之，遇二人则式之。调其盈虚，不令自满，所以能久也。"

子夏曰："商请志之，而终身奉行焉。"

【注释】

①《损》、《益》：《周易》中的卦名。

②避席：离开席位。表示尊敬。

③决：缺，损失。

④允恭：诚信恭敬。

⑤克让：能谦让。

⑥昆吾：夏、商之间部落名。初封于濮阳。夏衰，昆吾为夏伯，后为商汤所灭。此指昆吾之君。旧注："昆吾国与夏桀作乱。"

⑦亢意：恣意妄为。

⑧刈（yì）：割。草芥：比喻轻贱，不足珍惜。芥，细微。亦指小草。

【译文】

孔子读《周易》，读到《损》、《益》二卦时，感慨地叹息着。子夏离开坐位问道："老师您为什么叹息啊？"孔子说："自己减少的必定会有增加，自己增加的必定会有减少。我因此叹息啊！"

子夏说："那么学习的人不可以增加知识吗？"

孔子说："我讲的不是道的增长，道愈增长而自身愈有损耗。学者要减损自己本来就多的东西，用虚心的态度接受别人的指教，所以才能成就完满和广博。按照规律，事物完成后必定还会变化，凡是完满而能保持长久的事，是不曾有的。所以说：'自认为贤能的人，天下那些美好的话他是听不到的。'从前尧处在治理天下的位置上，尚且以诚信恭敬的态度处理政事，以谦让的态度和下面的人交往。所以经过千年名声愈来愈盛，到今天更加彰显。夏桀、昆吾自满至极，恣意妄为而不加节制，斩杀百姓如割草一般。天下人讨伐他如同杀一个平民，所以经过千年恶名愈来愈昭著，至今也没有磨灭。看到这些，如果在路上行走就要让长者先行，不抢先；如果坐在车上，遇到三个人就要下车，遇到两个人就要扶着车前横木致敬。调节盈满和虚空，不自我满足，所以能够长久。"

子夏说："请让我把这些话记下来，而且要终身奉行。"

曾子耘瓜①，误斩其根。曾晳怒②，建大杖以击其背③。曾子仆地而不知人久之。有顷，乃苏，欣然而起，进于曾晳曰："向也参得罪于大人，大人用力教参，得无疾乎？"退而就房，援琴而歌，欲令曾晳而闻之，知其体康也。

孔子闻之而怒，告门弟子曰："参来勿内。"曾参自以为无罪，使人请于孔子。

子曰："汝不闻乎？昔瞽瞍有子曰舜④，舜之事瞽瞍，欲使之，未尝不在于侧；索而杀之，未尝可得。小棰则待过，大杖则逃走。故瞽瞍不犯不父之罪，而舜不失烝烝之孝⑤。今参事父，委身以待暴怒，殪而不避⑥，既身死而陷父于不义，其不孝孰大焉？汝非天子之民也？杀天子之民，其罪奚若⑦？"

曾参闻之曰："参罪大矣。"遂造孔子而谢过。

【注释】

①耘瓜：在瓜地锄草。

②曾皙：曾参之父。孔子弟子。

③建：操，拿起。

④瞽瞍：舜父亲的别名。传说他溺爱舜的弟弟，多次想害死舜。时人认为他有目不能分辨好坏，故称他为瞽叟。

⑤烝烝：淳厚貌。

⑥殪（yì）：死。

⑦奚若：何如。

【译文】

曾参在瓜地锄草，错把瓜苗的根锄断了。他的父亲曾皙发了怒，拿起大棍子就向他的脊背打去。曾参倒在地上，好长时间都不省人事。过了一会儿，曾参苏醒了，高兴地站起来，走上前对曾皙说："刚才我得罪了父亲大人，大人用力来教训我，没有受伤吧？"说完回到屋里，弹着琴唱起了歌，想让曾皙听到，知道他身体没有问题。

孔子听到这件事发了怒，告诉弟子说："曾参来了不要让他进来。"曾参自以为没错，让人告诉孔子他要来拜见。

孔子说："你没有听说过吗？从前瞽瞍有个儿子叫舜，

舜侍奉瞽瞍，瞽瞍想使唤他的时候，他没有不在身边的；但要找他把他杀掉时，却怎么也找不到。用小棍子打，他就挨着；用大棍子打，他就逃走。所以瞽瞍没有犯下不遵行父道的罪，而舜也没有失去尽心进孝的机会。现在曾参你侍奉父亲，挺身等待父亲的暴怒，打死也不躲避，这样做，自己死了还要陷父亲于不义，不孝还有比这更大的吗？你难道不是天子的子民吗？杀天子的子民，有哪样罪比得上呢？"

曾参听后说："我的罪过太大了。"于是到孔子那里去承认错误。

孔子游于泰山，见荣声期行乎郕之野[1]，鹿裘带索[2]，瑟瑟而歌[3]。

孔子问曰："先生所以为乐者，何也？"

期对曰："吾乐甚多，而至者三。天生万物，唯人为贵，吾既得为人，是一乐也；男女之别，男尊女卑，故人以男为贵，吾既得为男，是二乐也；人生有不见日月[4]，不免襁褓者[5]，吾既以行年九十五矣，是三乐也。贫者士之常，死者人之终。处常得终，当何忧哉？"

孔子曰："善哉！能自宽者也。"

【注释】

①荣声期：《列子·天瑞》作"荣启期"，善弹琴。郕：春秋时国名，周武王封其弟叔武于此。

②麑裘带索：穿着粗劣的衣服系着绳子做成的腰带。麑
　　裘，旧注："麑裘乃裘之粗者，非以麑为裘也。麑车乃
　　车之粗者，非以麑驾车也。麤从三鹿，故鹿有粗义。"

③瑟瑟：弹瑟。《列子·天瑞》作"鼓瑟"。

④不见日月：指胎儿未出生就死于母腹中。

⑤不免襁褓：指幼儿时已亡。

【译文】

孔子游历泰山，看到荣声期走在郕国的郊外，穿着粗劣的衣服，系着绳子做成的腰带，弹着瑟唱着歌。

孔子问道："先生您这么快乐，是为什么呢？"

荣启期回答说："我的快乐很多，最快乐的事情有三件。天生万物，唯有人最尊贵，我既然能成为人，是第一件快乐的事；人有男女之别，男尊女卑，人们以男子为尊贵，我既然成为男人，是第二件快乐的事；人有没出生就死在母腹中的，还有在襁褓中就死亡的，我现在已活到九十五岁，这是第三件快乐的事。贫穷是士人的常态，死亡是人的最终结果。处于常态以终天年，还有什么可忧愁的呢？"

孔子说："好啊！他是能够自我宽慰的人。"

孔子曰："吾死之后，则商也日益①，赐也日损②。"

曾子曰③："何谓也？"

子曰："商也好与贤己者处，赐也好说不若己者。不知其子视其父，不知其人视其友，不知其君视其所使，不知其地视其草木。故曰：与善人居，如入芝兰之室④，久而不闻其香，即与之化矣。与

不善人居，如入鲍鱼之肆⑤，久而不闻其臭，亦与之化矣⑥。丹之所藏者赤，漆之所藏者黑。是以君子必慎其所与处者焉。"

【注释】

①商：即卜商，字子夏。孔子弟子。

②赐：即端木赐，字子贡。孔子弟子。

③曾子：即曾参。

④芝兰之室：有芝兰等香草的屋子。比喻美好的环境。

⑤鲍鱼之肆：卖咸鱼的店铺。比喻环境恶劣。

⑥亦与之化矣：按，自"与善人居"至此，《大戴礼记·曾子疾病》篇中曾子亦有类似表述。

【译文】

孔子说："我死之后，子夏会一天比一天进步，子贡会一天比一天退步。"

曾子问："为什么这样说呢？"

孔子说："子夏喜欢与比自己贤能的人相处，子贡喜欢与不如自己的人相处。不了解他的儿子就看看他的父亲，不了解他本人的为人就看看他的朋友，不了解君主就看看他任命的大臣，不了解土地就看看地上生长的草木。所以说：与善人相处，就像进入有香草的屋子，时间长了就闻不到香味，说明己与香气融合在一起了。与不善的人相处，就如同进入咸鱼铺子，时间长了就闻不到臭味，这是被臭味同化了。装丹砂的容器会变成红色，装漆的容器会变成黑色。因此君子要谨慎地选择与自己相处的人。"

辩物第十六

　　孔子非常善于学习，不仅靠读书，还要实地去考察访问，因此见多识广。遇到事情，有时只靠推测判断就能得出正确的结论。孔子从陈惠公庭上死隼身上的箭，判别为"肃慎氏之矢"，此事又见于《国语·鲁语下》。孔子向郯子学习的事见于《左传·昭公十七年》。"阳虎既奔齐"章，预测赵简子任用阳虎会给国家带来祸患，看出孔子是位智者。其事又见《左传·定公九年》。

孔子在陈，陈惠公宾之于上馆①。时有隼集陈侯之庭而死②，楛矢贯之③，石砮④，其长尺有咫⑤。惠公使人持隼如孔子馆而问焉。

孔子曰："隼之来远矣，此肃慎氏之矢⑥。昔武王克商，通道于九夷百蛮⑦，使各以其方贿来贡⑧，而无忘职业。于是肃慎氏贡楛矢石砮，其长尺有咫。先王欲昭其令德之致远物也⑨，以示后人，使永鉴焉⑩，故铭其栝曰'肃慎氏贡楛矢'，以分大姬⑪。配胡公⑫，而封诸陈。古者分同姓以珍玉，所以展亲亲也⑬；分异姓以远方之职贡，所以无忘服也⑭。故分陈以肃慎氏贡焉。君若使有司求诸故府，其可得也。"

公使人求，得之金椟⑮，如之。

【注释】

①陈惠公：陈哀公之孙，名吴。谥惠。上馆：上等馆舍。

②隼集陈侯之庭而死：旧注："隼，鸟也。始集庭便死。"隼，又称鹘，一种凶猛的鸟。

③楛（hù）矢：楛木做的箭杆。楛为荆类植物，茎可制箭杆。

④石砮：石头做的箭头。

⑤咫：长度单位，八寸为一咫。

⑥肃慎氏：古民族名。

⑦九夷百蛮：旧注："九夷，东方九种。百蛮，夷狄百种。"指各方少数民族。

⑧方贿：地方所贡的财物土产。

⑨令德：美好的德行。

⑩永鉴：永远作为借鉴。

⑪大姬：周武王之女。

⑫胡公：虞舜的后代。

⑬展亲亲：表示亲近的亲属关系。

⑭服：臣服，服从。

⑮金牍：写有金字的书板。

【译文】

孔子在陈国，陈惠公请他住在上等馆舍里。当时有一只隼鸟刚飞到陈惠公的厅堂上就死了，射穿它的箭的箭杆是楛木制成，箭头是石头的，长度有一尺八寸。陈惠公让人拿着死鸟到孔子的馆舍询问这件事。

孔子说："隼鸟是从很远的地方来的啊！这是肃慎氏的箭。从前周武王攻克商朝，与各少数民族互相交往，让他们以各自的特产来进贡，并要求按职业进贡物品。于是慎肃氏进贡了用楛木作杆石头作箭头的箭，长有一尺八寸。武王欲显示他的美德能使远方来进贡，以此来昭示后人，永远作为借鉴，所以在箭杆的末端刻着'肃慎氏贡楛矢'几个字，把它赏给他的女儿大姬。大姬嫁给胡公，封在陈地。古代把珍玉分给同姓，为了表示亲属的亲密关系；把远方的贡物分给异姓，是为了让他们不忘记臣服。所以把肃慎氏的贡物分给陈国。您如果派官员到从前的府库中去找，就可以得到。"

陈惠公派人去找，得到写有金字的简牍，果然和孔子说得一样。

郯子朝鲁①，鲁人问曰②："少昊氏以鸟名官③，何也？"

对曰："吾祖也，我知之。昔黄帝以云纪官④，故为云师而云名⑤。炎帝以火⑥，共工以水⑦，大昊以龙⑧，其义一也。我高祖少昊挚之立也，凤鸟适至，是以纪之于鸟，故为鸟师而鸟名。自颛顼氏以来⑨，不能纪远，乃纪于近，为民师而命以民事，则不能故也。"

孔子闻之，遂见郯子而学焉。既而告人曰："吾闻之，天子失官，学在四夷⑩，犹信。"

【注释】

①郯（tán）子：郯国国君。郯，古国名，少昊之后。

②鲁人：指鲁国大夫叔孙昭子。

③少昊氏：传说中的古部落首领名。也作少皞。名挚，字青阳。黄帝子。旧注："少昊，金天氏也。"

④黄帝：古代部落首领，又号轩辕氏、有熊氏。打败了炎帝和蚩尤，被尊为天子，代替神农氏。有土德之瑞，故号黄帝。

⑤为云师而云名：指百官之长都以云为名。师，长。旧注："师，长也。云，纪其官长而为官名者也。"

⑥炎帝：传说中的古帝。因以火德王，故称炎帝。作耒耜，教人耕种，故又号神农氏。

⑦共工：古代传说中的天神，与颛顼争为帝，有头触
不周山的故事。

⑧大昊：古代传说中的部落首领，即伏羲氏。相传他
始画八卦，教民捕鱼畜牧，以充庖厨，又称庖牺氏。

⑨颛顼氏：古五帝之一。相传为黄帝之孙。又号高阳氏。

⑩学在四夷：旧注："孔子称官学在四夷，疾时之废
学也。郯，少昊之后，以其世则远矣，以其国则小
矣。鲁公之后，以其世则近矣，以其国则大矣。然
其知礼不若郯子，故孔子发此言，疾时之不学也。"

【译文】

郯国国君朝拜鲁国，鲁国人叔孙昭子问："少昊氏用鸟
名来命名官职，为什么呢？"

郯子回答说："少昊氏是我的祖先，我知道这件事。从
前黄帝用云来命名官职，所以百官之长都以云为名。炎帝
用火命名官职，共工用水命名官职，大昊氏用龙命名官职，
意思都是一样的。我的高祖少昊挚继位时，凤鸟正好飞来，
因此用鸟来命名，所以称鸟师而以鸟命名。自颛顼氏以来，
不能用远来的事物命名，就用身边的事物来命名，设立长
官就用民众所做的事来命名，那就不能像原来那样做了。"

孔子听说了这件事，就去拜见郯子向他学习。后来告
诉别人说："我听说，天子的官学失传，可以向四周的小国
学习，这话是真实可信的。"

阳虎既奔齐①，自齐奔晋，适赵氏②。孔子闻
之，谓子路曰："赵氏其世有乱乎？"子路曰："权

不在焉，岂能为乱？"孔子曰："非汝所知。夫阳虎亲富而不亲仁，有宠于季孙③，又将杀之，不克而奔，求容于齐④。齐人囚之，乃亡归晋。是齐、鲁二国，已去其疾。赵简子好利而多信，必溺其说而从其谋，祸败所终，非一世可知也。"

【注释】

①阳虎：鲁国大夫季孙氏的家臣。

②赵氏：即赵鞅。晋定公时为卿，谥简，故称赵简子。

③季孙：指鲁国大夫季桓子。

④容：收留。

【译文】

　　季孙氏的家臣阳虎逃到齐国后，又从齐国跑到晋国，投奔了赵简子。孔子听说了这件事，对子路说："赵氏的后代恐怕要有动乱吧？"子路说："阳虎拿不到权，怎能为乱？"孔子说："不是你理解的那样。阳虎亲近富人而不亲近仁人，得宠于季桓子，而又要杀害他，未得逞又逃走，请求齐国接纳他。齐人囚禁了他，他又逃到晋国。这样，齐、鲁两国都去掉了祸根。赵简子贪图利益而又轻信，必定会轻信他的话而听从他的谋划，祸患引起的最终后果，不是这一代能知道的啊。"

哀公问政第十七

"哀公问政于孔子"章，是由《礼记·中庸》改写而来，当中用"哀公问"作衔接，似更合理。彼此可参看。内容主要讲儒家的施政原则，如五达道、三达德、治国九经、诚、择善固执等等。

哀公问政于孔子。

孔子对曰："文武之政①，布在方策②。其人存则其政举，其人亡则其政息。天道敏生③，人道敏政，地道敏树。夫政者，犹蒲卢也④，待化以成，故为政在于得人。取人以身，修道以仁。仁者，人也，亲亲为大；义者，宜也，尊贤为大。亲亲之杀⑤，尊贤之等，礼所以生也。礼者，政之本也。是以君子不可以不修身。思修身，不可以不事亲；思事亲，不可以不知人；思知人，不可以不知天。天下之达道有五⑥，其所以行之者三。曰君臣也、父子也、夫妇也、昆弟也、朋友也，五者，天下之达道。智、仁、勇三者，天下之达德也⑦。所以行之者，一也。或生而知之，或学而知之，或困而知之⑧，及其知之，一也。或安而行之，或利而行之，或勉强而行之，及其成功，一也。"

【注释】

①文武：指周文王、周武王。

②布在方策：记载在木板和竹简上。方，书写用的木板。策，竹简。

③敏：勤勉。

④蒲卢：旧注："蒲卢，螺蠃也，谓土蜂也。取螟蛉而化之以为子。为政化百姓，亦如之者也。"一说指芦苇，性柔而生长快速。

⑤亲亲：爱自己的亲人。杀：等差。

⑥达道：天下古今共同遵守的道理。

⑦达德：天下人共同应有的美德。

⑧困：困苦，阻塞。

【译文】

鲁哀公向孔子询问治国之道。

孔子回答说："周文王、周武王的治国方略，记载在简册上。这样的贤人在世，他的治国措施就能施行；他们去世，他的治国措施就不能施行了。天之道就是勤勉地化生万物，人之道就是勤勉地处理政事，地之道就是迅速地让树木生长。政治，就像土蜂取螟蛉之子化为自己的儿子一样，得到教化就能很快成功，所以治理国家最重要的是得到人才。选取人才在于修养自身，修养道德要以仁为本。仁，就是具有爱人之心，爱亲人是最大的仁；义，就是事事做得适宜，尊重贤人是最大的义。爱亲人要分亲疏，尊重贤人要有等级，这就产生了礼。礼，这是政治的根本。因此君子不可以不修身。想要修身，不能不侍奉父母；要侍奉父母，不能不了解人；要了解人，不能不知天。天下共通的人伦大道有五条，用来实行这五条人伦大道的德行有三种。君臣之道、父子之道、夫妇之道、兄弟之道、朋友之道，这五条是天下共通的大道。智、仁、勇三种品德，是天下共通的道德。实行这些的目标都是一致的。有的人天生就知道，有的人通过学习才知道，有的人经历了困苦才知道，最终都知道了，这是一样的。有的人自觉自愿地去做，有的人为了名利去做，有的人被迫勉强去做，最终成功了，都是一样的。"

公曰：“子之言美矣，至矣！寡人实固，不足以成之也。”

孔子曰：“好学近乎智，力行近乎仁，知耻近乎勇。知斯三者，则知所以修身；知所以修身，则知所以治人；知所以治人，则能成天下国家者矣。”

【译文】

哀公说：“您说得太好了，达到极点了！但我实在鄙陋，不足以成就这些。”

孔子说：“喜欢学习近于有智慧，努力实行近于有仁心，知道耻辱近于有勇气。知道了这三者，就知道了如何修身；知道如何修身，就知道如何治理人；知道如何治理人，就能完成治理国家的事情了。”

公曰：“政其尽此而已乎？”

孔子曰：“凡为天下国家有九经①，曰修身也，尊贤也，亲亲也，敬大臣也，体群臣也，子庶民也②，来百工也③，柔远人也④，怀诸侯也⑤。夫修身则道立，尊贤则不惑，亲亲则诸父兄弟不怨⑥，敬大臣则不眩⑦，体群臣则士之报礼重⑧，子庶民则百姓劝⑨，来百工则财用足，柔远人则四方归之，怀诸侯则天下畏之。”

【注释】

①九经：九条准则。

②子庶民：以平民百姓为子。

③来百工：使各种工匠前来。

④柔远人：安抚远方来的人。

⑤怀：安抚。

⑥诸父：指父辈的族人，如叔伯等。

⑦不眩：不迷惑。

⑧报礼重：回报的礼重。

⑨劝：勉力向上。

【译文】

哀公问："治理国家的事到此就完了吗？"

孔子说："凡是治理天下国家有九条原则，那就是：修养自身，尊重贤人，亲爱亲人，敬重大臣，体恤群臣，爱民如子，招纳工匠，抚恤远客，安抚诸侯。修养自身就能确立正道，尊重贤人就不会困惑，亲爱族人叔伯兄弟就不会怨恨，敬重大臣遇事就不会迷惑，体恤群臣士人的回报就会更加厚重，爱民如子百姓就会努力工作，招纳百工财物就会充足，抚恤远客四方之人就会归顺，安抚诸侯天下人就会敬畏。"

公曰："为之奈何？"

孔子曰："齐洁盛服①，非礼不动，所以修身也。去谗远色②，贱财而贵德，所以尊贤也。爵其能③，重其禄，同其好恶，所以笃亲亲也④。官盛任使⑤，所以敬大臣也。忠信重禄，所以劝士也。时使薄敛⑥，所以劝百姓也。日省月考⑦，饩廪称事⑧，所以来百工也。送往迎来，嘉善而矜不能，所以绥远人也⑨。继绝世⑩，举废邦⑪，治乱持危，朝聘以时⑫，厚往而薄来，所以怀诸侯也。治天下国家有九经，其所以行之者，一也。凡事豫则立⑬，不豫则废。言前定则不跲⑭，事前定则不困，行前定则不疚⑮，道前定则不穷。在下位不获于上⑯，民弗可得而治矣。获于上有道，不信于友，不获于上矣。信于友有道，不顺于亲⑰，不信于友矣。顺于亲有道，反诸身不诚⑱，不顺于亲矣。诚身有道，不明于善，不诚于身矣。诚者，天之至道也。诚之者⑲，人之道也。夫诚，弗勉而中⑳，不思而得，从容中道㉑，圣人之所以定体也；诚之者，择善而固执之者也㉒。"

【注释】

①齐洁盛服：斋戒沐浴，使身心洁静，身穿盛服。齐，同"斋"。

②去谗远色：不听谗言，远离女色。

③爵其能：给有能力的人加官晋爵。

④笃：笃厚，加厚。

⑤官盛任使：官吏很多，听凭差遣。旧注："盛其官，委任使之也。"

⑥时使薄敛：劳役不妨碍农时，征收赋税要轻。

⑦日省月考：每天省察，每月考核。

⑧饩廪称事：发给百姓的米粮要与他们的工作成绩相

称。饩廪，指薪水粮食。

⑨绥远人：安抚边远地方的人民。绥，安抚。

⑩继绝世：让被灭的诸侯国后继有人。

⑪举废邦：复兴已经没落的邦国。

⑫朝聘：诸侯定期朝见天子。每年一见叫小聘，三年一见叫大聘，五年一见叫朝聘。

⑬豫：事先准备。

⑭跲（jiá）：跌倒。此指说话不顺畅。

⑮疚：惭愧。

⑯不获于上：得不到上级的信任。

⑰不顺于亲：不听从父母的教导。

⑱反诸身：反省自身。

⑲诚之：按诚去做。

⑳弗勉而中：不用费力就能做得合适。

㉑从容：安闲舒缓，不慌不忙。中道：合乎道。

㉒固执：固守，坚持不懈。

【译文】

哀公问："怎么做呢？"

孔子说："像斋戒那样穿着庄重的服装静心虔诚，不符合礼仪的事坚决不做，这就是修养自身的原则。驱除小人，疏远女色，看轻财物而重视德行，这就是尊重贤人的原则。给有才能的人加官晋爵，给以丰厚的俸禄，与他们爱憎一致，这就是让亲人更加亲爱的原则。官员众多足供任使，这就是劝勉大臣的原则。真心诚意地任用，给以丰厚的俸禄，这就是奖劝士人的原则。劳役不误农时，减少赋税，这就是劝勉百姓的原则。每天省察，每月考核，付给的工钱粮米与工作业绩相称，这就是奖劝百工的原则。来时欢迎，去时欢送，嘉奖有善行的人而怜惜能力差的人，这就是抚恤远客的原则。延续绝嗣的家族，复兴废亡的小国，治理祸乱，扶持危弱，按时接受诸侯朝见聘问，赠送丰厚，纳贡菲薄，这就是安抚诸侯的原则。治理天下国家有九条原则，实行这些原则的方法只有一个。任何事情，事先有准备就会成功，无准备就会失败。说话先有准备，语言就会顺畅；做事先有准备，就不会出现困窘；行动先有准备，就不会愧疚；道路预先选定，就不会阻碍不通。在下位的人得不到在上位人的信任，就不可能治理好民众。得到在上位人的信任是有规则的，得不到朋友的信任，就得不到在上位人的信任。得到朋友的信任是有规则的，不能让父母顺心，就得不到朋友的信任。让父母顺心是有规则的，反省自己不真诚，就不能让父母顺心。使自己真诚是有规则的，不明白什么是善，就不能使自己真诚。真诚，是上天的原则；追求真诚，是做人的原则。如果有诚心，不用勉强就能做到，不用思考就能拥有，从从容容就能符合中庸之道，这是圣人表现出来的形象。真诚的人，就是选择好善的目标执着追求的人。"

公曰："子之教寡人备矣①，敢问行之所始？"

孔子曰："立爱自亲始，教民睦也；立敬自长始，教民顺也。教之慈睦，而民贵有亲；教以敬，而民贵用命②。民既孝于亲，又顺以听命，措诸天下无所不可③。"

公曰:"寡人既得闻此言也,惧不能果行而获罪咎④。"

【注释】

①备:完备,周详。

②用命:听从命令。

③措诸:用之于。

④罪咎:罪责。

【译文】

哀公说:"您教给我的方法已经很完备了,请问从什么地方开始实施呢?"

孔子说:"树立仁爱从爱父母开始,可以教民众和睦;树立恭敬从尊敬长辈开始,可以教民众顺从。教人慈爱和睦,民众就会认为亲人是最宝贵的;教人恭敬,民众就会认为服从命令是最重要的。民众既能孝顺父母,又能听从命令,让他们做天下的任何事情,没有不行的。"

鲁哀公说:"我既已听到了这些话,很害怕不能果断地实行而犯错误。"

卷五

颜回第十八

　　这篇是记载颜回言行的。"鲁定公问"章，颜回以御马比喻治理国家，御马"不穷其马力"，同样，治民"不穷其民力"，否则就会出现危险。文字又见《荀子·哀公》、《吕氏春秋·离俗览·适威》、《韩诗外传二》、《新序·杂事五》。"孔子在卫"章，讲颜回善于观察生活。"颜回问成人"章，孔子回答成人能达理通变，知故睹原，成人之行就是践行仁义礼乐。两章文字又见《说苑·辨物》。

　　鲁定公问于颜回曰："子亦闻东野毕之善御乎^①？"对曰："善则善矣，虽然，其马将必佚^②。"定公色不悦，谓左右曰："君子固有诬人也^③。"

　　颜回退。后三日，牧来诉之曰："东野毕之马佚，两骖曳两服入于厩^④。"公闻之，越席而起，促驾召颜回。回至，公曰："前日寡人问吾子以东野毕之御，而子曰：'善则善矣，其马将佚。'不识吾子奚以知之？"

　　颜回对曰："以政知之。昔者帝舜巧于使民，造父巧于使马^⑤。舜不穷其民力，造父不穷其马力，是以舜无佚民，造父无佚马。今东野毕之御也，升马执辔，衔体正矣；步骤驰骋，朝礼毕矣^⑥；历险致远，马力尽矣，然而犹乃求马不已。臣以此知之。"

　　公曰："善！诚若吾子之言也。吾子之言，其义大矣，愿少进乎？"颜回曰："臣闻之，鸟穷则啄，兽穷则攫^⑦，人穷则诈，马穷则佚。自古及今，未有穷其下而能无危者也。"

　　公悦，遂以告孔子。孔子对曰："夫其所以为颜回者，此之类也，岂足多哉？"

【注释】

①东野毕：春秋时善于驾车的人，也作东野稷。

②佚：走失，失散。

③诬：欺骗。《荀子·哀公》作"谗"，指背后说人坏话。

④骖（cān）：古代驾车时位于两旁的马。服：驾车时居中的马称服。厩：马棚。

⑤造父：西周时期一位善于驾车的人。

⑥朝礼毕矣：指马的步法已调理完毕。旧注："'朝'与'调'古字通，《毛诗》言'调饥'即'朝饥'，此言马之驰骤皆调习也。"又注："马步骤驰骋，尽礼之仪也。"

⑦攫（jué）：用爪子抓。

【译文】

鲁定公问颜回："你也听说过东野毕善于驾车的事吗？"颜回回答说："他确实善于驾车，尽管如此，他的马必定会走失。"鲁定公听了很不高兴，对身边的人说："君子中竟然也有骗人的人。"

颜回退下。过了三天，养马的人来告诉说："东野毕的马散失了，两匹骖马拖着两匹服马进了马棚。"鲁定公听了，越过席站起来，立刻让人驾车去接颜回。颜回来了，鲁定公说："前天我问你东野毕驾车的事，而你说：'他确实善于驾车，但他的马一定会走失。'我不明白您是怎样知道的？"

颜回回答说："我是根据政治情况知道的。从前舜帝善于役使百姓，造父善于驾驭马。舜帝不用尽民力，造父不用尽马力，因此舜帝时代没有流民，造父没有走失的马。现在东野毕驾车，让马驾上车拉紧缰绳，上好马嚼子；时而慢跑时而快跑，步法已经调理完成；经历险峻之地和长途奔跑，马的力气已经耗尽，然而还让马不停地奔跑。我因此知道马会走失。”

鲁定公说:“说得好！的确如你说得那样。你的这些话，意义很大啊，希望能进一步地讲一讲。”颜回说:“我听说，鸟急了会啄人，兽急了会抓人，人走投无路则会诈骗，马筋疲力尽则会逃走。从古至今，没有使手下人陷入困穷而他自己没有危险的。”

鲁哀公听了很高兴，于是把此事告诉了孔子。孔子对他说:“他所以是颜回，就因为常有这一类的表现，不足以过分地称赞啊！”

孔子在卫，昧旦晨兴①，颜回侍侧，闻哭者之声甚哀。子曰:“回，汝知此何所哭乎？”对曰:“回以此哭声非但为死者而已，又有生离别者也。”子曰:“何以知之？”对曰:“回闻桓山之鸟②，生四子焉，羽翼既成，将分于四海，其母悲鸣而送之，哀声有似于此，谓其往而不返也。回窃以音类知之。”

孔子使人问哭者，果曰:“父死家贫，卖子以葬，与之长决③。”子曰:“回也，善于识音矣！”

【注释】

①昧旦：天未全明之时。兴：起床。

②桓山：在今江苏铜山。

③决：通“诀”，分别。

【译文】

孔子在卫国时，一天天还没亮就起床了，颜回在旁边侍候，这时听到有悲哀的哭声。孔子说："颜回，你知道这是为什么而哭吗？"颜回回答说："我认为这哭声不只是为了死者，还将有生离死别的事。"孔子说："你怎么知道的？"颜回回答说："我听说桓山的鸟，生了四只小鸟，小鸟羽翼丰满以后，将要飞向四面八方，母鸟悲哀地鸣叫着送小鸟远行，悲哀的声音和这哭声相似，因为它们飞走再也不回来了。我是根据这种声音知道的。"

孔子让人去问哭的人，哭的人果然说："我的父亲死了，家里贫困，只好卖掉儿子来埋葬父亲，与儿子永远分别。"孔子说："颜回啊，真善于识别声音呀！"

颜回问于孔子曰："成人之行若何？"

子曰："达于情性之理，通于物类之变，知幽明之故①，睹游气之原②，若此可谓成人矣。既能成人，而又加之以仁义礼乐，成人之行也。若乃穷神知礼③，德之盛也。"

【注释】

①幽明：泛指有形和无形的物象，也指天地、阴阳、昼夜、善恶、人鬼等相对立的事物。

②游气：浮游于空中的云气。

③穷神知礼：深究事物的精微道理。礼，疑当作"化"。

【译文】

颜回问孔子："成人的智力品行是什么样的呢？"

孔子说:"他们能通晓人性人情的道理,知道事物变化的规律,知道天地、阴阳、有形无形等事物变化的缘故,可以看清空中云气变化的本源,这样就可以叫做成人了。既达到了成人的地步,而又学习了仁义礼乐,这就是成人的智力品行。至于能够探索事物精微的道理,那就是具有了高深的德行。"

子路初见第十九

　　这一篇也是由多章组成。"子路初见孔子"章，批评学习无益的观点，强调学习的重要性。文字又见《说苑·建本》。"子路将行"章，孔子教导子路要做到强、劳、忠、信、恭五点，基本是道德说教。文字又见《说苑·杂言》。"孔子兄子"章，讲孔蔑与宓子贱二人同仕，一说仕有三失，一说仕有三得，正好相反，孔子赞扬积极方面。文字又见《说苑·政理》。"子贡曰陈灵公"章，讲臣子劝谏要看对象，不要白白送命。其事又见于《春秋传》。"澹台子羽"章讲不能以貌和辞取人，而要看其行动。文又见《史记·仲尼弟子列传》、《韩非子·显学》。

子路初见孔子，子曰："汝何好乐？"对曰："好长剑。"孔子曰："吾非此之问也。徒谓以子之所能，而加之以学问，岂可及哉？"

子路曰："学岂益哉也？"孔子曰："夫人君而无谏臣则失正，士而无教友则失听。御狂马不释策①，操弓不反檠②。木受绳则直，人受谏则圣。受学重问，孰不顺成？毁仁恶士，必近于刑。君子不可不学。"

子路曰："南山有竹，不柔自直，斩而用之，达于犀革③。以此言之，何学之有？"孔子曰："栝而羽之④，镞而砺之⑤，其入之不亦深乎？"子路再拜曰："敬而受教。"

【注释】

①不释策：不放下马鞭子。旧注："御狂马者不得释箠策也。"

②操弓不反檠（qíng）：正在拉开的弓箭不能用檠来校正。檠，校正弓的器具。弓不反于檠，然后可持也。

③达于犀革：射穿犀牛皮。

④栝（kuò）而羽之：给箭栝装上箭羽。栝，箭末扣弦的地方。羽，装上羽毛。

⑤镞而砺之：装上磨锋利的箭头。镞，箭头。砺，磨。

【译文】

子路初次拜见孔子，孔子说："你有什么爱好？"子路回答说："我喜欢长剑。"孔子说："我不是问你这个。我是说以你的能力，再加上努力学习，谁能赶得上你呢！"

子路说："学习真的有用吗？"孔子说："国君如果没有敢谏的臣子就会失去正道，读书人没有敢指正问题的朋友就听不到善意的批评。驾驭正在狂奔的马不能放下马鞭，已经拉开的弓不能用檠来匡正。木料用墨绳来矫正就能笔直，人接受劝谏就能成为圣人。接受知识，重视学问，谁能不顺利成功呢？诋毁仁义厌恶读书人，必定会触犯刑律。所以君子不可不学习。"

子路说："南山有竹子，不矫正自然就是直的，砍下来用作箭杆，可以射穿犀牛皮。以此说来，哪用学习呢？"孔子说："在箭杆末端装上羽毛，再装上打磨锋利的箭头，这样射出的箭不是射得更深吗？"子路再次拜谢说："恭敬地接受您的教诲。"

子路将行，辞于孔子。子曰："赠汝以车乎？赠汝以言乎？"子路曰："请以言。"

孔子曰："不强不达①，不劳无功，不忠无亲，不信无复②，不恭失礼。慎此五者而已。"

子路曰："由请终身奉之。敢问亲交取亲若何③？言寡可行若何④？长为善士而无犯若何？"

孔子曰："汝所问苟在五者中矣⑤。亲交取亲，其忠也；言寡可行，其信乎；长为善士而无犯，其礼也。"

【注释】

①不强不达：不努力坚持就达不到目的。旧注："人不以强力则不能自达。"

②不信无复：不讲信用别人就不会再相信。旧注："信近于义，言可复也。今而不信，则无可复。"

③亲交取亲：取得新结交朋友的信任。亲交，新接交的人。取亲，取得信任，成为亲近的朋友。

④言寡可行：话说得少但可行。

⑤苞：通"包"。

【译文】

子路将要出行，向孔子辞行。孔子说："我送给你车呢？还是送给你一些忠告呢？"子路说："请给我些忠告吧。"

孔子说："不持续努力就达不到目的，不劳动就没有收获，不忠诚就没有亲人，不讲信用别人就不再信任你，不恭敬就会失礼。谨慎地处理好这五个方面就可以了。"

子路说："我将终生记在心头。请问取得新结交的人的信任需要怎么做？说话少而事情又能行得通需要怎么做？一直都是善人而不受别人侵犯需要怎么做？"

孔子说："你所问的问题都包括在我讲的五个方面里了。要取得新结识的人的信任，那就是忠诚；说话少事情又行得通，那就是讲信用；一向为善而不受别人侵犯，那就是遵行礼仪。"

孔子兄子有孔篾者①，与宓子贱皆仕②。孔子往过孔篾，而问之曰："自汝之仕，何得何亡？"

对曰："未有所得，而所亡者三：王事若龙③，学焉得习？是学不得明也。俸禄少，馆粥不及亲戚④，是骨肉益疏也。公事多急，不得吊死问疾，是朋友之道阙也。其所亡者三即谓此也。"

孔子不悦，往过子贱，问如孔篾。

对曰："自来仕者无所亡，其有所得者三：始诵之，今得而行之，是学益明也。俸禄所供，被及亲戚，是骨肉益亲也。虽有公事，而兼以吊死问疾，是朋友笃也。"

孔子喟然谓子贱曰："君子哉！若人。鲁无君子者，则子贱焉取此。"

【注释】

①孔篾：名孔忠，字子篾。孔子的侄子。

②宓子贱：即宓不齐，字子贱。孔子弟子。

③王事若龙："龙"，《说苑·政理》作"袭"。此句意为：政事一件接一件。

④馆粥：此指微薄之物。馆，稠粥。粥，稀粥。

【译文】

孔子的哥哥有个儿子叫孔篾，与宓子贱都在做官。孔子去看他，问他说："自从你当了官，得到了什么失去了什么？"

孔篾回答说："没得到什么，而失去的东西有三件：政事一件接一件，学过的知识哪有时间温习？因此学到的知识也记不清楚了。朝廷给的俸禄太少，连给亲戚一些微薄的礼物都做不到，因此骨肉之间更加疏远了。公事一般都很急迫，不能及时去哀悼死人慰问病人，这样就阙失了朋友之道。我说失去的三种东西就是这些。"

孔子听了很不高兴，又到宓子贱那里去，问了他同样的问题。

宓子贱回答说："自从做官以来没有失去什么，所得到的有三样：以前诵读的知识，现在能够依照实行，因此对所学的知识认识得更加清楚了。所得的俸禄，能用来帮助亲戚，因此骨肉之间更加亲密了。虽然有公事，还是能去吊唁死者慰问病人，因此和朋友的关系更亲密了。"

孔子听了感慨地叹息了一声，对宓子贱说："君子啊！就是你这样的人。如果说鲁国没有君子的话，那么宓子贱是从哪里学来的呢？"

子贡曰："陈灵公宣淫于朝①，泄冶正谏而杀之②，是与比干谏而死同③，可谓仁乎？"

子曰："比干于纣，亲则诸父，官则少师④，忠报之心在于宗庙而已，固必以死争之，冀身死之后，纣将悔寤，其本志情在于仁者也。泄冶之于灵公，位在大夫，无骨肉之亲，怀宠不去，仕于乱朝，以区区之一身，欲正一国之淫昏，死而无益，可谓狷矣⑤。《诗》云⑥：'民之多辟⑦，无自立辟⑧。'其泄冶之谓乎？"

【注释】

①陈灵公：陈宣公曾孙，名平国。宣淫于朝：与大夫孔宁、仪行父一起和夏姬淫乱，还在朝廷炫耀。

②泄冶正谏而杀之：陈国大夫泄冶因劝谏陈灵公而被杀。

③比干：商纣王的叔父。谏而死：纣王淫乱，比干以死谏，被纣王剖腹取心而死。

④少师：官名。与少傅、少保合称三孤，以辅天子。

⑤狷：狷介，指性情拘谨自守。

⑥《诗》：这里指《诗经·大雅·板》。

⑦民之多辟：民众有很多过失。辟，过失，邪僻行为。

⑧无自立辟：不要再枉自立法。辟，法令。

【译文】

子贡说："陈灵公在朝廷公开炫耀淫乱的事，泄冶直言劝谏而遭到杀害，这和比干劝谏殷纣王而遭杀害是相同的，可以称为仁吗？"

孔子说："比干对于殷纣王，从亲戚关系上说是纣王的叔父，官位则是少师，报国的忠心在于维护祖宗宗庙，必定会以死进谏，希望身死之后，纣王能够悔悟，他的思想情志都在仁上。泄冶对于陈灵公，官职是大夫，无骨肉之亲，受到宠爱而不愿离去，仍在乱朝做官，以他区区一身而想匡正一个国家淫乱的昏君，死了也对国家无益，可说是性情拘谨耿直。《诗经》说：'如今民间多邪僻，自己立法没有用。'大概说的就是泄冶这样的事吧！"

澹台子羽有君子之容①，而行不胜其貌。宰我有文雅之辞，而智不充其辩。孔子曰："里语云^②：'相马以舆^③，相士以居^④。'弗可废矣。以容取人，则失之子羽；以辞取人，则失之宰予。"

【注释】

①澹台子羽：即澹台灭明，孔子弟子。

②里语：即俚语，俗语。

③相马以舆：相马要看它拉车的情况。

④相士以居：看人要看他平常的表现。

【译文】

澹台子羽有君子那样的容貌，而他的品行却比不上他的容貌。宰我谈吐文雅，而他的智力却不如他的言辞。孔子说："俗话说：'看马的好坏要看它拉车的情况，看人的品德高下要看他平时的表现。'这个道理不能丢弃啊！以容貌来选择人才，在澹台子羽身上就会失误；以言辞来选择人才，在宰我身上就会出现失误。"

在厄第二十

　　孔子困厄陈、蔡的故事流传很广。在困境中，子路和子贡都对他的道有了微词，但颜回却认为"夫子之道至大"，"世不我用，有国者之丑"，"不容，然后见君子"，给了孔子莫大安慰。同样，孔子也非常赏识和信任颜回，当子贡怀疑颜回偷吃米饭时，孔子坚信颜回不会这样做，并用巧妙的方法解除了别人的疑问。孔子智者的形象凸显出来。此事又见于《荀子·宥坐》、《韩诗外传七》、《说苑·杂言》、《史记·孔子世家》。

　　楚昭王聘孔子①，孔子往拜礼焉，路出于陈、蔡②。陈、蔡大夫相与谋曰："孔子圣贤，其所刺讥，皆中诸侯之病。若用于楚，则陈、蔡危矣。"遂使徒兵距孔子③。孔子不得行，绝粮七日，外无所通，藜羹不充④，从者皆病。孔子愈慷慨讲诵，弦歌不衰⑤。乃召子路而问焉，曰："《诗》云⑥：'匪兕匪虎⑦，率彼旷野⑧。'吾道非乎，奚为至于此？"

　　子路愠，作色而对曰："君子无所困。意者夫子未仁与⑨？人之弗吾信也；意者夫子未智与？人之弗吾行也。且由也昔者闻诸夫子：'为善者天报之以福，为不善者天报之以祸。'今夫子积德怀义，行之久矣，奚居之穷也？"

　　子曰："由未之识也，吾语汝。汝以仁者为必信也，则伯夷、叔齐不饿死首阳；汝以智者为必用也，则王子比干不见剖心；汝以忠者为必报也，则关龙逢不见刑⑩；汝以谏者为必听也，则伍子胥不见杀⑪。夫遇不遇者，时也；贤不肖者，才也。君子博学深谋而不遇时者，众矣，何独丘哉？且芝兰生于深林，不以无人而不芳；君子修道立德，不为穷困而败节。为之者，人也；生死者，命也。是以晋重耳之有霸心生于曹卫⑫；越王勾践之有霸心生于会稽⑬。故居下而无忧者，则思不远；处身而常逸者，则志不广。庸知其终始乎？"

　　子路出，召子贡，告如子路。子贡曰："夫子之道至大，故天下莫能容夫子，夫子盍少贬焉？"

子曰："赐，良农能稼，不必能穑⑭；良工能巧，不能为顺；君子能修其道，纲而纪之⑮，不必其能容。今不修其道而求其容，赐，尔志不广矣，思不远矣。"

子贡出，颜回入，问亦如之。颜回曰："夫子之道至大，天下莫能容。虽然，夫子推而行之。世不我用，有国者之丑也，夫子何病焉？不容，然后见君子。"

孔子欣然叹曰："有是哉，颜氏之子！使尔多财，吾为尔宰⑯。"

【注释】

①楚昭王：楚平王之子，名壬，谥昭。

②陈、蔡：春秋时诸侯国名。

③徒兵：步兵。距：通"拒"，阻拦。

④藜羹：菜汤。此指粗劣的食物。

⑤弦歌：以琴瑟伴奏而歌。不衰：不停止。

⑥《诗》：这里指《诗经·小雅·何草不黄》。

⑦匪兕（sì）匪虎：不是犀牛不是老虎。兕，雌的犀牛。

⑧率彼旷野：来到旷野。率，沿着。旧注："率，循也。言非兕虎而循旷野也。"

⑨意者：想来。

⑩关龙逢不见刑：夏桀为长夜饮，关龙逢劝谏，被杀害。

⑪伍子胥不见杀：伍子胥是春秋时楚国人，名员。父兄均被楚平王杀害，他逃到吴国。与孙武共佐吴王

阖闾伐楚，五战攻入郢都。后辅佐吴王夫差，劝谏其不要应允越王勾践的求和，又屡谏其攻齐争霸，夫差不听，反而听信谗言逼其自杀。见杀，被杀。

⑫晋重耳之有霸心生于曹卫：此指重耳称霸之心产生于困顿于曹卫之时。重耳，春秋时晋献公之子，即春秋五霸的晋文公。旧注："重耳，晋文公也。为公子时，出奔，困于曹卫。"

⑬越王勾践之有霸心生于会稽：此指勾践称霸之心是在困于会稽时产生的。越王勾践，春秋时越王，也作句践。他被吴王夫差打败后，困于会稽，屈膝求和。其后卧薪尝胆，发愤图强，经过二十年，终于灭掉吴国。

⑭"良农能稼"二句：穑，收获。旧注："种之为稼，敛之为穑。言良农能善种之，未必能敛获之也。"

⑮纲而纪之：抓住关键来治理。

⑯宰：旧注："宰，主财者。为汝主财，意志同也。"

【译文】

楚昭王聘请孔子到楚国去，孔子去拜见楚昭王，途中经过陈国和蔡国。陈国、蔡国的大夫一起商量说："孔子是位圣贤，他所讥讽批评的都切中诸侯的问题，如果被楚国聘用，那我们陈国、蔡国就危险了。"于是派步兵阻拦孔子。孔子不能前行，断粮七天，也无法和外边取得联系，连粗劣的食物也吃不上，跟随他的人都疲惫不堪。这时孔子更加慷慨激昂地讲授学问，用琴瑟伴奏不停地唱歌。他找来子路问道："《诗经》说：'不是野牛不是虎，却都来到荒野上。'我的道难道有什么不对吗？为什么到了这个地步啊？"

子路一脸怨气，不高兴地回答说："君子是不会被什么东西困扰的。想来老师的仁德还不够吧？人们还不信任我们；想来老师的智慧还不够？人们不愿推行我们的主张。而且我从前就听老师讲过：'做善事的人上天会降福于他，做坏事的人上天会降祸于他。'如今老师您积累德行心怀仁义，推行您的主张已经很长时间了，怎么处境如此困穷呢？"

孔子说："由啊你还不懂得啊，我来告诉你。你以为仁德的人就一定被人相信，那么伯夷、叔齐就不会被饿死在首阳山上；你以为有智慧的人一定会被任用，那么王子比干就不会被剖心；你以为忠心的人必定会有好报，那么关龙逢就不会被杀；你以为忠言劝谏一定会被采纳，那么伍子胥就不会被迫自杀。遇不遇到贤明的君主，是时运的事；贤还是不贤，是才能的事。君子学识渊博深谋远虑而时运不济的人多了，何只是我呢！况且芝兰生长在深林之中，不因为无人欣赏而不芳香；君子修养身心培养道德，不因为穷困而改变节操。如何做在于自身，是生是死在于命。因而晋国重耳的称霸之心产生于困顿于曹卫之时，越王勾践的称霸之心产生于困顿于会稽之时。所以说居于下位而无所忧虑的人，是思虑不远；安身处世总想安逸的人，是志向不大。怎能知道他的终始呢？"

子路出去了，孔子叫来子贡，又问了同样的问题。子贡说："老师您的道实在博大，因此天下容不下您，您何不把您的道降低一些呢？"

孔子说："赐啊，好的农夫会种庄稼，不一定会有收获；好的工匠能做精巧的东西，不一定能顺遂每个人的意愿；君子能培养他的道德学问，创立政治主张，别人不一定能容纳。现在不修养自己的道德学问而要求别人能容纳，赐啊，这说明你的志向不远大，思想不深远啊。"

子贡出去以后，颜回进来了，孔子又问了他同样的问题。颜回说："老师的道太广大了，天下也容不下。虽然如此，您还是竭力推行。世人不用，那是当权者的耻辱，您何必为此忧虑呢？不被容纳才看出您是君子。"

孔子听了高兴地感叹说："你说得真对呀，颜家的儿子！假如你有很多钱，我就来给你当管家。"

孔子厄于陈、蔡①，从者七日不食。子贡以所赍货②，窃犯围而出③，告籴于野人④，得米一石焉。颜回、仲由炊之于壤屋之下，有埃墨堕饭中⑤，颜回取而食之。

子贡自井望见之，不悦，以为窃食也。入问孔子曰："仁人廉士，穷改节乎？"孔子曰："改节即何称于仁廉哉？"子贡曰："若回也，其不改节乎？"子曰："然。"子贡以所饭告孔子。子曰："吾信回之为仁久矣，虽汝有云，弗以疑也，其或者必有故乎？汝止，吾将问之。"

召颜回曰："畴昔予梦见先人⑥，岂或启佑我哉⑦？子炊而进饭，吾将进焉。"对曰："向有埃墨堕饭中，欲置之，则不洁，欲弃之，则可惜，回即食之。不可祭也。"孔子曰："然乎，吾亦食之。"

颜回出，孔子顾谓二三子曰："吾之信回也，非待今日也。"二三子由此乃服之。

【注释】

①厄：受困。

②赍（jī）：携带。

③窃：私下，偷偷地。犯围：冲出包围。

④籴（dí）：买米。野人：乡野之人，农民。

⑤埃墨：烟熏的黑尘。

⑥畴（chóu）昔：往日。

⑦启佑：开导保佑。

【译文】

孔子受困于陈、蔡之地，跟随的人七天吃不上饭。子贡拿着携带的货物，偷偷跑出包围，请求村民给他换些米，得到一石米。颜回、仲由在一间土屋下煮饭，有块熏黑的灰土掉到饭中，颜回把弄脏的饭取出来吃了。

子贡在井边望见了，很不高兴，以为颜回在偷吃。他进屋问孔子："仁人廉士在困穷时也会改变节操吗？"孔子说："改变节操还称得上仁人廉士吗？"子贡问："像颜回这样的人，他不会改变节操吧？"孔子说："是的。"子贡把颜回吃饭的事告诉了孔子。孔子说："我相信颜回是仁德之人已经很久了，虽然你这样说，我还是不怀疑他，那样做或者一定有原因吧？你待在这里，我来问问他。"

孔子把颜回叫进来说："前几天我梦见了祖先，这难道是祖先在启发我们保佑我们吗？你做好饭赶快端上来，我要进献给祖先。"颜回说："刚才有灰尘掉入饭中，如果留在饭中则不干净，假如扔掉，又很可惜，我就把它吃了。这饭不能用来祭祖了。"孔子说："这样的话，我也会吃掉。"

颜回出去后，孔子看着弟子们说："我相信颜回，不是等到今天啊。"弟子们由此叹服颜回。

入官第二十一

　　孔子在回答子张问如何做官的问题时，不仅详细叙述为官要注意的诸多方面，如以身作则、选贤任能、重民爱民、取信于民等，而且表达了极其精辟的思想。他说："六马之乖离，必于四达之交衢；万民之叛道，必于君上之失政。上者尊严而危，民者卑贱而神。爱之则存，恶之则亡。长民者必明此之要。"在两千多年前就有如此深刻的认识，真让人惊叹。此则又见于《大戴礼记·子张问入官》。

　　子张问入官于孔子①。孔子曰："安身取誉为难②。"子张曰："为之如何？"

　　孔子曰："已有善勿专，教不能勿怠，已过勿发③，失言勿掎④，不善勿遂⑤，行事勿留。君子入官自此六者，则身安誉至而政从矣。

【注释】

①入官：入仕，做官。

②安身取誉：地位稳定，取得声誉。

③发：再次发生。

④掎（jǐ）：《大戴礼记·子张问入官》作"踦"，曲护，曲为之说。旧注："有人失言，勿掎角之。"

⑤遂：行，继续做下去。旧注："己有不善，不可遂行。"

【译文】

　　子张向孔子询问做官的事。孔子说："做到官位稳固又能有好的名声很难。"子张说："那该怎么办呢？"

　　孔子说："自己有长处不要独自拥有，教别人学习不要懈怠，已出现的过错不要再次发生，说错了话不要为之辩护，不好的事不要继续做下去，正在做的事不要拖延。君子做官能做到这六点，就可以使地位稳固声誉好，从而政事也会顺利。

　　"且夫忿数者①，官狱所由生也；距谏者，虑之所以塞也；慢易者②，礼之所以失也；怠惰者，时之所以后也；奢侈者，财之所以不足也；专独者，事之所以不成也。君子入官，除此六者，则身安誉至而政从矣。

【注释】

①忿数：忿疾，愤怒憎恶。

②慢易：轻慢，不庄重。

【译文】

"况且，怨恨多了，牢狱之灾就会发生；拒绝劝谏，思虑就会受到阻塞；行为不庄重谨慎，就会失礼；做事松懈懒惰，就会丧失时机；办事奢侈，财物就不充足；专断独权，事情就办不成。君子做官，去掉这六种毛病，就可以使地位稳固声誉好，从而政事也会顺利。

"故君子南面临官，大域之中而公治之①，精智而略行之，合是忠信，考是大伦②，存是美恶，进是利而除是害，无求其报焉，而民之情可得也。夫临之无抗民之恶，胜之无犯民之言，量之无佼民之辞③，养之无扰于其时，爱之无宽于刑法。若此，则身安誉至而民得也。

【注释】

①大域之中而公治之：在大的城域中用公心去治理。此句《大戴礼记·子张问入官》作"大城而公治之"，注："'城'当作'诚'，形声之误也。诚，信实也。无私曰公。"意为用诚信和无私之心去治理。

②大伦：伦常大道。指人与人之间关系的根本准则。

③佼：夸耀，矜夸。旧注："佼，犹周也，度量而施，政辞不周民也。"周，比周，此指俯就民众。可为一说。

【译文】

"因此君子一旦做了官，治理广大的区域，就要以公心来治理，精心地思考而简要地推行，再加上以上所讲的六点忠信品德，考虑哪些是伦理道德的最高准则，把好事和坏事合并考察，推广有利的，除去有害的，不追求别人的报答，这样就可以得到民情了。治理民众没有逆天虐民的恶行，自己有理也不说冒犯民众的话，处理政事没有夸耀之辞，为了百姓安居乐业劳役不要违背农时，没有什么比刑法宽松更为爱护百姓了。如果能做到这样，就可以使地位稳固声誉好，从而政事也会顺利。

"君子以临官，所见则迩①，故明不可蔽也。所求于迩，故不劳而得也。所以治者约，故不用众而誉立。凡法象在内②，故法不远而源泉不竭，是以天下积而本不寡。短长得其量，人志治而不乱政。德贯乎心，藏乎志，形乎色，发乎声，若此而身安誉至民咸自治矣。

【注释】

①所见则迩：旧注："所见迩，谓察于微也。"

②法象：效法，模仿。

【译文】

　　"君子做官，身边的事看得清楚，就会心明眼亮不受蒙蔽。先从近处寻找自己需要的东西，不用费很大力气就可以得到。治理国家抓住主要问题，不用兴师动众就可以获得好名声。凡内心存在准则榜样，那么准则榜样离自己不远，就如同源泉不会枯竭一样，因此天下人才汇聚而不会缺乏。根据才能的不同都得到任用，人才各得其用，政治就不会混乱。良好的德行贯穿于内心，藏在心志之中，显露在表情上，发表于言谈上，这样官位就会稳固，好名声随之而至，民众自然就会得到治理。

　　"是故临官不治则乱，乱生则争之者至。争之至，又于乱。明君必宽裕以容其民，慈爱优柔之①，而民自得矣。行者，政之始也；说者，情之导也。善政行易则民不怨，言调说和则民不变②。法在身则民象之③，明在己则民显之。若乃供己而不节，则财利之生者微矣；贪以不得，则善政必简矣。苟以乱之，则善言必不听也；详以纳之，则规谏日至。言之善者，在所日闻；行之善者，在所能为。故君上者，民之仪也④；有司执政者，民之表也；迩臣便僻者⑤，群仆之伦也⑥。故仪不正则民失，表不端则百姓乱，迩臣便僻则群臣污矣。是以人主不可不敬乎三伦。

【注释】

①优柔：宽舒，从容。

②言调说和则民不变：不变，没有二心。旧注："调，适也。言适于事，说和于民，则不变。"

③法在身则民象之：自身用法度来约束，百姓就会效法而遵守法纪。旧注："言法度常在身，则民法之。"

④仪：榜样，表率。

⑤迩臣：近臣，身边的大臣。便僻：当做"便辟"，逢迎谄媚的人。此指君王身边受宠幸的臣子。旧注："僻，宜为'辟'。便辟，执事在君之左右者。"

⑥伦：旧注："伦，纪也，为众之纪。"

【译文】

"由此看来，身居官位不善于治理就会发生混乱，混乱发生竞争的人就会出现。竞争的局面发生，政治会更加混乱。英明的君主必须宽容地对待百姓，用慈爱之心去安抚他们，自然就会得到民众的拥护。身体力行，是执好政的前提；让百姓高兴，他们的情绪就可以得到疏导。良好的政治措施易于执行而民众也不会有怨言，言论说法符合民心民众就不会有二心。自己以身作则遵守法律，民众就会以你为榜样；自己正大光明，民众则会颂扬你。如果自己贪图享受而不节俭，那么生产财富的人就不努力生产了；贪图财物又胡乱花费，那么好的政治措施也必定会遭到轻慢了。假如政治出现了混乱，那么好的意见必然听不进去；如果仔细审慎地采纳别人的建议，那么天天都会有人进谏。能说出美好的语言，在于每天能听取别人的意见；能有美好的行为，在于能亲身去做。所以说统治民众的君主，是民众的榜样；各级政府的官员，是民众的表率；君主身边的侍御大臣，是臣仆们的样板。所以说榜样不正百姓就失去了方向，表率不正百姓就会混乱，侍御大臣不正群臣就会变坏。因此治国的君主不可不谨慎地遵守各种伦理道德。

"君子修身反道，察理言而服之，则身安誉至，终始在焉。故夫女子必自择丝麻，良工必自择完材，贤君必自择左右。劳于取人，佚于治事。君子欲誉，则必谨其左右。

【译文】

"君子遵循道来修身，仔细辨别正确的道理来行事，地位就可巩固，名望也随之而至，终生受用无穷。所以女子织布一定要亲自挑选丝麻，好工匠一定要亲自挑选良好的材料，贤明的君主一定要亲自挑选身边大臣。选拔人才辛苦一些，治理政事时就轻松一些。君子要想得到美誉，也要谨慎选择交往的人。

"为上者，譬如缘木焉^①，务高而畏下滋甚。六马之乖离^②，必于四达之交衢^③；万民之叛道，必于君上之失政。上者尊严而危，民者卑贱而神。爱之则存，恶之则亡。长民者必明此之要。故南面临官，贵而不骄，富而能供^④，有本而能图末，修事而能建业，久居而不滞，情近而畅乎远，察一物而贯乎多。治一物而万物不能乱者，以身为本者也。

【注释】

①缘木：爬树。

②乖离：离散，不合。

③交衢：四通八达的交通要道。

④供：通"恭"，恭敬。

【译文】

"在上位的人，就好像爬树一样，爬得越高越害怕掉下来。拉车的六匹马分散乱跑，一定是在四通八达的交叉路口；百姓造反，必定是因为君主政治措施的错误。在上者虽然尊严却危险，民众虽然卑贱却有神力。民众热爱你就能存在，民众厌恶你就要灭亡。治理民众的人必须要明了这个道理的重要。因此在上为官，地位虽然高贵也不要骄横，富有了也要谨慎恭敬，有了根本还要考虑细枝末节，做好了事还要建功立业，有了长时间的安定局面仍然要不停地努力，近处的感情沟通了还要畅达到远方，观察一件事物要能联想多种事物。治理一件事而万事都能不乱，是因为能够以身作则的缘故。

"君子莅民，不可以不知民之性而达诸民之情。既知其性，又习其情，然后民乃从命矣。故世举则民亲之，政均则民无怨。故君子莅民，不临以高，不导以远，不责民之所不为，不强民之所不能。廓之以明王之功①，不因其情，则民严而不迎。笃之以累年之业^②，不因其力，则民引而不从。若责民所不为，强民所不能，则民疾^③，疾则僻矣^④。

【注释】

①廓：开拓，扩大。

②笃：深厚，厚实。

③疾：憎恨。

④僻：偏，邪。旧注："民疾其上，即邪僻之心生。"

【译文】

"君子统治民众，不可不了解民众的性情并进而了解民众的感情。了解了民性，又熟悉了民情，然后民众才能服从你的管理。因此国家安定民众就会爱戴国君，政策公平民众就无怨言。所以君子治国，不能只是高高在上，不能做远不可及的事，不要求民众做不愿做的事，不强求民众做不能完成的事。为了扩大贤明君王那样的功业，不顾民情，那么民众表面恭敬实际却不愿迎合。为了增加已有的业绩，不顾民力，那么民众就会逃避而不服从。如果强迫民众做他们不愿做的事，强迫他们做不能完成的事，民众就会痛恨，痛恨就会做出不当的事。

"古者圣主冕而前旒^①，所以蔽明也；纮纩充耳^②，所以掩聪也。水至清则无鱼，人至察则无徒。枉而直之^③，使自得之；优而柔之^④，使自求之；揆而度之，使自索之^⑤。民有小过，必求其善以赦其过；民有大罪，必原其故以仁辅化；如有死罪，其使之生，则善也。是以上下亲而不离，道化流而不蕴。故德者，政之始也。

【注释】

①冕：古代帝王、诸侯及卿相大臣等所戴的礼帽。旒：冕冠前后悬垂的玉饰。

②纮纩（hóngdǎn）：冠冕两旁悬填的带子。充耳：塞耳。

③枉而直之：使弯曲的东西变直。

④优而柔之：宽容地对待。旧注："优，宽也。柔，和也。使自求其宜也。"

⑤"揆而度之"二句：遇事要估量揣度，让自己思索得出结论。旧注："揆度其法以开示之，使自索得之也。"

【译文】

"古代的圣明君主戴着前面悬垂着玉的帽子，是用来遮蔽目光的；垂于冠冕两边悬填的带子挡住耳朵，是用来遮蔽听觉的。水太清就没有鱼了，人极其明察就没有追随者了。百姓做错了事需要改正，要使百姓自己有所认识；宽厚柔和地对待百姓，让他们自己去发现错误；度量百姓的情况来教育他们，让他们自己明白对错。百姓犯了小罪，一定要找出他们的长处，赦免他们的过错；百姓犯了大罪，一定要找出犯罪的原因，用仁爱的思想教育他们，使他们改过从善；如果犯了死罪，惩治后使他们得到新生，那就更好了。这样君臣百姓上下亲和而不离心离德，治理国家的措施就能够推行而不阻塞。所以说执政者的道德，是政治好坏的前提。

"政不和，则民不从其教矣。不从教，则民不习。不习，则不可得而使也。君子欲言之见信也，莫善乎先虚其内；欲政之速行也，莫善乎以身先之；欲民之速服也，莫善乎以道御之。不以道御之①，故虽服必强。自非忠信，则无可以取亲于百姓者矣。内外不相应，则无可以取信于庶民者矣。此治民之至道矣，入官之大统矣②。"

子张既闻孔子斯言，遂退而记之。

【注释】

①不以道御之：此句据《大戴礼记·子张问入官》补。
②大统：最重要的纲领、原则。

【译文】

"政令不切合实际，民众就不会服从教导。不服从教导，民众就不习惯遵守法令法规。不习惯遵守法令法规，就不能很好地役使和统治他们了。君子要想使自己的话被别人相信，最好的办法是虚心听取意见；要想政治措施迅速推行，最好的办法是身体力行；要想使民众迅速服从，最好的办法是以正确之道来治理国家。不以正确之道来治理国家，民众即使服从也是勉强的。不依靠忠信，就不可能取得百姓的亲近和信任。朝廷和民众不能相互了解沟通，就不能取信于平民百姓。这是治理民众的最重要的原则，也是入仕做官者最重要的纲领。"

子张听了孔子这番话，就回去记录下来。

困誓第二十二

　　此篇都是讲遇到困境如何对待。"子贡问于孔子"章，孔子引诗说明事君、事亲、处家、交友、耕田都是很难的事，人只有死后才能得到休息。此篇文字又见于《列子·天瑞》、《荀子·大略》、《韩诗外传八》。"孔子自卫入晋"章，孔子谴责赵简子杀害贤人。文又见《史记·孔子世家》、《说苑·权谋》、《孔丛子·记问》、《三国志·魏书·刘廙传注》。"子路问于孔子"章，孔子讲不怕贤名不彰，"行修而名自立"，交贤而名自彰。文字又见《荀子·子道》、《韩诗外传九》。"孔子遭厄"章，孔子讲了"君不困不成王，烈士不困行不彰"的道理，激励弟子说："庸知其非激愤厉志之始于是乎在？"此文又见《说苑·杂言》。"孔子适郑"讲孔子与弟子散失后，被人视为"丧家之犬"时的乐观态度。文又见《韩诗外传九》、《史记·孔子世家》。

子贡问于孔子曰："赐倦于学，困于道矣，愿息而事君，可乎？"孔子曰："《诗》云①：'温恭朝夕②，执事有恪③。'事君之难也，焉可息哉！"

曰："然则赐愿息而事亲。"孔子曰："《诗》云④：'孝子不匮，永锡尔类⑤。'事亲之难也，焉可以息哉！"

曰："然则赐请愿息于妻子。"孔子曰："《诗》云⑥：'刑于寡妻，至于兄弟，以御于家邦⑦。'妻子之难也，焉可以息哉！"

曰："然则赐愿息于朋友。"孔子曰："《诗》云⑧：'朋友攸摄，摄以威仪⑨。'朋友之难也，焉可以息哉！"

曰："然则赐愿息于耕矣。"孔子曰："《诗》云⑩：'昼尔于茅⑪，宵尔索绹⑫，亟其乘屋⑬，其始播百谷。'耕之难也，焉可以息哉！"

曰："然则赐将无所息者也？"孔子曰："有焉。自望其广⑭，则睾如也⑮；视其高，则填如也⑯；察其从，则隔如也⑰。此其所以息也矣。"

子贡曰："大哉乎死也！君子息焉，小人休焉。大哉乎死也！"

【注释】

①《诗》：这里指《诗经·商颂·那》。

②温恭朝夕：成天都要温和恭敬。

③执事有恪（kè）：行事要恭敬谨慎。

④《诗》：这里指《诗经·大雅·既醉》。

⑤"孝子不匮"二句：孝子的孝心永不匮竭，孝的法则永远传递。旧注："匮，竭也。类，善也。孝子之道不匮竭者，能以类相传，长锡尔以善道也。"

⑥《诗》：这里指《诗经·大雅·思齐》。

⑦"刑于寡妻"三句：给妻子做出典范，进而至于兄弟，以此来治理国家。刑，典范。寡妻，指嫡妻。御，治理。家邦，国家。旧注："刑，法也。寡，適（嫡）也。御，正也。文王以正法接其寡妻，至于同姓兄弟，以正治天下之国家者矣。"

⑧《诗》：这里指《诗经·大雅·既醉》。

⑨"朋友攸摄"二句：朋友要互相帮助，使礼仪合度。攸，语助词。摄，佐助。

⑩《诗》：这里指《诗经·豳风·七月》。

⑪昼尔于茅：白天去割茅草。尔，语助词。于，取，引申为割。

⑫宵尔索绹：晚上搓绳。

⑬亟其乘屋：急急忙忙盖屋顶。亟，急切。乘，覆盖。

⑭广：通"圹"，坟墓。

⑮睾（gāo）如：高高的样子。如，形容词后缀，犹"然"。

⑯填：填塞充实。旧注："填，塞实貌也。冢虽高而塞实也。"

⑰隔：隔开。旧注："言其隔而不得复相从也。"

【译文】

子贡向孔子问道："我对学习已经厌倦了，对于道又感到困惑不解，想去事奉君主以得到休息，可以吗？"孔子说："《诗经》里说：'事奉君主从早到晚都要温文恭敬，做事要恭谨小心。'事奉君主是很难的事情，哪能够得到休息呢？"

子贡说："那么我希望去侍奉父母以得到休息。"孔子说："《诗经》里讲：'孝子的孝心永不竭，孝的法则要永远传递。'侍奉父母也是很难的事，哪能够得到休息呢？"

子贡说："那么我希望在妻子儿女那里得到休息。"孔子说："《诗经》里说：'要给妻子做出典范，进而至于兄弟，推而治理宗族国家。'与妻子儿女相处也是很难的，哪能够得到休息呢？"

子贡说："那么我希望在朋友那里得到休息。"孔子说："《诗经》里说：'朋友之间互相帮助，使彼此举止符合威仪。'和朋友相处也是很难的，哪能够得到休息呢？"

子贡说："那么我希望去种庄稼来得到休息。"孔子说："《诗经》里说：'白天割茅草，晚上把绳搓，赶快修屋子，又要开始去播谷。'种庄稼也是很难的事，哪能够得到休息呢？"

子贡说："那我就没有可休息的地方了吗？"孔子说："有的。你从这里看那个坟墓，样子高高的；看它高高的，又填的实实的；从侧面看，又是一个个隔开的。这就是休息的地方。"

子贡说："死的事是这样重大啊，君子在这里休息，小人也在这里休息。死的事是这样重大啊！"

孔子自卫将入晋，至河①，闻赵简子杀窦犨鸣犊及舜华②，乃临河而叹曰："美哉水，洋洋乎！丘之不济此，命也夫！"

子贡趋而进曰："敢问何谓也？"

孔子曰："窦犨鸣犊、舜华，晋之贤大夫也。赵简子未得志之时，须此二人而后从政。及其已得志也，而杀之。丘闻之，刳胎杀夭③，则麒麟不至其郊；竭泽而渔，则蛟龙不处其渊；覆巢破卵④，则凤凰不翔其邑。何则？君子违伤其类者也。鸟兽之于不义尚知避之，况于人乎？"

遂还，息于邹⑤，作《槃操》以哀之⑥。

【注释】

①至河：到了黄河。

②赵简子：即赵鞅，晋定公时为卿，卒谥"简"。窦犨（chōu）鸣犊：窦犨，字鸣犊，晋国贤大夫。舜华：晋大夫，亦有贤名。二人均被赵简子所杀。

③刳（kū）胎杀夭：剖腹取胎。刳，剖开。夭，正在成长的幼小生命。

④覆巢破卵：弄翻鸟巢打破卵。

⑤邹：地名。《史记·孔子世家》作"陬"。在今山东曲阜东南。

⑥《槃（pán）操》：琴曲名。

【译文】

孔子将要从卫国进入晋国，来到黄河边，听到晋国的赵简子杀了窦犨鸣犊和舜华的消息，就面对黄河叹息着说："黄河的水这样的美啊，浩浩荡荡地流淌！我不能渡过这条河，是命中注定的吧！"

子贡快步走向前问道："请问老师您这话是什么意思啊？"

孔子说："窦犨鸣犊、舜华都是晋国的贤大夫啊。赵简子未得志的时候，依仗他们二人才得以从政。到他得志以后，却把他们杀了。我听说，如果对牲畜有剖腹取胎的残忍行为，那么麒麟就不会来到这个国家的郊外；如果有竭泽而渔的行为，蛟龙就不会在这个国家的水中居住；捅破鸟巢打破鸟卵，凤凰就不会在这个国家的上空飞翔。为什么呢？这是因为君子也害怕受到同样的伤害啊！鸟兽对于不仁义的事尚且知道躲避，何况是人呢？"

于是返了回来，回到邹地休息，作了《槃操》一曲来哀悼他们。

子路问于孔子曰："有人于此，夙兴夜寐^①，耕芸树艺^②，手足胼胝^③，以养其亲。然而名不称孝，何也？"

孔子曰："意者身不敬与？辞不顺与？色不悦与？古之人有言曰：'人与己与不汝欺^④。'今尽力养亲，而无三者之阙^⑤，何谓无孝之名乎？"

孔子曰："由，汝志之，吾语汝：虽有国士之力，而不能自举其身，非力之少，势不可矣。夫内行不修，身之罪也；行修而名不彰，友之罪也。行修而名自立。故君子入则笃行，出则交贤，何为无孝名乎？"

【注释】

①夙兴夜寐：早起晚睡。

②耕芸树艺：耕地锄草种庄稼。

③手足胼胝（piánzhī）：手脚长茧。

④不汝欺：不欺骗你。

⑤阙：缺点。

【译文】

子路问孔子说："这里有一个人，早起晚睡，耕种庄稼，手掌和脚底都磨出了茧子，以此来养活父母。然而却没有得到孝子的名声，这是为什么呢？"

孔子说："想来自身有不敬的行为吧？说话的言辞不够恭顺吧？脸色不温和吧？古人有句话说：'别人的心与你自己的心是一样的，是不会欺骗你的。'现在这个人尽力养亲，如果没有上面讲的三种过错，怎么能没有孝子的名声呢？"

孔子又说："仲由啊，你记住，我告诉你：一个人即使有全国著名勇士那么大的力量，也不能把自己举起来，这不是力量不够，而是情势上做不到。一个人不很好地修养自身的道德，这是他自己的错误；自身道德修养好了而名声没有彰显，这就是朋友的过错。品行修养好了自然会有名声。所以君子在家行为要淳厚朴实，出外要结交贤能的人。这样怎会没有孝子的名声呢？"

孔子遭厄于陈、蔡之间，绝粮七日，弟子馁病，孔子弦歌。子路入见曰："夫子之歌，礼乎？"孔子弗应，曲终而曰："由，来！吾语汝：君子好乐，为无骄也；小人好乐，为无慑也^①。其谁之子不我知而从我者乎？"子路悦，援戚而舞^②，三终而出。

　　明日，免于厄。子贡执辔曰："二三子从夫子而遭此难也，其弗忘矣！"孔子曰："善。恶何也？夫陈、蔡之间，丘之幸也。二三子从丘者，皆幸也。吾闻之，君不困不成王，烈士不困行不彰。庸知其非激愤厉志之始于是乎在？"

【注释】

①无慑：不畏惧。

②援：执，持。戚：兵器名，形似大斧。

【译文】

　　孔子被困在陈国和蔡国之间，断粮七天，弟子也因饥饿而疲惫不堪，但孔子仍在弹琴吟诵歌唱。子路进去见孔子说："老师这时还在歌唱，这符合礼吗？"孔子没有回答，一曲终了才说："仲由，来！我告诉你：君子爱好音乐，是为了不骄傲放纵；小人爱好音乐，是为了消除畏惧。这是谁家的儿子不了解我而跟随我呢？"子路听了很高兴，拿起兵器舞将起来，三曲结束才出去。

　　第二天，危难过去了。子贡拉着马缰绳说："我们跟随老师遭受了此次危难，大概永远不会忘记了。"孔子说："说得好。为什么这么说呢？我们在陈、蔡之间遭受的危难，是我的幸运。你们跟随着我，你们也都是幸运的。我听说，君王不遭受困厄就不能成就王业，仁人志士不遭受困厄行为就不会彰显。怎知奋发励志的开始不在于这次危难呢？"

孔子曰："不观高崖，何以知颠坠之患；不临深泉^①，何以知没溺之患；不观巨海，何以知风波之患。失之者其不在此乎？士慎此三者，则无累于身矣。"

【注释】

①临：靠近。深泉：深渊。

【译文】

孔子说："不观看高高的悬崖，怎能知道从悬崖顶上坠落的灾难；不临近深渊，怎能知道沉溺水中的灾难；不观看浩瀚的大海，怎知道狂风巨浪的灾难。失去生命者不就在这些方面吗？士人能慎重地对待这三者，身体就不会遭受这方面的灾祸了。"

孔子适郑，与弟子相失^①，独立东郭门外。或人谓子贡曰^②："东门外有一人焉，其长九尺有六寸，河目隆颡^③，其头似尧，其颈似皋繇，其肩似子产，然自腰已下，不及禹者三寸，累然如丧家之狗^④。"子贡以告，孔子欣然而叹曰："形状未也，如丧家之狗，然乎哉！然乎哉！"

【注释】

①相失：相互失散。

②或人：有人。

③河目隆颡：河目，眼眶上下平而长的眼睛。隆颡，高额头。旧注："河目，上下匡平而长。颡，颊也。"

④累然如丧家之狗：旧注："丧家狗，主人哀荒，不见饮食，故累然不得意。孔子生于乱世，道不得行，故累然是不得意之貌也。"

【译文】

孔子到郑国去，和弟子相互失散了，独自一人站在东城门外。有人对子贡说："东门外有一个人，身高有九尺六寸，眼睛平正而长，额头突出，他的头好像尧，脖子像皋陶，肩膀像子产，但是从腰以下比禹短了三寸，狼狈不堪如一条丧家狗。"子贡把此话告诉了孔子，孔子欣然自得地感叹说："形貌未必像他说的那样，但说如丧家之狗，那倒是真像啊！那倒是真像啊！"

五帝德第二十三

　　孔子一直称颂古代先王的政治，推崇治国者要有高尚的道德修养。此篇孔子用尽美好的词语，赞颂黄帝、颛顼、帝喾、尧、舜、禹的美德、美政。看出孔子对美好政治的无比向往和追求。本篇内容又见《大戴礼记·五帝德》。

宰我问于孔子曰："昔者吾闻诸荣伊曰'黄帝三百年'①。请问黄帝者，人也？抑非人也？何以能至三百年乎？"

　　孔子曰："禹、汤、文、武、周公，不可胜以观也。而上世黄帝之问，将谓先生难言之故乎②！"

　　宰我曰："上世之传，隐微之说③，卒采之辩④，暗忽之意⑤，非君子之道者，则予之问也固矣⑥。"

　　孔子曰："可也，吾略闻其说。黄帝者，少典之子，曰轩辕。生而神灵，弱而能言。幼齐睿庄，敦敏诚信。长聪明，治五气⑦，设五量⑧，抚万民，度四方。服牛乘马，扰驯猛兽。以与炎帝战于阪泉之野⑨，三战而后克之。始垂衣裳⑩，作为黼黻⑪。治民以顺天地之纪，知幽明之故，达死生存亡之说。播时百谷，尝味草木，仁厚及于鸟兽昆虫。考日月星辰，劳耳目，勤心力，用水火财物以生民。民赖其利，百年而死；民畏其神，百年而亡；民用其教，百年而移。故曰黄帝三百年。"

【注释】

①荣伊：人名。

②难言之故：旧注："言禹汤以下不可胜观，乃问上世黄帝，将为先生长老难言之，故问。"

③隐微之说：隐约微妙的说法。

④卒采之辩：对事情最终结论的辩说。旧注："采，事也。辩，说也。卒，终也。其事之说也。"

⑤暗忽之意：暗忽而久远不明的说法。

⑥固：旧注："固陋不得其问。"意为宰我说自己知识浅薄，问题提得不得要领。

⑦五气：指五行之气。

⑧五量：度量衡名。《汉书·律历志上》："量者，龠、合、升、斗、斛也，所以量多少也。"旧注："五量：权衡，升斛，尺丈，里步，十百。"

⑨炎帝：旧注："神农氏之后也。"阪泉：古地名。其地所在有三说，一说在山西阳曲东北，一说在河北涿鹿东南，一说在山西运城南。

⑩垂衣裳：原意是说穿穿长大的衣服，形容无所事事的样子。后来专指帝王无为而治。

⑪黼黻（fǔfú）：古代礼服上所绣的花纹。旧注："白与黑谓之黼，若斧文。黑与青谓之黻，若两己相戾。"

【译文】

宰我问孔子说："从前我听荣伊说'黄帝统治三百年'。请问黄帝是人呢？抑或不是人呢？怎么能达到三百年呢？"

孔子说："大禹、商汤、周文王、周武王、周公旦的事都已经说不完道不尽。问上古黄帝的事，恐怕这是先生前辈也难以说清的吧！"

宰我说："上古的传言，隐约微妙的说法，对事情最终结论的辩说，久远含混不明的定义，君子是不说的，那么我知识浅薄，提问也不得要领了。"

孔子说："我可以说说，我也略微听到一些说法。黄帝是少典的儿子，名叫轩辕。他出生就很神灵，很小就能说话。幼年时敏捷睿智端庄，敦厚诚信。长大后很聪明，能治理五行之气，设置了五种量器，抚治万民，安定四方。驾牛乘马，驯服猛兽。和炎帝在阪泉的野外交战，三战就打败了炎帝。这时天下太平，无为而治，制作了有花纹的礼服。他遵循天地的规律治理民众，明白幽明阴阳的道理，通晓生死存亡的规律。按时播种百谷，亲尝各种草木药材，仁德施及鸟兽昆虫。他观察日月星辰，耳目疲劳，心力费尽，用水火财物养育百姓。民众依赖他的恩惠，足足有一百年；他死了以后，民众敬服他的神灵，也足有一百年；此后，民众遵循他的教令，也足有一百年。所以说黄帝统治了三百年。"

宰我曰："请问帝颛顼①？"孔子曰："五帝用说②，三王有度③。汝欲一日遍闻远古之说，躁哉予也！"宰我曰："昔予也闻诸夫子曰'小子毋或宿'④，故敢问。"

孔子曰："颛顼，黄帝之孙，昌意之子⑤，曰高阳。洪渊而有谋，疏通以知远，养财以任地，履时以象天。依鬼神而制义，治气性以教众，洁诚以祭祀，巡四海以宁民。北至幽陵⑥，南暨交趾⑦，西抵流沙⑧，东极蟠木⑨。动静之类，小大之物，日月所照，莫不砥属⑩。"

【注释】

①颛顼：传说中的古代部族首领。号烈山氏，亦作历

山氏。

②用说：只有传说。

③有度：有法度。旧注："五帝久远，故用说也。三王迹，则有成法度。"

④毋或宿：不要隔夜。旧注："有所问，当问，勿令更宿也。"

⑤昌意：相传黄帝娶西陵之女，名嫘祖，为正妃。生二子，一为玄嚣，二为昌意。

⑥幽陵：即幽州，古代十二州之一。

⑦暨（jì）：到，及。交趾：古地名，指五岭以南一带地方。

⑧流沙：古代指我国西北的沙漠地区。

⑨蟠木：古代传说中的山名。

⑩砥属：旧注："砥，平也。四远皆平而来服属之也。"

【译文】

宰我说："请问颛顼是怎样的人？"孔子说："五帝的事只有传说，三王的事则有法度。你想一天就听遍这些远古的传说，予啊，你太急躁了吧！"宰我说："以前我听老师说过：'你们有问题不要过夜。'所以敢问。"

孔子说："颛顼是黄帝的孙子，昌意的儿子，名叫高阳。他深沉而有计谋，通达而有远识，聚集财富靠因地制宜种庄稼，遵循时节效法天象。依照天地鬼神的法则来制订适宜的政策，调播五行之气使民众知适时播种百谷，洁净虔诚地举行祭祀，巡行全国各地以安定民心。因此那时的国土北至幽陵，南到交趾，西抵流沙，东及蟠木。所有动的或静的物类，大大小小的东西，日月照到的地方，没有不是属于他的。”

宰我曰：“请问帝喾①？”
孔子曰：“玄枵之孙②，乔极之子③，曰高辛。生而神异，自言其名。博施厚利，不于其身。聪以知远，明以察微。仁以威，惠而信，以顺天地之义。知民所急，修身而天下服。取地之财而节用焉，抚教万民而诲利之。历日月之生朔而迎送之④，明鬼神而敬事之。其色也和，其德也重，其动也时，其服也哀⑤。春夏秋冬，育护天下。日月所照，风雨所至，莫不从化。”

【注释】

①帝喾（kù）：传说中的古代部族首领，号高辛氏。

②玄枵（xiāo）：即玄嚣，黄帝之子。

③乔极：一作"蟜极"，玄枵之子。

④历：相，察。日月之生朔：月球运行到太阳和地球之间，和太阳同时出没，地面上看不见月球，这种现象称朔。这天为农历的每月初一。

⑤服：服丧。

【译文】

宰我说："请问帝喾是怎样的一个人？"

孔子说："他是玄枵的孙子，乔极的儿子，名叫高辛。他生下来就很神异，能说出自己的名字。他广泛地施行厚利，不考虑自身的利益。聪明而有远见，明敏而能体察细微的事物。仁慈而有威望，恩惠而又诚信，以顺应天地的规律。他知道民众急需什么，修养自身而天下信服。从土地中获取财物而节俭省用，安抚教育民众而使他们受益。观察日月的出没来迎送它，明白鬼神的存在来恭敬地侍奉它。他神情和悦，品德高尚，使民有时，服丧哀恸。春夏秋冬，培育护卫着天下万物。日月照到的地方，风雨所及的地方，没有不被感化的。"

宰我曰："请问帝尧①？"

孔子曰："高辛氏之子，曰陶唐。其仁如天，其智如神。就之如日，望之如云。富而不骄，贵而能降。伯夷典礼②，夔、龙典乐③。舜时而仕，趋视四时，务先民始之。流四凶而天下服④。其言不忒，其德不回。四海之内，舟舆所及，莫不夷说。"

【注释】

①帝尧：传说中父系氏族社会后期的部落联盟首领。陶唐氏，名放勋，史称唐尧。

②典礼：掌管礼仪的事。

③夔（kuí）、龙：都是尧舜时的乐官。旧注："舜时夔典乐，龙作纳言；然则尧时龙亦典乐者也。"

④流：流放。四凶：传说中的四个恶人，指不服从舜的四个部族首领。《尚书·尧典》："流共工于幽州，放驩兜于崇山，窜三苗于三危，殛鲧于羽山。四罪

而天下咸服。"

【译文】

宰我说:"请问帝尧是怎样的人?"

孔子说:"他是高辛氏的儿子,名叫陶唐。他仁慈如天,智慧如神。靠近他如太阳般温暖,望着他如云彩般柔和。他富而不骄,贵而能谦。他让伯夷主管礼仪,让夔、龙执掌舞乐。任用舜来做官,到各地巡视四季农作物生长情况,把民众的事放在首位。他流放了共工、骓兜、三苗,诛杀了鲧,天下的人都信服。他的话从不出错,他的德行从不违背常理。四海之内,车船所到之处,人们没有不喜爱他的。"

宰我曰:"请问帝舜①?"

孔子曰:"乔牛之孙②,瞽瞍之子也,曰有虞。舜孝友闻于四方,陶渔事亲③。宽裕而温良,敦敏而知时,畏天而爱民,恤远而亲近。承受大命,依于二女④。睿明智通,为天下帝。命二十二臣,率尧旧职,恭己而已⑤。天平地成,巡狩四海,五载一始。三十年在位,嗣帝五十载。陟方岳⑥,死于苍梧之野而葬焉⑦。"

【注释】

①帝舜:传说中父系氏族社会后期的部落联盟首领。
   有虞氏,名重华,史称虞舜。

②乔牛:一作"桥牛",虞舜之祖父。

③陶渔事亲：制陶捕鱼来养活父母。旧注："为陶器，躬捕鱼，以养父母。"

④二女：指舜的两位妻子。她们都是尧的女儿。旧注："尧妻舜以二女，舜动静谋之于二女。"

⑤恭己：以端正严肃的态度约束自己。

⑥陟（zhì）：登，升。方岳：四方高大的山。

⑦苍梧：山名，又名九疑，在今湖南宁远南。

【译文】

宰我说："请问帝舜是怎样的人？"

孔子说："他是乔牛的孙子，瞽瞍的儿子，名叫有虞。舜因孝顺父母善待兄弟而闻名四方，用制陶和捕鱼来奉养双亲。他宽容而温和，机敏而知时，敬天而爱民，抚恤远方的人又亲近身边的人。他承受重任，依靠两位妻子的帮助。圣明睿智，成为天下帝王。任命二十二位大臣，都是帝尧原有的旧职，他只是严格地约束自己而已。天下太平，地有收成，巡狩四海，五年一次。他三十岁被任用，接续帝位五十年。登临四岳，死在苍梧之野并安葬在那里。"

宰我曰："请问禹？"

孔子曰："高阳之孙，鲧之子也①，曰夏后。敏给克齐②，其德不爽③，其仁可亲，其言可信。声为律，身为度。亹亹穆穆④，为纪为纲。其功为百神主⑤，其惠为民父母。左准绳，右规矩，履四时，据四海。任皋繇、伯益以赞其治⑥，兴六师以征不序⑦，四极之民，莫敢不服。"

孔子曰:"予,大者如天,小者如言,民悦至矣。予也非其人也⑧。"宰我曰:"予也不足以戒敬承矣。"

【注释】

①鲧（gǔn）:传说中我国原始社会的部落首领。

②敏给:敏捷。克:能。齐:通"济",成。

③不爽:没有差错。

④亹亹（wěi）:勤勉不倦貌。穆穆:仪态美好,容止庄敬貌。

⑤其功为百神主:旧注:"禹治水,天下既平,然后百神得其所。"

⑥皋繇（yáo）:亦作"皋陶"、"咎繇",舜时贤臣,掌管刑狱之事。

⑦六师:犹"六军",这里泛指军队。不序:不臣服。

⑧非其人也:旧注:"言不足以明五帝之德也。"意为孔子说自己也不足以说明禹的功德。

【译文】

宰我说:"请问禹是怎样一个人?"

孔子说:"他是高阳的孙子,鲧的儿子,名叫夏后。他机敏能成就事业,行为没有差失,仁德可亲,言语可信。发声合乎音律,身体合乎度数。勤勉不倦,容止庄重,成为人们的榜样。他的功德使他成为百神之主,他的恩惠使他成为百姓父母。日常行动都有准则和规矩,不违背四时,安定了四海。任命皋繇、伯益帮助他治理百姓,率领军队征伐不服从者，四方的民众没有不服从的。"

孔子说："予啊，禹的功德大的方面像天一样广阔，小的方面即使是一句话，民众都非常喜欢。我也不能完全说清他的功德啊。"宰我说："我也不足以敬肃地接受您这样的教导。"

卷六

五帝第二十四

这一篇讲五帝和五行的关系。虽然将五帝和五行糅合在一起有些牵强，但也体现了孔子朴素的唯物哲学思想。汉代出现了"五德终始"说，可能就源于孔子吧。此篇又见于《吕氏春秋》、《礼记·月令》、《礼记·檀弓》、《左传》。

季康子问于孔子曰："旧闻五帝之名，而不知其实，请问何谓五帝？"

孔子曰："昔丘也闻诸老聃曰：'天有五行，木、火、金、水、土，分时化育，以成万物，其神谓之五帝。'古之王者，易代而改号^①，取法五行。五行更王^②，终始相生，亦象其义。故其为明王者，而死配五行。是以太皞配木，炎帝配火，黄帝配土，少皞配金，颛顼配水。"

【注释】

①易代而改号：改换朝代就改换年号。

②五行更王：按照五行循环的顺序更换帝王年号。旧注："法五行更王，终始相生，始以木德王天下，其次以生之行转相承。"

【译文】

季康子问孔子："以前听说过'五帝'的名称，但不知道它的实际含义，请问什么是五帝？"

孔子说："从前我听老聃说：'天有五行：木、火、金、水、土，这五行按不同的季节化生和孕育，形成了万物，那万物之神就叫做五帝。'古代的帝王，因改朝换代而改换国号、帝号，就取法五行。按五行更换帝号，周而复始，终始相生，也遵循五行的顺序。因此那些贤明的君王，死后也以五行相配。所以太皞配木，炎帝配火，黄帝配土，少皞配金，颛顼配水。"

康子曰：“太皞氏其始之木何如？”

孔子曰：“五行用事①，先起于木。木，东方，万物之初皆出焉，是故王者则之②，而首以木德王天下。其次则以所生之行转相承也。”

【注释】

①用事：运行。

②则：效法。

【译文】

季康子问：“太皞氏从木开始是什么缘故呢？”

孔子回答说：“五行的运行，先是从木开始的。木属东方，万物开始都是从这里产生的，因此帝王以此为准则，首先以木德称王于天下。然后依据自己所生的‘行’依次转换承接。”

执辔第二十五

　　这是孔子回答闵子骞问政的一篇对话。孔子把治理民众比喻为驾驭马，把德法比喻为衔勒。德法为御民之具，衔勒为御马之具。"善御民者，壹其德法，正其百官，以均齐民力，和安民心"，"善御马者，正衔勒，齐辔策，均马力，和马心"。治民"无德法而用刑，民必流，国必亡"，御马"无衔勒而用棰策，马必伤，车必败"。接着又讲六官犹如马缰绳，天子控制好六官，并定期对他们进行整饬、考核，这是"治国之要"。此文又见《大戴礼记·子张问入官》。

闵子骞为费宰①，问政于孔子。

子曰："以德以法。夫德法者，御民之具，犹御马之有衔勒也。君者，人也；吏者，辔也；刑者，策也。夫人君之政，执其辔策而已。"

子骞曰："敢问古之为政？"

孔子曰："古者天子以内史为左右手②，以德法为衔勒，以百官为辔，以刑罚为策，以万民为马，故御天下数百年而不失。善御马者，正衔勒，齐辔策，均马力，和马心。故口无声而马应辔，策不举而极千里。善御民者，壹其德法③，正其百官，以均齐民力，和安民心。故令不再而民顺从，刑不用而天下治。是以天地德之，而兆民怀之④。夫天地之所德，兆民之所怀，其政美，其民而众称之。今人言五帝三王者，其盛无偶，威察若存，其故何也？其法盛，其德厚，故思其德，必称其人，朝夕祝之。升闻于天⑤，上帝俱歆，用永厥世，而丰其年。

【注释】

①费：古地名，春秋鲁邑。旧址在今山东鱼台西南费亭。

②内史：官名，协助天子管理爵禄废置等政务。旧注："内史，掌王八柄，及叙事之法，受纳以诏王听治，命孤卿大夫则策命，以四方之事书而读之。王制禄则书之策，赏则亦如之。故王以为左右手。"

③壹：统一，使一致。

④兆民：众百姓，极言其多。

⑤升闻：上闻。

【译文】

闵子骞任费地长官时，问孔子治理民众的方法。

孔子说："用德政和法制。德政和法制是治理民众的工具，就好像驾驭马用勒口和缰绳一样。国君好比驾马的人，官吏好比勒口和缰绳，刑罚好比马鞭。君王执政，只要掌握好缰绳和马鞭就可以了。"

闵子骞说："请问古人是怎样执政的呢？"

孔子说："古代的天子把内史作为帮助自己执政的左右手，把德政和法制当做马勒口，把百官当做缰绳，把刑罚当做马鞭，把万民当做马，所以统治天下数百年而没有失误。善于驾驭马，就要安正马勒口，备齐缰绳马鞭，均衡使用马力，让马齐心合力。这样不用吆喝马就应和缰绳的松紧前进，不用扬鞭就可以跑千里之路。善于统治民众，就得统一道德和法制，端正百官，均衡地使用民力，使民心安定和谐。所以法令不用重复申告民众就会服从，刑罚不用再次施行天下就会得到治理。因此天地也认为他有德，万民也乐于服从。天地之所以认为他有德，万民之所以乐于服从，因为各种政令美好，民众就会交口称赞。现在人说起五帝、三王，他们的盛德无人能比，他们的威严和明察好像至今还存在，这是什么缘故呢？他们的法制完备，他们的德政深厚，所以一想起他们的德政，必然会称赞他们个人，朝夕为他们祝祷。上天听到了这些声音，天帝知道了都很高兴，因此让他们国运长久而年成丰收。

"不能御民者，弃其德法，专用刑辟，譬犹御马，弃其衔勒，而专用棰策，其不制也可必矣。夫无衔勒而用棰策，马必伤，车必败。无德法而用刑，民必流，国必亡。治国而无德法，则民无修；民无修，则迷惑失道。如此，上帝必以其为乱天道也。苟乱天道，则刑罚暴，上下相谀，莫知念患，俱无道故也。今人言恶者，必比之于桀纣，其故何也？其法不听，其德不厚。故民恶其残虐，莫不吁嗟，朝夕祝之。升闻于天，上帝不蠲①，降之以祸罚，灾害并生，用殄厥世。故曰德法者御民之本。

【注释】

①不蠲（juān）：不减免。

【译文】

"不善于治理民众的人，他们丢弃了德政和法制，专用刑罚，这就好比驾驭马，丢弃了勒口和缰绳而专用棍棒和马鞭，事情做不好是必然的。驾驭马没有勒口和缰绳而用棍棒和马鞭，马必然会受伤，车必然会毁坏。没有德政和法制而用刑罚，民众必然会流亡，国家必然会灭亡。治理国家而没有德政和法制，民众就没有修养，民众没有修养，就会迷惑不走正道。这样，天帝必然认为这是扰乱了天道。如果天道混乱，就会刑罚残暴，上下相互奉承讨好，没人再考虑会有祸患，这都是没有遵循道的缘故。现在人们说到恶人，必定会把他比作夏桀、商纣，这是为什么呢？因为他们制定的法令不能治理国家，他们的德政不厚。所以民众厌恶他们的残暴，没有不叹息的，会朝夕诅咒他们。上天听到了这些声音，天帝不会免除他们的罪过，降下灾祸来惩罚他们，灾难祸害一起发生，因此灭绝了他们的朝代。所以说德政和法制是治理民众的根本方法。

"古之御天下者，以六官总治焉①。冢宰之官以成道②，司徒之官以成德③，宗伯之官以成仁④，司马之官以成圣⑤，司寇之官以成义⑥，司空之官以成礼⑦。六官在手以为辔，司会均仁以为纳⑧。故曰御四马者执六辔，御天下者正六官。是故善御马者，正身以总辔，均马力，齐马心，回旋曲折，唯其所之。故可以取长道，可赴急疾。此圣人所以御天地与人事之法则也。天子以内史为左右手，以六官为辔，已而与三公为执六官，均五教⑨，齐五法⑩。故亦唯其所引，无不如志。以之道则国治，以之德则国安⑪，以之仁则国和，以之圣则国平⑫，以之礼则国定，以之义则国义⑬。此御政之术。

【注释】

①六官：指下文所讲的冢宰、司徒、宗伯、司马、司寇、司空。

②冢（zhǒng）宰：周官名，为百官之长。旧注："治官所以成道。"

③司徒：官名。主管教化。旧注："教官所以成德。"

④宗伯：官名。主管宗庙祭祀等。旧注："礼官所以成仁。"

⑤司马：官名。主管兵事。旧注："治官所以成圣，圣
通征伐，所以通天下也。"

⑥司寇：官名。主管刑狱。旧注："刑官所以成义。"

⑦司空：官名。主管建筑工程，制造车服器械等。旧
注："事官所以成礼，礼非事不立也。"

⑧司会：官名。主管财政经济，及对群臣的政绩考核。
纳：通"靷"，骖马的内侧缰绳。旧注："纳，骖马
辔，辔系轼前者。司会掌邦之六典八法之戒，以
周知四方之治，冢宰之副。故不在其六辔，至当
纳位。"

⑨五教：指父义、母慈、兄友、弟恭、子孝这五种封
建人伦准则。

⑩五法：旧注："仁义礼智信之法也。"

⑪以之德则国安：旧注："德教成，以之仁则国和；礼
之用和为贵，则国安。"

⑫以之圣则国平：旧注："通治远近则国平也。"

⑬以之义则国义：旧注："义，平也。刑罚当罪则国平。"

【译文】

"古代统治天下的帝王，用六官来总理国家。冢宰之
类的官来成就道，司徒之类的官来成就德，宗伯之类的官
来成就仁，司马之类的官来成就圣，司寇之类的官来成就
义，司空之类的官来成就礼。六官控制在手就如同有了缰
绳，司会使仁义均齐就如同有了内侧缰绳。所以说驾驭四
马的人要控制好六条缰绳，治理天下的人要掌握好六官。
因此善于驾驭马的人，端正身体揽好缰绳，使马均匀用力，

让马齐心一致，即使走曲折婉转之路，到何处都随心所欲，所以可以走长道，可以赴急难。这是圣人用来掌握天地和治理民众的法则。天子把内史作为左右手，把六官作缰绳，然后和三公一起来控制六官，使五教均齐，使五法齐备，只要你有所指引，没有不如愿的。遵从道，国家就能治理；遵从德，国家就能安定；遵从仁，国家就能和平；遵从圣，国家就能平安；遵从礼，国家就能长治久安；遵从义，国家就会有信义。这就是施政的方法。

"过失，人之情，莫不有焉。过而改之，是为不过。故官属不理，分职不明，法政不一，百事失纪，曰乱。乱则饬冢宰①。地而不殖，财物不蓄，万民饥寒，教训不行，风俗淫僻，人民流散，曰危。危则饬司徒。父子不亲，长幼失序，君臣上下，乖离异志，曰不和。不和则饬宗伯。贤能而失官爵，功劳而失赏禄，士卒疾怨，兵弱不用，曰不平。不平则饬司马。刑罚暴乱，奸邪不胜，曰不义。不义则饬司寇。度量不审，举事失理，都鄙不修，财物失所，曰贫。贫则饬司空。故御者同是车马，或以取千里，或不及数百里，其所谓进退缓急异也。夫治者同是官法，或以致平，或以致乱者，亦其所以为进退缓急异也。

【注释】

①饬（chì）：整饬。旧注："饬谓整摄人也。"

【译文】

"过错和失误，是人之常情，人不可能没有过失。有了过错而能改正，就不为过。因此，官属不理清，职责不分明，法律政策不统一，百事失去纲纪，这叫做混乱。混乱就整饬冢宰。田地没有种好，财物没有增加，万民饥寒，教令不行，风俗淫乱邪僻，人民流离失散，这叫做危险。危险就整饬司徒。父子不亲，长幼失序，君臣上下离心离德，各有其志，这叫做不和。不和就整饬宗伯。贤能的人失去官爵，有功劳失去奖赏利禄，士卒心怀怨恨，兵力虚弱不堪使用，这叫做不平。不平就整饬司马。刑罚暴乱，奸邪不能被制服，这叫做不义。不义就整饬司寇。度量不详审，举事失去条理章法，城邑不修，财物流散，这叫做贫穷。贫穷就整饬司空。驾驭着同样的车马，有的可以行千里，有的走不到数百里，这就是所谓进退缓急不同啊。各级官员执行的是同样的官法，有的人治理得很好，有的人却导致了混乱，这也是因为进退缓急不同造成的。

"古者天子常以季冬考德正法，以观治乱。德盛者治也，德薄者乱也。故天子考德，则天下之治乱可坐庙堂之上而知之。夫德盛则法修，德不盛则饬，法与政咸德而不衰。故曰王者又以孟春论吏之德及功能，能德法者为有德，能行德法者为有行，能成德法者为有功，能治德法者为有智。故天子论吏，而德法行，事治而功成。夫季冬正法[①]，孟春论吏[②]，治国之要。"

【注释】

①季冬：冬末。

②孟春：初春，即春季的第一个月。

【译文】

"古时候天子常在冬末考察德政，调整法令，用以观察治乱。德政深厚，世道就安定；德政浅薄，世道就混乱。所以天子只要考察德政，那么天下的治乱坐在朝堂之上就可以知道了。德政深厚，法令就会得到修治，德政不深厚就要整饬，法令和政治都合乎德就不会衰败。所以天子又在春季的第一个月评论官吏的德行及功劳才能。能够遵守德政和法治的为有德行，能够施行德政和法治的为有才干，施行德政和法治有成效的为有功劳，能运用德政和法治来管理政事的为有智谋。因此天子评定官吏而德政和法治得到推行，政事得到治理而大功告成。冬末调整法律，初春评定官吏，这是治国的关键。"

本命解第二十六

　　本篇"鲁哀公问"章，孔子讲了性和命、生和死的关系。"分于道谓之命，形于一谓之性。化于阴阳，象形而发谓之生，化穷数尽谓之死。故命者，性之始也；死者，生之终也。有始则必有终矣。"又从论述男女的不同，引出礼的作用，认为男子是"任天道而长万物"的，而女子则"无专制之义，而有三从之道"。这种男女不平等的观念在长期的封建社会一直存在。此篇文字又见于《大戴礼记·本命》。

鲁哀公问于孔子曰："人之命与性何谓也？"

孔子对曰："分于道谓之命①，形于一谓之性②。化于阴阳，象形而发谓之生，化穷数尽谓之死。故命者，性之始也；死者，生之终也。有始则必有终矣。

"人始生而有不具者五焉：目无见，不能食，不能行，不能言，不能化。及生三月而微煦③，然后有见；八月生齿，然后能食；三年囟合④，然后能言；十有六而精通，然后能化。阴穷反阳，故阴以阳变；阳穷反阴，故阳以阴化。是以男子八月生齿，八岁而龀⑤。女子七月生齿，七岁而龀，十有四而化。一阳一阴，奇偶相配，然后道合化成。性命之端，形于此也。"

【注释】

①分于道谓之命：旧注："分于道，谓始得为人。"意思是说从"道"中分离出来，成了独立的人。

②形于一谓之性：旧注："人各受阴阳以刚柔之性，故曰形于一。"意思是说人各自秉受阴阳之气，而有了刚柔不同的性格。

③微煦（xù）：眼珠能微微转动。

④囟（xìn）合：囟门长好了，合住了。囟，在婴儿头顶前部，刚出生时还没长好。

⑤龀（chèn）：指儿童换乳牙。

【译文】

鲁哀公问孔子："人的命和性是怎么回事呢？"

孔子回答说："根据天地自然之道而化生出来的就是命，人秉受阴阳之气而形成不同的个性就是性。由阴阳变化而来，有一定形体发出来，叫做生；阴阳变化穷尽之后，叫做死。所以说，命就是性的开始，死就是生的终结。有始则必有终。

"人刚出生时有五种能力不具备：目不能见，嘴不能食，腿不能行，口不能言，不能生育。出生三个月以后眼珠微能转动，然后才能看见；八个月长牙，然后能吃东西；三年囟门闭合，然后才能说话；十六岁精气畅通，然后才能生育。阴达到极点就要返阳，故阴是从阳变化的；阳达到极点就要返阴，故阳得阴才能变化。所以男子八个月长牙，八岁换牙；女子七个月长牙，七岁换牙，十四岁能够生育。一阳一阴，奇偶相配，然后阴阳化合才能生育。性命的开始，就从这里形成了。"

公曰："男子十六精通，女子十四而化，是则可以生民矣。而礼男必三十而有室，女必二十而有夫也，岂不晚哉？"

孔子曰："夫礼言其极①，不是过也。男子二十而冠，有为人父之端。女子十五许嫁，有适人之道。于此而往，则自婚矣。群生闭藏乎阴，而为化育之始。故圣人因时以合偶男女，穷天数也。霜降而妇功成，嫁娶者行焉。冰泮而农桑起②，婚礼而杀于此③。男子者，任天道而长万物者也。知可为，知不可为；知可言，知不可言；知可行，知不可行者也。是故审其伦而明其别④，谓之知，所以效匹夫之德也。女子者，顺男子之教而长其理者也，是故无专制之义⑤，而有三从之道。幼从父兄，既嫁从夫，夫死从子，言无再醮之端⑥。教令不出于闺门，事在供酒食而已。无阃外之非仪也⑦，不越境而奔丧。事无擅为，行无独成，参知而后动，可验而后言。昼不游庭，夜行以火，所以效匹妇之德也。"

【注释】

①极：顶点。

②冰泮（pàn）而农桑起：冰泮，冰溶解。旧注："泮，散也。正月农事起，蚕者采桑。"

③婚礼而杀于此：杀，结束，停止。旧注："婚礼始杀，言未止也。至二月农事始起，会男女之无夫家者、奔者，期尽此月故也。《诗》云：'士如归妻，迨冰未泮。'言如欲使妻归，当及冰未泮散之盛时。"

④审：明察。伦：类别。

⑤专制：自己做主，独立自主。

⑥无再醮（jiào）之端：再醮，改嫁。旧注："始嫁言醮。礼无再醮之端，统言不改事人也。"

⑦无阃（kǔn）外之非仪也：旧注："阃，门限。妇人以贞专，无阃外之仪。《诗》云：'无非无仪，酒食是议。'"

【译文】

鲁哀公说："男子十六岁精气通畅，女子十四岁能生育，这时就可以生小孩了。而根据礼，男子三十岁娶妻，女子二十岁嫁人，岂不是晚了吗？"

孔子说："礼说的是最迟限度，不要超过这个限度。男子二十岁举行加冠之礼，就可以开始做父亲了。女子十五允许出嫁，有出嫁的道理了。从此之后，就可以结婚。众生闭藏于阴，就成为化育的开始。因此圣人依据时节让男女成婚，穷尽了天数的极限。霜降时妇女该做的家务事都完成了，男婚女嫁的事就开始操办了。冰雪融化后农耕养蚕的事就开始了，举行婚礼的事到此停止。男子，是担当天下大任而让万物生长的人，知道什么可做，什么不可做；知道什么可说，什么不可说；知道什么可行，什么不可行。因此审视清楚事物的类别和区别，叫做知，这就是一般男人的品德。女子，是顺从男子的教导而经常按此道理去做的人，因此没有自作主张的道理，只有三从的责任。年幼时服从父兄，出嫁后服从丈夫，丈夫死后服从儿子，没有改嫁的理由。家内的命令不由妇女发出，她们的事只是供应饮食酒菜而已。在家门外不要被人非议，不能到超过规定的地方去奔丧。事情不能擅自做主，有事不能独自出行，三思后再行动，验证后再说话。白天不在庭院中游逛，夜里走路要举着灯火，这就是一般妇女的品德。"

孔子遂言曰："女有五不取：逆家子者，乱家子者，世有刑人子者，有恶疾子者，丧父长子者。妇有七出，三不去。七出者：不顺父母者，无子者，淫僻者，嫉妒者，恶疾者，多口舌者，窃盗者。三不去者：谓有所取而无所归，一也；与共更三年之丧①，二也；先贫贱，后富贵，三也。凡此，圣人所以顺男女之际，重婚姻之始也。"

【注释】

①共更三年之丧：指为公婆服孝三年。

【译文】

孔子又接着说："有五种女子不能娶：叛逆造反家庭的女子，淫秽乱伦家庭的女子，受过刑罚家庭的女子，有不治之病家庭的女子，早年丧父家庭的长女。妇人有七种情况可以被休弃，三种情况不可以被休弃。七种可以被休弃的情况是：不孝顺父母的，没有儿子的，有淫乱邪僻行为的，爱嫉妒的，有难治之病的，多口多舌的，有偷盗行为的。三种不可以被休弃的情况是：娶时有家休弃后无家可归的，这是第一种；为公婆服过三年丧的，这是第二种；夫家先贫贱后富贵的，这是第三种。所有这些，是圣人根据男女之间的关系，重视婚姻的开始。"

论礼第二十七

　　春秋时代，礼崩乐坏，社会混乱。孔子想用礼乐来恢复社会的正常秩序。"孔子闲居"篇讲的就是孔子对礼的一些重要见解，如什么是礼，怎样做才符合礼，并全面地论述了礼的功用："郊社之礼，所以仁鬼神也；禘尝之礼，所以仁昭穆也；馈奠之礼，所以仁死丧也；射飨之礼，所以仁乡党也；食飨之礼，所以仁宾客也。"认为"治国而无礼，譬犹瞽之无相，伥伥乎何所之？譬犹终夜有求于幽室之中，非烛何以见？故无礼则手足无所措，耳目无所加，进退揖让无所制"。此篇又见于《礼记·仲尼燕居》。"子夏侍坐于孔子"章，主要讲了《诗》、礼、乐三者的关系，并讲到为官要了解礼乐的根源，做到"五至"和"三无"，才能称得上民的父母官。表现了孔子一贯的仁政思想，有一定的积极意义。此篇又见于《礼记·孔子闲居》。

　　孔子闲居，子张、子贡、言游侍①，论及于礼。孔子曰："居，汝三人者，吾语汝以礼。周流无不遍也②。"

　　子贡越席而对曰："敢问如何？"子曰："敬而不中礼谓之野，恭而不中礼谓之给③，勇而不中礼谓之逆。"子曰："给夺慈仁。"子贡曰："敢问将何以为中礼者？"子曰："礼乎，夫礼，所以制中也。"

　　子贡退，言游进曰："敢问礼也，领恶而全好者与？"子曰："然。"子贡问："何也？"子曰："郊社之礼④，所以仁鬼神也；禘尝之礼⑤，所以仁昭穆也；馈奠之礼⑥，所以仁死丧也；射飨之礼⑦，所以仁乡党也；食飨之礼⑧，所以仁宾客也。明乎郊社之义，禘尝之礼，治国其如指诸掌而已。是故居家有礼，故长幼辨；以之闺门有礼，故三族和；以之朝廷有礼，故官爵序；以之田猎有礼，故戎事闲；以之军旅有礼，故武功成。是以宫室得其度，鼎俎得其象，物得其时，乐得其节，车得其轼，鬼神得其享，丧纪得其哀，辩说得其党，百官得其体，政事得其施。加于身而措于前，凡众之动，得其宜也。"

　　言游退，子张进曰："敢问礼何谓也？"子曰："礼者，即事之治也。君子有其事必有其治。治国而无礼，譬犹瞽之无相⑨，伥伥乎何所之⑩？譬犹终夜有求于幽室之中，非烛何以见？故无礼则手足无所措，耳目无所加，进退揖让无所制。是以其居处，长幼失其别，闺门三族失其和，朝廷官爵失其序，田猎戎事失其策，军旅失其势，宫室失其度，鼎俎失其象，物失其时，乐失其节，车失其轼，鬼神失其享，丧纪失其哀，辩说失其党，百官失其体，政事失其施。加于身而措于前，凡众之动失其宜。如此，则无以祖洽四海⑪。”

子曰：“慎听之，汝三人者。吾语汝，礼犹有九焉，大飨有四焉。苟知此矣，虽在畎亩之中⑫，事之，圣人矣。两君相见，揖让而入，入门而悬兴⑬。揖让而升堂，升堂而乐阕。下管《象》舞⑭，《夏》籥序兴⑮。陈其荐俎，序其礼乐，备其百官。如此而后君子知仁焉。行中规，旋中矩，銮和中《采荠》⑯。客出以《雍》⑰，彻以《振羽》⑱。是故君子无物而不在于礼焉。入门而金作，示情也；升歌《清庙》⑲，示德也；下管《象》舞，示事也。古之君子，不必亲相与言也，以礼乐相示而已。夫礼者，理也；乐者，节也。无理不动，无节不作。不能《诗》，于礼谬；不能乐，于礼素；薄于德，于礼虚。”

子贡作而问曰：“然则夔其穷与？”子曰：“古之人与？上古之人也。达于礼而不达于乐，谓之素；达于乐而不达于礼，谓之偏。夫夔达于乐而不达于礼，是以传于此名也。古之人也，凡制度在礼，文为在礼，行之其在人也。”

三子者既得闻此论于夫子也，焕若发蒙焉⑳。

【注释】

①子张：即颛孙师，字子张。子贡：即端木赐，字子贡。言游：即言偃，字子游。三人均为孔子弟子。

②周流：普遍流传。

③给：言语便捷。此指言语不得体。

④郊社之礼：祭天地之礼。

⑤禘（dì）：宗庙四时祭之一，每年夏季举行。尝：古代秋祭名。

⑥馈（kuì）奠之礼：向鬼神献上祭品。

⑦射：指乡射礼，即卿大夫举士后举行的射礼。飨（xiǎng）：以酒食款待。

⑧食飨：食宴酒会。

⑨瞽：盲人。相：导引盲人的人。

⑩伥伥（chāng）：迷茫不知所措。

⑪祖洽：倡导和谐。旧注："祖，始也；洽，合也。言失礼无以为众倡始，无以合和众。"

⑫畎（quǎn）亩：田间。

⑬悬：悬挂。兴：作。指奏乐。旧注："兴，作乐也。"

⑭下管：堂下吹管乐。《象》舞：一种武舞。

⑮《夏》籥（yuè）：《大夏》之舞，执籥以舞。旧注："《夏》，文舞也。执籥，籥如笛。"序兴：指文武之舞依次而舞。

⑯銮（luán）、和：皆为车铃声。中：应和。指铃声和乐声相和。《采荠（jì）》：乐曲名。指车出迎宾时，奏《采荠》之乐。旧注："《采荠》，乐曲名，所以为

和鸾之节。"

⑰客出以《雍》：宴会完毕，客人出来时奏《雍》。《雍》，乐曲名。旧注："《雍》，乐曲名，在《周颂》。"

⑱彻：撤除，宴罢撤席。以《振羽》：歌《振羽》。《振羽》即《振鹭》，《诗经·周颂》篇名。

⑲升歌《清庙》：登堂时唱《清庙》之诗。《清庙》，《诗经·周颂》篇名。

⑳焕：豁然开朗。发蒙：拨开了眼翳。

【译文】

孔子在家休息，弟子子张、子贡、子游陪侍，说话时说到了礼。孔子说："坐下，你们三人，我给你们讲讲礼。礼周详地运用到各处无所不遍。"

子贡站起来离席回话说："请问礼该如何？"孔子说："虔敬而不合乎礼，叫做土气；谦恭而不合乎礼，叫做阿谀；勇敢而不合乎礼，叫做乖逆。"孔子又说："阿谀淆乱了慈悲和仁爱。"子贡说："请问怎么做才能做到合乎礼呢？"孔子说："礼吗？礼，就是用来节制行为使之适中的。"

子贡退下来，子游上前说："请问，所谓礼是不是为了治理恶劣习性而保全良好品行的呢？"孔子说："是的。"子贡问："那该怎么做呢？"孔子说："祭天祭地之礼，是用以致仁爱于鬼神的；夏禘秋尝之礼，是用以致仁爱于祖先的；馈食祭奠之礼，是用以致仁爱于死者的；举行乡射礼、乡饮酒礼，是用以致仁爱于乡亲邻里的；宴会饮酒的礼仪，

论礼第二十七

二四三

是用以致仁爱于宾客的。明白了祭天祭地的礼仪，夏禘秋尝的礼仪，那么治理国家就像在手掌上指画那样容易。因此，用这些礼仪，居家处事有礼，长幼就分辨清楚了；家族内部有礼，一家三代就和睦了；在朝廷上有礼，官职爵位就井然有序了；田猎时有礼，军事演习就熟练了；军队里有礼，就能建立战功了。因为有了礼，宫室得以有了制度，祭器有了样式，各种事物符合时节，音乐符合节制，车辆有了定式，鬼神得到了该有的祭享，丧葬有了适度的悲哀，辩说得以拥有支持的人，百官得以各守其职分，政事得以顺利施行。加在每人身上的，摆在面前的，人们的种种行为举动都能够适宜得当。"

子游退下去，子张上前问道："请问什么是礼呢？"孔子说："所谓礼，就是对事物的治理。君子有什么事务，必有相应的治理手段。治理国家假如没有礼，就好像盲人没有引导他的人，茫茫然怎么知道该往哪走呢？又如整夜在暗室中找东西，没有烛光怎么能看得见呢？所以说没有礼就会手足无措，耳目也不知该听什么该看什么，进退、作揖、谦让都失去了尺度。这样一来，居家处事就会长幼无别，家族之内祖孙三代就失去了和睦，朝廷上官爵就失去了秩序，田猎练武就失去了策略，军队攻守就失去了控制，宫室建造就失去了制度，祭器就失去了式样，各种事物就失去了合适的时间，音乐就失去了节制，车辆就失去了定式，鬼神就失去了祭享，丧事就失去了合度的哀伤，辩说就失去了支持的人，百官就会失职，政事就不能施行。凡加在每个人身上的，摆在面前的，人们的种种行为举动都失其所宜。这样，就无法协调民众一致行动了。"

　　孔子说："仔细听着，你们三人！我告诉你们，礼还有九件事，其中四件是大飨礼所特有的。如果知道了这些，哪怕是个种田人，只要依礼而行，他也是圣人了。两位国君相见，互相作揖谦让后进入大门，入门后钟鼓等乐器齐奏。两人又互相作揖谦让后登上大堂，登上大堂之后乐声就停止了。这时在堂下又用管乐奏起《象》的乐曲，接着执籥的人又跳起《大夏》之舞和各种舞蹈。摆设笾豆与牲俎，按序安排礼乐，备齐各种执事人员。这样来访的国君就感受到了主人的盛情厚意。在这里，人们来往走动都符合规定，周旋时步子都合乎规矩，车子的铃声也合着《采荠》乐曲的节拍。客人出去时，堂下奏起《雍》的乐章；撤去席上食具时，奏起《振羽》的乐章。所以君子的行动没有一件事不在礼节之中。客人进门时钟声响起，是表示欢迎之情；登堂时演奏《清庙》诗章，表示赞美其功德；堂下吹奏《象》的舞曲，表示崇敬祖先的功业。古代的大人君子相见，不必互相说话，只凭礼乐就可以传达情意了。礼，就是理；乐，就是节。没有道理的事不做，没有节制的事不为。不懂得赋《诗》言志，礼节上就会出差错；不能用音乐来配合，礼节就显得单调枯燥；道德浅薄，礼就会显得虚假。"

　　子贡站起来问道："按这么说，夔对礼精通吗？"孔子说："夔不是古代的人吗？他是上古时代的人啊！精通礼而不精通乐，叫做质朴；精通乐而不精通礼，叫做偏颇。夔大概只精通乐而不精通礼，所以传下精通音乐的名声。古代的人，各项制度都存在于礼中，制度也靠礼来修饰，实行起来大概还是靠人吧。"

　　三个弟子听了孔子这番话，眼前豁然一亮，好像拨开了迷雾。

　　子夏侍坐于孔子，曰："敢问《诗》云①：'恺悌君子②，民之父母。'何如斯可谓民之父母？"

　　孔子曰："夫民之父母，必达于礼乐之源，以致'五至'而行'三无'，以横于天下。四方有败，必先知之。此之谓民之父母。"

　　子夏曰："敢问何谓'五至'？"

　　孔子曰："志之所至，《诗》亦至焉；《诗》之所至，礼亦至焉；礼之所至，乐亦至焉；乐之所至，哀亦至焉。《诗》礼相成，哀乐相生。是以正明目而视之，不可得而见；倾耳而听之，不可得而闻；志气塞于天地，行之充于四海，此之谓'五至'矣。"

　　子夏曰："敢问何谓'三无'？"

　　孔子曰："无声之乐，无体之礼，无服之丧，此之谓'三无'。"

　　子夏曰："敢问'三无'何《诗》近之？"

　　孔子曰："'夙夜基命宥密'③，无声之乐也；'威仪逮逮'④，不可选也，无体之礼也；'凡民有丧，扶伏救之'⑤，无服之丧也。"

　　子夏曰："言则美矣，大矣，言尽于此而已乎？"

　　孔子曰："何谓其然？吾语汝，其义犹有'五起'

焉。"

子夏曰："何如？"

孔子曰："无声之乐，气志不违；无体之礼，威仪迟迟⑥；无服之丧，内恕孔悲⑦；无声之乐，所愿必从；无体之礼，上下和同；无服之丧，施及万邦。既然，而又奉之以'三无私'而劳天下，此之谓'五起'。"

子夏曰："何谓'三无私'？"

孔子曰："天无私覆，地无私载，日月无私照。其在《诗》曰⑧：'帝命不违，至于汤齐⑨。汤降不迟，圣敬日跻⑩。昭假迟迟⑪，上帝是祗⑫。帝命式于九围⑬。'是汤之德也。"

子夏蹶然而起⑭，负墙而立曰⑮："弟子敢不志之！"

【注释】

①《诗》：这里指《诗经·大雅·泂酌》。

②恺悌（kǎitì）：性情随和，平易近人。

③夙夜基命宥密：这是《诗经·周颂·昊天有成命》中的诗句，意为早早晚晚受命多勉力。夙夜，早晚，朝夕。基，通"其"。宥，有，又。密，读为"勉"，努力。旧注："夙夜，恭也。基，始也。命，信也。宥，宽也。密，宁也。言已行与民信五教，在宽民以安宁，故谓之无声之乐也。"可参阅。

④威仪逮逮：此为《诗经·邶风·柏舟》中的诗句。威仪，庄严的容止。逮逮，雍容娴雅的样子。

⑤"凡民有丧"二句：此为《诗经·邶风·谷风》中的诗句。

⑥迟迟：从容不迫的样子。

⑦内恕：存心宽厚。孔：很，非常。

⑧《诗》：这里指《诗经·商颂·长发》。

⑨至于汤齐：旧注："至汤与天心齐。"

⑩"汤降不迟"二句：旧注："不迟，言疾。跻，升也。汤疾行下人之道，其圣敬之德日升闻也。"

⑪昭假（gé）迟迟：假，至，到。迟迟，长久。旧注："汤之威德，昭明遍至，化行宽舒，迟迟然。"

⑫上帝是祇：旧注："故上帝敬其德。"

⑬帝命式于九围：旧注："九围，九州也。天命用于九州，谓以为天下王。"

⑭蹶（jué）然：急忙，迅速。

⑮负墙：背靠墙。

【译文】

子夏陪坐在孔子旁边，说："请问《诗经》里说：'和悦可亲的君子，好比民众的父母。'怎么样才能称为民的父母呢？"

孔子说："作为民众的父母，必须懂得礼乐的来源，达到'五至'实行'三无'，以此精神扩充于天下。四方出现祸患，必定预先知道。这样的人就可以称得上民众的父母了。"

子夏说："请问什么叫'五至'？"

孔子说："情意所至之处，《诗经》中的诗句就随之而至；诗句所至的同时，礼也随之而至；礼所至之处，乐也随之而至；乐所至之处，哀也随之而至。《诗》和礼是相辅相成的，哀和乐是相互引发的。所以这种情景，擦亮眼睛来看，也不可能看见；侧着耳朵来听，也不可能听见。然而这种意志充满天地之间，流行起来会充满四海，这就叫做'五至'。"

子夏问："请问什么叫'三无'呢？"

孔子说："无声的音乐，无仪式的礼节，不穿丧服而哀的丧礼，这叫做'三无'。"

子夏说："请问《诗经》中什么诗句接近'三无'的意思呢？"

孔子说："'日夜谋划治国以安民'，这句诗就接近无声的音乐；'仪容庄严和易，让人无可挑剔'，这句诗就接近无仪式的礼节；'凡是民众有急难，全力救助不迟缓'，这句诗就接近不穿丧服而哀的丧礼。"

子贡说："您的话太美了，太伟大了，话说到此就到尽头了吧？"

孔子说："怎么会这样呢？我告诉你，其中的含义还要用'五起'来说明。"

子夏说："如何说呢？"

孔子说："无声的音乐，不违背心意；无仪式的礼节，威仪从容；不穿丧服而哀的丧礼，内心同情而悲伤。无声的音乐，心想事成；无仪式的礼节，上下和睦同心；不穿丧服而哀的丧礼，得以抚育万邦。这样，又用'三无私'的精神来治理天下，这就叫做'五起'。"

子夏说："请问什么叫'三无私'呢？"

孔子说："上天覆盖万物没有偏私，大地承载万物没有偏私，日月普照天下没有偏私。这种精神在《诗经》中是这样说的：'上帝命令不违背，至于成汤登了位。汤王降世正适时，盛德敬慎日累积。虔诚祈祷久不息，无限崇敬事上帝。上帝命他统理九州域。'这就是商汤的德行。"

子夏听到这里急忙站起来，背靠墙站着说："弟子岂敢不记下先生这番教导。"

卷七

观乡射第二十八

　　孔子很重视基层礼仪乡射礼，并亲自带领弟子们去练习。在习射的同时，不失时机地对民众进行礼的教育，对遵守礼法者进行鼓励，并用淘汰的方法教育那些礼义欠缺的人。此篇又见于《礼记·郊特牲》和《礼记·射义》。

孔子观于乡射①，喟然叹曰："射之以礼乐也，何以射？何以听？循声而发，不失正鹄者②，其唯贤者乎？若夫不肖之人，则将安能以求饮？《诗》云③：'发彼有的④，以祈尔爵⑤。'祈，求也。求所中以辞爵⑥。酒者，所以养老、所以养病也。求中以辞爵，辞其养也。是故士使之射而弗能，则辞以病，悬弧之义⑦。"

于是退而与门人习射于瞿相之圃⑧，盖观者如墙堵焉。试射至于司马⑨，使子路执弓矢出列延⑩，谓射之者曰："奔军之将，亡国之大夫，与为人后者⑪，不得入，其余皆入。"盖去者半。又使公罔之裘、序点扬觯而语曰⑫："幼壮孝悌，耆老好礼，不从流俗，修身以俟死者，在此位。"盖去者半。序点又扬觯而语曰："好学不倦，好礼不变，旄期称道而不乱者⑬，在此位。"盖仅有存焉。

射既阕⑭，子路进曰："由与二三子者之为司马，何如？"孔子曰："能用命矣。"

【注释】

①乡射：指州长于春秋两季以礼会民，习射于州之学校。

②鹄（gǔ）：箭靶的中心。

③《诗》：这里指《诗经·小雅·宾之初筵》。

④发彼有的：发射你的箭射中目标。

⑤以祈尔爵：祈求你免被罚酒。旧注："祈，求也，言发中的以求饮尔爵也。胜者饮不胜者。"

⑥辞爵：辞谢罚酒，即不被罚酒。旧注："饮彼则已不饮，故曰以辞爵也。"

⑦悬弧（hú）之义：古代风俗，家中生了男孩，便在门左首悬挂一张木弓以示庆贺。此处暗示射箭是男子从事的事。旧注："弧，弓也。男子生则悬弧于其门，明必有射事也。而今不能射，唯疾可以为辞也。"

⑧矍（jué）相：古地名。在今山东曲阜内阙里西。孔子曾习射于此。圃：园地。

⑨司马：官名。掌管军政和军赋。子路此时官为司马，此即指子路。旧注："子路为司马，故射至，使子路出延射。"

⑩列：队列。延：邀请。

⑪与为人后：指过继给别人作后嗣。旧注："人已有后而又为人后，故曰与为人后也。"

⑫公罔之裘：姓公罔，名之裘。序点：姓序名点。二人均为孔子弟子。扬觯（zhì）：举起酒杯。旧注："先行射乡饮酒，故二人扬觯。"

⑬耄（mào）期：旧注："八十、九十曰耄，言虽老而能称，解道而不乱。"

⑭阕（què）：终了，结束。

【译文】

孔子观看乡射礼，长叹一声说："射箭时配上礼仪和音乐，射箭的人怎能一边考虑如何射中目标，一边聆听是什么乐声。根据乐声的节奏发出箭，并能射中目标，只有贤德的人才能做到。如果是不肖之人，他怎能射中而罚别人喝酒呢？《诗经》说：'发射你的箭射中目标，祈求你免受罚酒。'祈，就是求。祈求射中而免受罚酒。酒，是用来养老和养病的。祈求射中而辞谢罚酒就是推辞别人的奉养。所以如果让士人射箭，假如他不会，就应当以有病来辞谢，因为男子生来就应该会射箭。"

于是回来后和弟子们在矍相的园圃中学习射箭，观看的人们好像一堵围墙。当射礼行至子路时，孔子让子路手执弓箭出来邀请比射的人，对准备比赛的人说："败军之将、丧失国土的大夫、求做别人后嗣的人，一律不准入场，其余的人进来。"听到这话，人走了一半。孔子又让公罔之裘、序点举起酒杯说："幼年壮年时能孝敬父母，友爱兄弟，到老年还爱好礼仪，不随流俗，修身以待终年的人，请留在这个地方。"结果又走掉一半。序点又举杯说："好学不倦，好礼不变，到老还言行不乱的人，请留在这里。"结果只有几个人留下没走。

射箭结束后，子路走上前对孔子说："我和序点他们这些人做司马，如何？"孔子回答说："可以胜任了。"

郊问第二十九

古代的帝王在郊外祭祀祖先时，同时要祭天。鲁定公问孔子为何这样做。孔子认为世间万物都由上天所生，人又来源于其祖先，郊祭就是"报本反始"，感谢上天和祖先。以此可见上天和祖先在孔子心中的地位。此篇见于《礼记·郊特牲》。

定公问于孔子曰："古之帝王必郊祀其祖以配天^①，何也？"孔子对曰："万物本于天，人本乎祖。郊之祭也，大报本反始也，故以配上帝。天垂象^②，圣人则之，郊所以明天道也。"

【注释】

①郊祀：在郊外祭天地、祖宗或鬼神。配天：指郊祀时同时郊祀上天。

②垂象：显示征兆。

【译文】

鲁定公向孔子询问道："古代帝王在郊外祭祖时一定要祭祀上天，这是为什么呢？"孔子回答说："万物都来源于天，人又来源于其祖先。郊祭，就是规模盛大的报答上天和祖先的恩惠反思自己根源的礼仪，所以祭祖时要配祭上帝。上天显示征兆，圣人就取法这些征兆，举行郊祭就是为了显明天道。"

五刑解第三十

　　这篇重点讨论礼和法的关系。由于人们有种种的道德缺陷，如不知足、不仁、不义、相陵、男女无别、嗜欲不节等，古代圣王制定了相应的礼仪和刑律，人们懂礼就不会触犯刑法，遵礼是"豫塞其源"，如果"不豫塞其源，而辄绳之以刑，是谓为民设阱而陷之"。可见在礼法的关系上，孔子更重视礼的作用。此章见于《大戴礼记·盛德》。对于"刑不上于大夫，礼不下于庶人"的问题，孔子做了较为详尽的解释，刑不上于大夫，不是对大夫不用刑罚，而是认为他们是懂礼而又有廉耻之节的人，一旦犯了法，应让他们"自裁"，保持他们的体面。这还是官贵民贱的思想。

冉有问于孔子曰："古者三皇五帝不用五刑^①，信乎？"

孔子曰："圣人之设防，贵其不犯也。制五刑而不用，所以为至治也。凡民之为奸邪窃盗靡法妄行者^②，生于不足。不足生于无度，无度则小者偷盗，大者侈靡，各不知节。是以上有制度，则民知所止；民知所止，则不犯。故虽有奸邪贼盗靡法妄行之狱，而无陷刑之民。不孝者生于不仁，不仁者生于丧祭之礼不明^③。丧祭之礼，所以教仁爱也。能教仁爱，则服丧思慕^④，祭祀不懈人子馈养之道^⑤。丧祭之礼明，则民孝矣，故虽有不孝之狱，而无陷刑之民。弑上者生于不义，义所以别贵贱、明尊卑也。贵贱有别，尊卑有序，则民莫不尊上而敬长。朝聘之礼者，所以明义也。义必明则民不犯，故虽有弑上之狱，而无陷刑之民。斗变者生于相陵^⑥，相陵者生于长幼无序而遗敬让。乡饮酒之礼者，所以明长幼之序而崇敬让也。长幼必序，民怀敬让，故虽有斗变之狱，而无陷刑之民。淫乱者生于男女无别，男女无别则夫妇失义。婚礼聘享者^⑦，所以别男女、明夫妇之义也。男女既别，夫妇既明，故虽有淫乱之狱，而无陷刑之民。此五者，刑罚之所从生，各有源焉。不豫塞其源，而辄绳之以刑，是谓为民设阱而陷之也。

【注释】

①五刑：古代的五种刑罚，指墨，即面上刺字；劓，割掉鼻子；剕（fèi），断足；宫，割去生殖器；大辟，砍头。

②靡法妄行：心中无法而任意妄为。

③不明："不"原作"也"，据《大戴礼记·盛德》改。

④思慕：思念仰慕。

⑤不懈人子馈养之道：不懈，不怠慢。馈养，养育。旧注："言孝子奉祀不敢解，与生时馈养之道同。"

⑥相陵：相互侵辱。

⑦聘享：聘礼和享礼。指订婚时男方给女方的定礼和聘礼。

【译文】

冉有问孔子："古代三皇五帝不用五刑，这是真的吗？"

孔子说："圣人设置防卫措施，贵在让人不触犯。制定五刑而不用，是为了做到最好的治理。凡是有奸诈邪恶抢劫盗窃违法妄行等不法行为的人，产生于心中的不满足。不满足又产生于没有限度，没有限度，小的就会盗窃，大的则奢侈浪费，都是不知节制。因此君王制订了制度，民众就知道了什么不能做；知道了什么不能做，就不会犯法。所以虽然制定了奸诈邪恶抢劫盗窃违法妄行的罪状，却没有陷入刑罚的民众。不孝的行为产生于不仁，不仁又产生于没有丧祭之礼。所以明确规定丧祭之礼，是为了使人知道仁爱。能教人懂得仁爱，为父母服丧就会思念爱慕他们，举行祭礼表示人子还在不懈地赡养父母。丧祭之礼明确了，民众就会遵守孝道了。所以虽然制定了不孝的罪状，而没有陷入刑罚的民众。以下杀上的行为产生于不义，义是用来区别贵贱表明尊卑的。贵贱有别，尊卑有序，那么民众没有不尊敬上级和长辈的。诸侯定期朝见天子的朝聘之礼，是用来显明义的。义显明了，那么民众就不会犯上。所以虽然制订了弑上的罪状，而没有陷入刑罚的民众。争斗变乱的行为产生于相互欺压，欺压的行为产生于长幼无序而忘记了尊敬和谦让。乡饮酒之礼，就是用来显明长幼之序和尊崇敬让的。长幼有序，民众怀着敬让之心，即使设立了争斗变乱的罪状，也没有陷入刑罚的民众。淫乱的行为产生于男女无别，男女无别夫妇间就失去了情义。婚礼和聘礼享礼，就是用来区别男女和显明夫妇情义的。男女既已有别，夫妇情义既明，即使制定了有关淫乱的罪状，而民众也没有陷入刑罚的。这五种情况，是刑罚产生的原因，是各有根源的。不预先堵住其根源，而动辄使用刑罚，这叫做给民设下陷阱来陷害他们。

"刑罚之源，生于嗜欲不节。夫礼度者①，所以御民之嗜欲而明好恶。顺天之道，礼度既陈，五教毕修②，而民犹或未化，尚必明其法典以申固之③。其犯奸邪靡法妄行之狱者，则饬制量之度④；有犯不孝之狱者，则饬丧祭之礼；有犯杀上之狱者，则饬朝觐之礼；有犯斗变之狱者，则饬乡饮酒之礼；有犯淫乱之狱者，则饬婚聘之礼。三皇五帝之所化民者如此，虽有五刑之用，不亦可乎！"

【注释】

①礼度：礼制和法度。

②五教：指古代五种封建伦理道德，即父义、母慈、兄友、弟恭、子孝。

③尚必明其法典以申固之：尚且申明法令使效果牢固。旧注："尚，犹也。申令固其教也。"

④饬：告诫。

【译文】

"刑罚的根源，起于人们不能节制自己的欲望。礼制和法度，就是用来控制民众过度的欲望而显明善恶的。顺应天道，颁布礼制和法度，修明五教，但是还有一些民众没有被教化，那么还必须阐明法典，进一步申明法令使效果巩固。有作奸犯科违法妄行行为的，就用制度法规来整治；有犯不孝之罪的，就用丧祭的礼仪来整治；有犯杀害君上之罪的，就用朝觐之礼来整治；有犯争斗扰乱治安之罪的，就用乡饮酒礼来整治；有犯淫乱之罪的，就用婚聘之礼来整治。三皇五帝教化民众就是这样做的，虽然有应用五刑的情况，不也可以吗？"

孔子曰："大罪有五，而杀人为下①。逆天地者罪及五世，诬文武者罪及四世，逆人伦者罪及三世，谋鬼神者罪及二世，手杀人者罪止其身。故曰大罪有五，而杀人为下矣。"

【注释】

①下：下等。指低一等或轻微的。

【译文】

孔子说："大罪有五等，杀人为最轻的。犯悖逆天地罪行的要惩罚五代，犯诬蔑周文王、武王罪行的要惩罚四代，犯悖逆人伦罪行的要惩罚三代，犯用鬼神害人罪行的要惩罚两代，犯亲手杀人罪行的只判他本人的罪。所以说大罪有五种，而杀人的罪是最轻的。"

冉有问于孔子曰："先王制法，使刑不上于大夫，礼不下于庶人。然则大夫犯罪，不可以加刑，庶人之行事，不可以治于礼乎？"

孔子曰："不然。凡治君子，以礼御其心，所以属之以廉耻之节也。故古之大夫，其有坐不廉污秽而退放之者①，不谓之不廉污秽而退放，则曰'簠簋不饬'②。有坐淫乱男女无别者，不谓之淫乱男女无别，则曰'帷幕不修'也③。有坐罔上不忠者④，不谓之罔上不忠，则曰'臣节未著'⑤。有坐罢软不胜任者⑥，不谓之罢软不胜任，则曰'下官不职'⑦。有坐干国之纪者，不谓之干国之纪，则曰'行事不请'。此五者，大夫既自定有罪名矣，而犹不忍斥然正以呼之也，既而为之讳，所以愧耻之。是故大夫之罪，其在五刑之域者，闻而谴发，则白冠氂缨⑧，盘水加剑⑨，造乎阙而自请罪。君不使有司执缚牵掣而加之也⑩。其有大罪者，闻命则北面再拜，跪而自裁^⑪。君不使人捽引而刑杀之也^⑫。曰：'子大夫自取之耳，吾遇子有礼矣。'以刑不上大夫而大夫亦不失其罪者，教使然也。所谓礼不下庶人者，以庶人遽其事而不能充礼^⑬，故不责之以备礼也。"

冉有跪然免席^⑭，曰："言则美矣，求未之闻。"退而记之。

【注释】

①退放：撤职放逐。

②簠簋（fǔguǐ）不饬：这里指为官不廉洁。簠簋，均为古代祭器。不饬，不整治。

③帏幕不修：这里指男女无别或淫乱。帏幕，帐幕。指家庭内部。不修，不修治。

④罔上：蒙蔽主上。

⑤臣节未著：没有保持住人臣的操守。著，显著。

⑥罢软：软弱无能。

⑦下官不职：下官，下属官吏。此为委婉之词，不直斥本人，而是指责他的下属官吏。不职，不称职。旧注："言其下官不称务其职，不斥其身也。"

⑧白冠氂缨：古代大臣犯罪时，戴上用毛作帽带的白色帽子，以示自请罪遣。氂缨，即"牦缨"，以毛做成的帽带。旧注："白冠，丧服也。以毛作缨。"

⑨盘水加剑：古代大臣自请处死的一种方法。自己端着盛水的盘子，上面放一把剑。表示让君王公平执

法，如有罪，当自刎。

⑩不使有司执缚牵掣：不让司法人员捆绑束缚。

⑪自裁：自杀。

⑫捽（zuó）引：揪拉。

⑬遽（jù）：急，忙。充礼：充分地学习礼。

⑭跪然免席：跪着退下来，然后站起来离开席位。

【译文】

冉有问孔子说："先王制定法律制度，规定刑罚不加到大夫身上，礼不用到平民身上。那么，大夫犯了罪就可以不加刑，平民行事就不可以用礼来约束了吗？"

孔子说："不是这样的。凡治理君子，用礼来约束他的心，是因为把他们归属为有廉耻之节的人。所以古代的大夫，有犯了不廉污秽之罪而被罢免放逐的，不叫做因不廉污秽而放逐，而叫做'簠簋不饬'。有犯淫乱或男女无别罪行的，不叫做淫乱或男女无别，而叫做'帷幕不修'。有犯罔上不忠罪行的，不叫做罔上不忠，而叫做'臣节未著'。有犯软弱无能不胜任其职之罪的，不叫做软弱无能不胜任其职，而叫做'下官不职'。有触犯国家法纪之罪的，不叫做触犯国家法纪，而叫做'行事不请'。这五种情况，大夫既已自定罪名了，仍不忍正面直呼他有罪，接着还要为他隐讳，这是为了让他们感到羞愧。因此大夫犯了罪，他的罪行在这五种之内的，知道自己要被谴责问罪，就会戴上用毛做帽带的帽子，穿上白色的丧服，端着盛水的盘子，上面放一把剑，自己走到君王那里，表示要自刎谢罪。君王不派有关司法官吏捆绑牵掣他或施以刑罚。犯有大罪的，听到君王的命令则面向北下拜，跪下自杀。君王也不派人揪扯着他身体用刑，只是说：'这是大夫你自己咎由自取，我对你已经有礼了。'即使是刑不上大夫，而大夫犯罪也不能逃避处罚，这是教化的结果。所谓礼不下庶人，是因为庶人忙于生计的事不能很好地学习礼，所以不能要求他们有完备的礼仪。"

冉有听完孔子的话，跪行离开了席位，说："您说得太好了，我还从未听说过。"回去后冉有就把这些记了下来。

刑政第三十一

　　这一篇主要是讲刑政的，但孔子首先还是强调德、礼的教化作用。他说："太上以德教民，而以礼齐之，其次以政言导民，以刑禁之。"在审理案件时，孔子认为必须注重犯罪事实，根据情节的轻重、罪行的深浅来量刑。审理官还要用尽他的聪明才智，以忠爱之心来审理。疑狱则要广泛听取各方面意见。经过狱吏、狱官、大司寇三次讯问审理，然后上报到君王，君王还要让三公卿士参与审理，最后有疑问还要由君王定夺。但对四种大罪，如"巧言破律，遁名改作，执左道以乱政者"；"作淫声，造异服，设奇伎奇器以荡上心者"；"行伪而坚，言诈而辩，学非而博，顺非而泽，以惑众者"；"假于鬼神、时日、卜筮，以疑众者"则杀无赦，不必经过三次审讯。另外还有十四条禁令，规定得很详细。此篇内容又见《礼记·王制》。

仲弓问于孔子曰①："雍闻至刑无所用政②，至政无所用刑③。至刑无所用政，桀纣之世是也；至政无所用刑，成康之世是也④。信乎？"

孔子曰："圣人之治化也，必刑政相参焉⑤。太上以德教民⑥，而以礼齐之，其次以政言导民，以刑禁之。刑，不刑也。化之弗变，导之弗从，伤义以败俗，于是乎用刑矣。制五刑必即天伦⑦，行刑罚则轻无赦。刑，侀也⑧；侀，成也。壹成而不可更，故君子尽心焉。"

【注释】

①仲弓：姓冉名雍，字仲弓。孔子弟子。

②至刑：最严酷的刑罚。

③至政：最完美的政治。

④成康之世：周成王、周康王的时代。史家称"成康之际，天下安宁，刑措四十余年不用"。

⑤相参：相互配合。

⑥太上：最好，最上等。

⑦即天伦：合乎天意。旧注："即，就也。就天伦，谓合天意。"

⑧侀（xíng）：成形之物。

【译文】

仲弓问孔子说："我听说有严酷的刑罚就不需要用政令了，有完善的政令就不需要用刑罚了。有严酷的刑罚不用政令，夏桀、商汤的时代就是这样；有完善的政令不用刑罚，周成王、康王的时代就是这样。这是真的吗？"

孔子说："圣人治理教化民众，必须是刑罚和政令相互配合使用。最好的办法是用道德来教化民众，并用礼来统一思想，其次是用政令来教导民众，用刑罚来禁止他们。制定刑罚的目的是为了不用刑罚。对经过教化还不改变，经过教导又不听从，损害义理又败坏风俗的人，只好用刑罚来惩处。制作五刑来治理民众也必须符合天道，执行刑罚对罪行轻的也不能赦免。刑，就是侀；侀，就是已成事实不可改变。一旦定刑就不可改变，所以官员要尽心地审理案件。"

仲弓曰："古之听讼①，尤罚丽于事②，不以其心，可得闻乎？"

孔子曰："凡听五刑之讼③，必原父子之情④，立君臣之义以权之，意论轻重之序，慎测深浅之量以别之。悉其聪明，致其忠爱以尽之。大司寇正刑明辟以察狱⑤，狱必三讯焉⑥。有指无简⑦，则不听也。附从轻，赦从重⑧。疑狱则泛与众共之⑨，疑则赦之。皆以小大之比成也。是故爵人必于朝，与众共之也；刑人必于市，与众弃之也。古者公家不畜刑人⑩，大夫弗养⑪。其士遇之涂，弗与之言。屏诸四方，唯其所之，弗及与政，弗欲生之也。"

【注释】

①听讼：审理案件。

②尤罚丽于事：尤，过错。丽，依靠，根据。事，事实。旧注："尤，过也。丽，附也。怪过人罚之，必以事相当，而不与其心也。"

③五刑之讼：五种罪行的案件。

④原：推究根源。

⑤大司寇：官名，掌刑狱纠察等事。正刑：正定刑法。明辟：辨明法令。察狱：审理案件。

⑥狱必三讯：讯，询问，征求意见。旧注："一曰讯群臣，二曰讯群吏，三曰讯万民也。"

⑦有指无简：有人指证但不能确定犯罪事实。旧注："简，诚也。有意无其诚者，不论以为罪也。"

⑧附从轻，赦从重：依法量刑，可轻可重的从轻。可赦免的，原判较重的先赦。旧注："附人之罪，以轻为比；赦人之罪，以重为比。"

⑨疑狱：疑难案件。泛与众共之：广泛征求意见共同审理。

⑩公家：公室。不畜刑人：不收留被判刑的人。

⑪大夫弗养：大夫不供养被判刑的人。

【译文】

仲弓说："古代审理案件，对过错的处罚根据事实，不依据内心动机，对这点可以讲给我听听吗？"

孔子说："凡是审理五种罪行的案子，必须要推究其父子之情，按照君臣之义来衡量，目的是论证犯罪情节的轻重，谨慎地衡量罪过的深浅，以便分别对待。尽量运用自己的聪明才智，极力发挥自己的忠爱之心来探明案情。大司寇的职责是正定刑法辨明法令来审理案件，审案时必须听取群臣、群吏和万民的意见。有指证而核实不了犯罪事实的，就不治罪。量刑可重可轻的就从轻，赦免时，原判重了的则先赦。疑案则要广泛地向大众征求意见共同解决，如果还有疑问无法裁决，就赦免他。一切案件一定要根据罪行大小比照法律条文来定案。所以赐予爵位一定要在朝廷上，让众人共同鉴证；行刑一定要在闹市上，让众人共同唾弃他。古时诸侯不收容犯罪的人，大夫也不供养犯罪的人。读书人在路上遇到犯罪的人，不和他交谈。把罪犯放逐到四境，任凭他到什么地方，也不让他参与政事，表示不想让他活在世上。"

仲弓曰："听狱，狱之成，成何官？"

孔子曰："成狱成于吏，吏以狱成告于正①。正既听之，乃告大司寇。大司寇听之，乃奉于王。王命三公卿士参听棘木之下②，然后乃以狱之成告于王。王三宥之以听命③，而制刑焉。所以重之也。"

【注释】

①吏以狱成告于正：狱成，案件审理完毕。旧注："吏，狱官吏。正，狱官长。"

②三公卿士参听棘木之下：三公，辅助国君的最高官员，周朝为太师、太傅、太保。卿士，官名。参听，参与审理。棘木之下，古代判案的处所。棘木，酸枣树。旧注："外朝法，左九棘，孤卿大夫位

焉。右九棘，公侯伯子男位焉，面三槐，三公位。"

③王三宥之以听命：三宥，对犯人可从宽处理的三种
情况：一是因无知而犯罪，二是因过失而犯罪，三
是因精神异常而犯罪。旧注："君王尚宽宥，罪虽以
定，犹三宥之。不可得轻，然后刑之者也。"

【译文】

仲弓问："审理案件时，定案的事，是由什么官来完
成的？"

孔子说："案件首先由狱官来审定，然后狱官把审理情
况报告给狱官之长。狱官之长审理之后，再报告大司寇。
大司寇审理之后，再报告君王。君王又命三公和卿士在种
有酸枣树的审理处会审，然后把审理结果和可疑之处回呈
给君王。君王根据三种可以宽宥的情况决定是否减免刑罚，
最后根据审判结果来定刑。审定的程序是很慎重的。"

仲弓曰："其禁何禁①？"

孔子曰："巧言破律②，遁名改作③，执左道以乱
政者④，杀。作淫声⑤，造异服，设奇伎奇器以荡上
心者⑥，杀。行伪而坚⑦，言诈而辩，学非而博，顺
非而泽⑧，以惑众者，杀。假于鬼神、时日、卜筮，
以疑众者，杀。此四诛者不以听。"

【注释】

①其禁何禁：前"禁"字指禁止的事，后"禁"字指
禁令的条款。

②巧言破律：巧言，花言巧语。《礼记·王制》作"析言"，即割裂法令文字。较胜。破律，破坏、曲解法律。旧注："巧卖法令者也。"

③遁名改作：遁名，假冒名义。改作，改变法则。旧注："变言与物名也。"

④左道：乱道，歪道。旧注："左道，乱也。"

⑤作淫声：制造淫靡之音。旧注："淫，逆也，惑乱人之声。"

⑥设奇伎奇器以荡上心者：奇伎奇器，奇巧怪异的器物。荡，动摇。旧注："怪异之伎，可以眩惧人心之器。荡，动。"

⑦行伪而坚：行为诈伪而顽固。旧注："行诈伪而守之坚也。"

⑧顺非而泽：顺从邪恶之事，还要曲加粉饰。旧注："顺其非而滑泽。"

【译文】

仲弓又问："在法律禁令的规定中都有哪些条款呢？"

孔子说："凡是用巧言曲解法律，变乱名义擅改法度，利用邪道扰乱国政者，杀。凡是制作淫声浪调，制作奇装异服，设计奇巧怪异器物来扰乱君心的，杀。凡行为诡诈又坚持不改，言辞虚伪又能诡辩，学非正学又广博多知，顺从坏事又曲加粉饰，用以蛊惑民众者，杀。凡利用鬼神、时日、卜筮惑乱民众者，杀。犯此四类该杀罪行的都不需详加审理。"

仲弓曰："其禁尽于此而已？"

孔子曰："此其急者。其余禁者十有四焉：命服命车不粥于市，珪璋璧琮不粥于市，宗庙之器不粥于市，兵车旍旗不粥于市，牺牲秬鬯不粥于市，戎器兵甲不粥于市，用器不中度不粥于市，布帛精粗不中数、广狭不中量不粥于市，奸色乱正色不粥于市，文锦珠玉之器雕饰靡丽不粥于市，衣服饮食不粥于市[1]，果实不时不粥于市，五木不中伐不粥于市，鸟兽鱼鳖不中杀不粥于市。凡执此禁以齐众者，不赦过也。"

【注释】

[1] 衣服饮食不粥于市：旧注："卖成衣服，非侈必伪，故禁之。禁卖熟食，所以厉耻也。"

【译文】

仲弓又问："法令禁止的就到此为止了吗？"

孔子说："这是其中最紧要的。其余应禁的还有十四项：天子赐予的命服、命车不准在集市上出卖，珪璋璧琮等礼玉不准在集市上出卖，宗庙祭祀用的礼器不准在集市上出卖，兵车旍旗不准在集市上出卖，祭祀用的牺畜和酒不准在集市上出卖，作战用的兵器铠甲不准在集市上出卖，家用器具不合规矩不准在集市上出卖，麻布丝绸精粗不合乎规定、宽窄不合规定的不准在集市上出卖，染色不正的不准在集市上出卖，锦缎珠玉等器物雕刻巧饰特别华丽的不准在集市上出卖，衣服饮食不准在集市上出卖，果实还未成熟不准在集市上出卖，树木不成材不准在集市上出卖，幼小的鸟兽鱼鳖不准在集市上出卖。凡执行这些禁令都是为了治理民众，犯禁者不赦。”

礼运第三十二

　　《礼运》原为《礼记》中的一篇，主要论述礼义的本原和礼制的演变。孔子首先赞扬了五帝三皇的"大同"世界，认为那是人类历史上最完美的时期。那时大道行于世，天下人皆知为公，人们推选贤能的人治理国家，讲究信用，和睦相处。老有所终，壮有所用，奸谋不兴，盗窃乱贼不作。称之为"大同"。到了夏、商、周三代，社会由"大同"进入"小康"，社会财富成为私家之物，国家政权也为一家所有，父死子继，因此诈谋和战乱不断。而此时的夏禹、商汤、周文王、周武王、周成王、周公以礼治理乱世，使天下复安，他们是小康时代最杰出的人物。到周幽王、周厉王时礼制衰微。孔子根据这种情况，论述了礼的重要，礼的起源，以及祭祀、死丧等各种礼节，以正君身，以治理社会。"大同""小康"的学说对后世发生过相当重要的影响，创建"大同"世界成为人们美好的社会理想。

孔子为鲁司寇①，与于蜡②。既宾事毕③，乃出游于观之上④，喟然而叹。言偃侍，曰："夫子何叹也？"孔子曰："昔大道之行⑤，与三代之英⑥，吾未之逮⑦，而有记焉。

【注释】

①司寇：官名。掌刑狱纠察等事。

②与于蜡（zhà）：参与蜡祭。周代于十二月合祭百神，叫蜡。

③宾：陪祭者。毕：完毕。旧注："毕宾客之事也。"

④观：宫门外阙。旧注："观，宫门外阙，《周礼》所谓象魏也。"

⑤大道之行：此指三皇五帝时，大道通行。大道指上古五帝所遵循的社会准则。

⑥三代：指禹、汤、文武时代。英：英才。

⑦未之逮：没赶上。

【译文】

孔子担任鲁国司寇时，曾参与蜡祭。宾客走了以后，他出来到楼台上观览，感慨地叹了口气。言偃跟随在孔子身边，问道："老师为什么叹气呢？"孔子说："从前大道通行的时代，及夏商周三代精英当政的时代，我都没有赶上，而有些文字记载还可以看到。

"大道之行，天下为公，选贤与能，讲信修睦①。故人不独亲其亲②，不独子其子③。老有所终④，壮有所用，矜寡孤疾皆有所养。货恶其弃于地，不必藏于己；力恶其不出于身⑤，不必为人⑥。是以奸谋闭而弗兴，盗窃乱贼不作。故外户而不闭，谓之大同⑦。

【注释】

①讲信修睦：讲求信用，和人们和睦相处。

②不独亲其亲：不只是敬奉自己的父母。

③不独子其子：不只是疼爱自己的子女。

④终：指安享天年。

⑤力恶其不出于身：恶，唯恐，恐怕。旧注："言力恶其不出于身，不以为德惠也。"

⑥为人：《礼记·礼运》作"为己"。

⑦大同：儒家的理想社会。

【译文】

"大道通行的时代，天下为大家所公有，选举贤能的人，讲求诚信，致力友爱。所以人们不只敬爱自己的双亲，不只疼爱自己的子女。社会上的老人都能安度终生，壮年人都能发挥自己的才能，鳏夫、寡妇、孤儿和残疾人都能得到供养。人们厌恶财物浪费不用，但不必收藏到自己家里；人们担心自己的智力体力不能得到发挥，但不是为了个人的利益。因此奸诈阴谋的事不会发生，盗窃财物扰乱社会的事情不会出现。所以家里的大门不必紧锁，这就叫做大同世界。

"今大道既隐①，天下为家②，各亲其亲，各子其子。货则为己，力则为人。大人世及以为常③，城郭沟池以为固。禹汤文武，成王周公，由此而选④，未有不谨于礼⑤。礼之所兴，与天地并。如有不由礼而在位者，则以为殃⑥。"

【注释】

①既隐：已经隐没衰微。

②天下为家：天下成为一家一姓的天下。

③大人：指天子诸侯。世及：世代相传。

④由此而选：选，选拔。旧注："言用礼义为之选也。"

⑤谨于礼：谨慎地遵守礼法。

⑥殃：灾祸。

【译文】

"如今大道已经衰微，天下为一个家族所私有，人们只敬爱自己的双亲，只疼爱自己的子女。财物想据为己有，出力也是为了自己。天子诸侯把财物和权位世代相传以成常事，建筑城郭沟池作为防御工事。夏禹、商汤、文王、武王、成王、周公就是这个时代产生的，他们之中没有一人不依礼行事的。礼制的兴起，与天地并存。如有不遵循礼制而当权在位的，民众把他视为祸殃。"

言偃复问曰："如此乎，礼之急也①？"

孔子曰："夫礼，先王所以承天之道，以治人之情。列其鬼神②，达于丧、祭、乡射、冠、婚、朝聘。故圣人以礼示之，则天下国家可得以礼正矣。”

言偃曰：“今之在位，莫知由礼，何也？”

孔子曰：“呜呼哀哉！我观周道，幽厉伤也③。吾舍鲁何适？夫鲁之郊及禘皆非礼④，周公其已衰矣⑤。杞之郊也禹⑥，宋之郊也契⑦，是天子之事守也⑧。天子以杞、宋二王之后。周公摄政致太平，而与天子同是礼也。诸侯祭社稷宗庙，上下皆奉其典，而祝嘏莫敢易其常法⑨，是谓大嘉。”

【注释】

①急：急需，紧要。

②列其鬼神：参验于鬼神。

③幽厉伤也：幽厉，指周幽王、周厉王，二人均是昏庸残暴之君。伤，败坏，损坏。旧注："幽厉二王者，皆伤周道也。"

④郊：在郊外祭天。禘：天子诸侯的宗庙五年祭祀一次称禘。非礼：不合乎周礼。

⑤周公其已衰矣：指周公定的礼已经衰微。因周公封于鲁，故云。旧注："子孙不能行其礼义。"

⑥杞之郊也禹：杞国的郊祭是祭祀禹。

⑦契：传说中宋的始祖，帝喾之子，母为简狄。

⑧守：保留。

⑨祝嘏（gǔ）：祭祀时致祝祷之辞和传达神言的执事人。易：更改。常法：原有的方法规则。

【译文】

言偃又问："这样的话，礼就是很紧迫的了？"

孔子说："礼是先代圣王用以顺承自然之道来治理人情的。它参验于鬼神，贯彻在祭、丧、乡射、冠、婚、朝聘等礼仪上。因此圣人就用礼来昭示天道人情，这样国家才能治理好。"

言偃又问："现在在位当权的人没有知道遵循礼制的，为什么呢？"

孔子说："唉，可悲呀！我考察周代的制度，自从幽王、厉王起就败坏了。我舍弃鲁国又能到哪里去考察呢？可是鲁国的郊、禘之祭已不合乎周礼，周公定的礼看来已经衰微了。杞人郊祭是祭禹，宋人郊祭是祭契，这是天子的职守。也因为他们是夏、商的后裔。周公代理执政而使天下太平，所以用与天子同样的礼仪。至于诸侯祭祀社稷和祖先，上下的人都奉守同样的典章制度，祝嘏不敢更改原有的礼制，这叫做大嘉。"

卷八

冠颂第三十三

　　冠礼是成人之礼的起始，因此古代非常重视冠礼。孔子回答邾隐公问冠礼之事时，就讲了冠礼的重要性和主要仪节。被加冠者站在阼阶即大堂东阶的主位上，表明他将以继承人的身份代替父亲为一家之主。经过加缁布冠、皮弁、爵弁三次加冠，是鼓励他有所成就。加冠后给他起了字，人们就用字来称呼他，表示尊重他的名。加冠礼必须在祖庙里举行，向祖宗献酒并奏乐，表示自谦自卑而尊敬祖宗。从此以后他就可以以成人的身份参加各种社会活动了。此篇文字又见于《礼记·冠义》。

邾隐公既即位①，将冠②，使大夫因孟懿子问礼于孔子③。

子曰："其礼如世子之冠④。冠于阼者⑤，以著代也⑥。醮于客位⑦，加其有成⑧。三加弥尊⑨，导喻其志。冠而字之，敬其名也。虽天子之元子⑩，犹士也，其礼无变。天下无生而贵者，故也行冠事必于祖庙，以裸享之礼以将之⑪，以金石之乐节之，所以自卑而尊先祖，示不敢擅⑫。"

【注释】

①邾隐公：春秋时邾国国君，生平不详。

②冠：古代的一种礼仪，男子二十岁举行冠礼，表示已经成人。

③因：依靠，通过。孟懿子：姓仲，名何忌。孔子弟子。鲁国贵族。

④世子：太子，帝王的嫡长子。

⑤阼（zuò）：大堂前东面的台阶。古代接待宾客，主人走东面的台阶，客人走西面的台阶。旧注："阼，主人之阶。"

⑥以著代：表明代表父亲。旧注："以明其代父。"

⑦醮：举行冠礼时的一个仪节，即尊者对卑者酌酒，卑者接受敬酒后饮尽，不需回敬。

⑧加其有成：加礼于有成之人。

⑨三加：三次加冠。始加缁布冠，次加皮弁，再次加爵弁。弥：更加。

⑩元子：长子。

⑪祼（guàn）享：以郁金香合黍酿造的香酒灌地以敬
　　献给神。祼，灌。享献。将：行。

⑫擅：擅越。

【译文】

　　郑隐公即位后，将要举行冠礼，派大夫通过孟懿子向
孔子询问举行冠礼的有关礼仪。

　　孔子说："这个礼仪应该和世子的冠礼相同。世子加冠
时要站在大堂前东面的台阶上，以表示他要代父成为家长。
然后站在客位向位卑者敬酒。每戴一次冠敬一次酒，表示
加礼于有成的人。三次加冠，一次比一次尊贵，教导他要
有志向。加冠以后，人们用字来称呼他，这是尊重他的名。
即使是天子的长子，与一般平民百姓也没有什么两样，他
们的冠礼仪式是相同的。天下没有生下来就高贵的，故而
冠礼一定要在祖庙里举行，用祼享的礼节来进行，用钟磬
之乐加以节制，这样可以使加冠者感到自己的卑微而更加
尊敬自己的祖先，以表示自己不敢擅越祖先的礼制。"

庙制第三十四

　　宗庙制度是天下有了帝王，分封诸侯，立卿大夫设置都邑后，建立的宗庙祭祀制度。天子立七庙，诸侯立五庙，大夫立三庙，士立一庙，庶人无庙。以此区分亲疏贵贱。这是维系封建统治的一项重要制度。本篇内容又见于《礼记·祭法》和《礼记·王制》。

卫将军文子将立先君之庙于其家①，使子羔访于孔子②。

子曰："公庙设于私家，非古礼之所及，吾弗知。"

子羔曰："敢问尊卑上下立庙之制，可得而闻乎？"

孔子曰："天下有王，分地建国，设祖宗③，乃为亲疏贵贱多少之数。是故天子立七庙，三昭三穆，与太祖之庙而七。太祖近庙④，皆月祭之。远庙为祧⑤，有二祧焉⑥，享尝乃止⑦。诸侯立五庙，二昭二穆，与太祖之庙而五，曰祖考庙⑧，享尝乃止。大夫立三庙，一昭一穆，与太祖之庙而三⑨，曰皇考庙⑩，享尝乃止。士立一庙，曰考庙⑪，王考无庙⑫，合而享尝乃止⑬。庶人无庙，四时祭于寝。此自有虞以至于周之所不变也⑭。凡四代帝王之所谓郊者，皆以配天。其所谓禘者，皆五年大祭之所及也。应为太祖者，则其庙不毁，不及太祖，虽在禘郊，其庙则毁矣。古者祖有功而宗有德，谓之祖宗者，其庙皆不毁。"

【注释】

①文子：卫国将军，名弥牟。先君：先代的君王。家：大夫统治的地方叫家。

②子羔：姓高，名柴，字子羔。孔子弟子。

③祖宗：旧注："祖宗者，不毁之名。其庙有功者谓

之祖，至于周文王是也。有德者谓之宗，周武王
是也。"

④近庙：太祖的庙。旧注："近为高祖，下亲为近。"

⑤祧（tiāo）：远祖的庙。旧注："祧，远意，亲尽为
祧。"

⑥二祧：旧注："二祧者，高祖及父母祖是也。"

⑦享尝乃止：按四时节令祭祀就可以了。享，用食物
供奉祖先。尝，祭祀。

⑧祖考庙：始祖庙。

⑨太祖之庙：即祖庙。

⑩皇考：对曾祖父的尊称。

⑪考庙：即父庙。

⑫王考：对祖父的尊称。

⑬合：旧注："祖合于父庙中。"

⑭有虞：古部落名，首领为舜。

【译文】

卫国将军文子将要在他的封地上建立先代君王的庙宇，派子羔向孔子询问有关礼仪。

孔子说："将公家的庙宇建立在私人的封地上，这是古代礼仪所没有的，我不知道。"

子羔说："请问建立宗庙的尊卑上下的有关礼制，我能够听一听吗？"

孔子说："自从天下有了君王，分封土地，建立国家，设立祖宗的宗庙，就有了亲与疏、贵与贱、多与少的区别。天子建七庙，左边是三座昭庙，右边是三座穆庙，连同太

祖庙一共是七庙。太祖庙为近亲的庙，每月都要祭祀。远祖的庙叫'祧'，有二祧，每季祭祀一次。诸侯建五庙，两座昭庙，两座穆庙，连同太祖的庙一共是五庙，叫做祖考庙，每季祭祀一次。大夫建三庙，一座昭庙，一座穆庙，连同太祖的庙一共是三庙，叫做皇考庙，每季祭祀一次。士建立一庙，叫做考庙，没有祖庙，父祖合祭，每季祭祀一次。平民百姓则不立庙，四季就在家中寝室祭祀。这种制度从有虞到周代都没有改变。凡是四代帝王称作郊祭的，都和祭天一起祭祀。称作禘的，是五年一次的盛大祭祀，都配天祭祀。地位为太祖的，他的庙不毁，不到太祖辈分的，即使受到禘、郊的祭祀，他的庙也可以毁。古代把祖有功而宗有德的叫做祖宗，他们的庙都不能毁。"

辩乐解第三十五

　　孔子非常重视音乐在社会生活中的作用，他自己也很重视音乐的学习，"孔子学琴于师襄子"的事，生动记载了他不倦学习和勤于思考的情况。此篇文字又见于《韩诗外传五》和《史记·孔子世家》。"子路鼓琴"章，孔子把音乐的风格与世道的兴衰和个人气质修养联系来看，很有道理。此篇又见于《礼记·乐记》和《史记·乐书》。

孔子学琴于师襄子①。襄子曰："吾虽以击磬为官，然能于琴。今子于琴已习，可以益矣。"孔子曰："丘未得其数也②。"有间③，曰："已习其数，可以益矣。"孔子曰："丘未得其志也。"有间，曰："已习其志，可以益矣。"孔子曰："丘未得其为人也。"

　　有间，曰："孔子有所缪然思焉④，有所睪然高望而远眺⑤。"曰："丘迨得其为人矣⑥，黮而黑⑦，颀然长⑧，旷如望羊⑨，掩有四方⑩。非文王其孰能为此？"

　　师襄子避席叶拱而对曰⑪："君子圣人也，其传曰《文王操》⑫。"

【注释】

①师襄子：春秋时卫国乐官。

②数：节奏度数。

③有间：过了一段时间。

④缪然：即穆然，深思的样子。

⑤睪（gāo）然：高远的样子。睪，通"皋"，高。

⑥迨：近。

⑦黮（dǎn）：黑貌。

⑧颀（qí）：长貌。

⑨旷：志向高远。旧注："旷，用志广远。"望羊：仰视的样子。

⑩掩：覆盖，囊括，拥有。

⑪叶拱：两手抚于胸前为礼。旧注："叶拱，两手薄其

　　心也。"

⑫《文王操》：古琴曲名，相传周文王所作。

【译文】

　　孔子向师襄子学习弹琴。师襄子说："我虽然因磬击得好而被委以官职，但我最擅长的是弹琴。现在你的琴已经弹得不错了，可以学新的东西了。"孔子说："我还没有掌握好节奏。"过了一段时间，师襄子说："你已经掌握好节奏了，可以学新的东西了。"孔子说："我还没有领悟好琴曲的内涵。"又过了一段时间，师襄子说："你已经领悟到琴曲的内涵了，可以学新的东西了。"孔子说："我还没有理解到琴曲歌颂的是什么人。"

　　又过了一段时间，师襄子说："孔子穆然深思，有志向高远登高远望的神态。"孔子说："我大约知道琴曲歌颂的是什么人了。他皮肤很黑，身体魁梧，胸襟广阔，高瞻远瞩，拥有天下四方。这个人不是文王又有谁能达到这样的境界呢？"

　　师襄子离开坐席两手抚胸为礼，对孔子说："您真是圣人啊，这首传世琴曲就是《文王操》。"

　　子路鼓琴，孔子闻之，谓冉有曰："甚矣，由之不才也。夫先王之制音也，奏中声以为节，流入于南，不归于北。夫南者，生育之乡①；北者，杀伐之城②。故君子之音，温柔居中，以养生育之气。忧愁之感不加于心也，暴厉之动不在于体也。夫然者，乃所谓治安之风也③。小人之音则不然，亢丽微末④，以象杀伐之气。中和之感不载于心，温和之动不存于体。夫然者，乃所以为乱之风。昔者舜弹五弦之琴，造《南风》之诗⑤，其诗曰：'南风之薰兮⑥，可以解吾民之愠兮⑦；南风之时兮，可以阜吾民之财兮⑧。'唯修此化，故其兴也勃焉。德如泉流，至于今王公大人述而弗忘。殷纣好为北鄙之声⑨，其废也忽焉。至于今王公大人举以为诫。夫舜起布衣，积德含和，而终以帝。纣为天子，荒淫暴乱，而终以亡。非各所修之致乎？由今也匹夫之徒，曾无意于先王之制，而习亡国之声，岂能保其六七尺之体哉？"

冉有以告子路，子路惧而自悔，静思不食，以至骨立。

夫子曰："过而能改，其进矣乎！"

【注释】

①生育：生育万物。

②杀伐：征战。

③治安之风：太平盛世之风。治安，社会治理得平安稳定。

④亢丽：激烈。微末：细微。

⑤造：创作。

⑥薰（xūn）：温和。

⑦愠（yùn）：怒。

⑧阜（fù）：盛，大。

⑨北鄙：北部边远之地。

【译文】

子路弹琴，孔子听了，对冉有说："太差了，子路太不成才了。古代贤明的君王制作了音乐，奏中和之音加以节制，在南方流传，不流向北方。因为南方是生育万物的地方，北方是征战厮杀的区域。所以那些道德高尚的君子们的音乐温柔适中，用来涵养生育万物之气。让忧愁的心情从心内驱除，把暴戾躁动之情从体内赶走。这样的音乐，就是所说的太平盛世之风。小人的音乐则不同，激烈琐屑，象征杀伐征战之气。中正平和之感不存在于心中，温蕴平和的举动不存在于身体。这样的音乐，就是乱世之风。从前，舜弹奏五弦琴，制作了《南风》之诗，其诗是这样的："多么温和的南风啊，可以解除我们百姓心中的忧愁；多么及时的南风啊，可以增加我们百姓的财富。'只因为用这样的教化措施，所以他的兴起非常快。舜的德政犹如清泉流淌，一直流传到今天，王公大人们代代传授不敢忘记。殷纣王喜好杀伐征战之音，所以他的灭亡就非常迅速。一直到今天，王公大人们常以此为戒来教训后人。舜从一个平民起身，不断积累道德涵养平和之性，终于成为帝王。殷纣王本为天子，但荒淫残暴，终于国灭身亡。这难道不是由各自的修养所导致的吗？子路现今只是一个平民，无视先王的礼制，而沉湎于亡国之声，怎能保全七尺之躯呢？"

冉有把孔子的话告诉了子路，子路听后心里既害怕又后悔，静坐思考，不吃不喝，以致瘦得形销骨立。

孔子说："有过错能够改正，子路又进步了。"

问玉第三十六

古人很看重玉，有些礼器和用品用玉来制作。孔子把玉的品质和君子的德行相比，并引《诗经》"言念君子，温其如玉"的诗句说明，对人很有启迪。此篇又见于《礼记·聘义》和《荀子·法行》。"孔子曰入其国"章，讲进入一个国家，看国人的举止、修养、学识，就可以知道他们受教育的情况。孔子讲在学习《诗》、《书》、《礼》、《乐》、《易》、《春秋》这些经典时，要正确的理解，要避免书中的偏颇。此篇又见于《礼记·经解》和《礼记·孔子闲居》。

　　子贡问于孔子曰："敢问君子贵玉而贱珉^①，何也？为玉之寡而珉之多欤^②？"

　　孔子曰："非为玉之寡故贵之，珉之多故贱之。夫昔者君子比德于玉。温润而泽，仁也；缜密以栗^③，智也；廉而不刿^④，义也；垂之如坠，礼也；叩之，其声清越而长^⑤，其终则诎然^⑥，乐矣；瑕不掩瑜，瑜不掩瑕，忠也；孚尹旁达^⑦，信也；气如白虹，天也；精神见于山川，地也；珪璋特达^⑧，德也；天下莫不贵者，道也。《诗》云^⑨：'言念君子^⑩，温其如玉。'故君子贵之也。"

【注释】

①珉（mín）：似玉的石头。

②寡：少。

③缜密：紧密貌。栗：坚硬。

④廉：棱角。刿：割。

⑤清越：乐声清澈激扬。

⑥诎（qū）然：断绝貌。

⑦孚尹：指玉的晶莹光彩。旁达：发散到四方。

⑧珪璋：皆为朝会时所执的玉器。特达：直接送达。古代聘享之礼，有珪、璋、璧、琮。璧、琮加上束帛才可送达；珪、璋不用束帛，故称特达。束帛，五匹帛。

⑨《诗》：这里指《诗经·秦风·小戎》。

⑩言念：想念。言为助词。

【译文】

子贡问孔子："请问君子以玉为贵而以珉为贱，这是为什么呢？是因为玉少而珉多吗？"

孔子说："并不是因为玉少就认为它贵重，也不是因为珉多而轻贱它。从前君子将玉的品质与人的美德相比。玉温润而有光泽，像仁；细密而又坚实，像智；有棱角而不伤人，像义；悬垂就下坠，像礼；敲击它，声音清脆而悠长，最后戛然而止，像乐；玉上的瑕疵掩盖不住它的美好，玉的美好也掩盖不了它的瑕疵，像忠；玉色晶莹发亮，光彩四溢，像信；玉的光气如白色长虹，像天；玉的精气显现于山川之间，像地；朝聘时用玉制的珪璋单独通达情意，像德；天下人没有不珍视玉的，像尊重道。《诗经》说：'每想起那位君子，他温和得如同美玉。'所以君子以玉为贵。"

孔子曰："入其国，其教可知也。其为人也，温柔敦厚，《诗》教也；疏通知远，《书》教也；广博易良，《乐》教也；洁静精微，《易》教也；恭俭庄敬，《礼》教也；属辞比事，《春秋》教也。故《诗》之失愚①，《书》之失诬②，《乐》之失奢，《易》之失贼③，《礼》之失烦，《春秋》之失乱④。其为人温柔敦厚而不愚，则深于《诗》者矣；疏通知远而不诬，则深于《书》者矣；广博易良而不奢，则深于《乐》者矣；洁静精微而不贼，则深于《易》者矣；恭俭庄敬而不烦，则深于《礼》者矣；属辞比事而不乱，则深于《春秋》者矣。"

【注释】

①失愚：意指过于提倡敦厚了。失，不足，弊病。愚，愚昧不明，憨直。旧注："敦厚之失。"

②诬：言过其实。意指过于提倡对后代的指导作用了。旧注："知远之失。"

③贼：意指过分的精微细密。旧注："精微之失。"

④乱：乱加褒贬。意指褒贬失当。旧注："属辞比事之失。"

【译文】

孔子说："进入一个国家，就可以知道它的教化程度了。那里人民的为人，如果辞气温柔，性情敦厚，那是《诗》教化的结果；如果通达政事，远知古事，那是《书》教化的结果；如果心胸宽广，和易善良，那是《乐》教化的结果；如果安详沉静，推测精微，那是《易》教化的结果；如果谦恭节俭，庄重诚敬，那是《礼》教化的结果；如果善于连属文辞，排比史事，那是《春秋》教化的结果。《诗》教的不足在于愚暗不明，《书》教的不足在于夸张不实，《乐》教的不足在于奢侈铺张，《易》教的不足在于过于精微细密，《礼》教的不足在于烦苛琐细，《春秋》教的不足在于乱加褒贬。如果为人能做到温柔敦厚又不愚暗不明，那就是深于《诗》教的人了；如果能做到通达知远又不言过其实，那就是深于《书》教的人了；如果能做到宽广博大平易善良又不奢侈铺张，那就是深于《乐》教的人了；如果能做到洁静精微又不过于精微细密，那就是深于《易》教的人了；如果能做到恭俭庄敬又不烦琐苛细，那就是深于《礼》教的人了；如果能做到善于属辞比事又不乱加褒贬，那就是深于《春秋》教的人了。"

屈节解第三十七

　　孔子认为，君子为了达到自己的目标，只要符合于义，"可以屈则屈，可以伸则伸"。屈节，是因为有所期待；求伸，是要及时抓住时机。但大前提是"受屈而不毁其节，志达而不犯于义"。可见孔子处理事物既讲原则又注重灵活。

子路问于孔子曰："由闻丈夫居世^①，富贵不能有益于物，处贫贱之地，而不能屈节以求伸，则不足以论乎人之域矣^②。"

孔子曰："君子之行己，期于必达于己。可以屈则屈，可以伸则伸。故屈节者，所以有待^③；求伸者，所以及时^④。是以虽受屈而不毁其节，志达而不犯于义。"

【注释】

①丈夫：大丈夫。指有作为的人。

②域：境界。

③待：等待有人了解和任用。

④时：良时，好时机。

【译文】

子路问孔子说："我听说大丈夫生活在世间，富贵而不能有利于世间的事物，处于贫贱之地，不能暂时忍受委屈以求得将来的伸展，则不足以达到人们所说的大丈夫的境界。"

孔子说："君子所做的事，期望必须达到自己的目标。需要委屈的时候就委屈，需要伸展的时候就伸展。委屈自己是因为有所期待；求得伸展需要抓住时机。所以虽然受了委屈也不能失掉气节，志向实现了也不能有害于义。"

卷九

七十二弟子解第三十八

据《史记·仲尼弟子列传》记载："孔子曰：'受业身通者七十有七人（文翁《孔庙图》作七十二人）。'"都是有杰出能力的人。其中以德行见长的有颜渊、闵子骞、冉伯牛、仲弓；以政事见长的有冉有、季路；以言语见长的有宰我、子贡；以文学见长的有子游、子夏；等等。此篇就是对七十七人的介绍。这里只选了三十三人。

颜回，鲁人，字子渊，少孔子三十岁。年二十九而发白，三十一早死。孔子曰："自吾有回，门人日益亲。"回以德行著名，孔子称其仁焉。

【译文】

颜回，鲁国人，字子渊，比孔子小三十岁。二十九岁时头发就白了，三十一岁早早就死了。孔子说："自从我有了颜回这个学生，我的弟子们关系日益亲密。"颜回以品德操守高尚闻名，孔子称赞他仁爱。

闵损，鲁人，字子骞，少孔子五十岁。以德行著名，孔子称其孝焉。

冉耕，鲁人，字伯牛，以德著名。有恶疾。孔子曰："命也夫。"

冉雍，字仲弓，伯牛之宗族，生于不肖之父，以德行著名。

【译文】

闵损，鲁国人，字子骞，比孔子小五十岁。因德行高尚著名，孔子称赞他有孝行。

冉耕，鲁国人，字伯牛，以德行高尚著名。患有痛苦难治的疾病。孔子说："这就是他的命啊。"

冉雍，字仲弓，和伯牛同一家族，是一个很不成材的父亲生的，他自己以德行高尚著名。

宰予，字子我，鲁人，有口才，以语言著名。仕齐为临淄大夫①，与田常为乱②，夷其三族。孔子耻之，曰："不在利病③，其在宰予。"

【注释】

①临淄：春秋时为齐国都城。在今山东淄博。

②与田常为乱：据《史记》司马贞索隐，《左传》无宰予与田常为乱的记载，而有一叫阚止的人字子我，被田常所杀。此作宰予事，恐有误。田常，即陈恒，春秋时齐国人。曾事齐简公，后弑简公而立平公。

③利病：利弊，利害。

【译文】

宰予，字子我，鲁国人，有口才，以能言善辩著名。他在齐国做官，为临淄大夫，因与田常一起犯上作乱，被夷灭了三族。孔子以此为耻，说："这样的结果，不在于有什么利弊，而在于宰予参与了这件事。"

端木赐，字子贡，卫人。少孔子三十一岁。有口才，著名。孔子每诎其辩①。家富累钱千金，常结驷连骑，以造原宪。宪居蒿庐蓬户之中，与之言先王之义。原宪衣弊衣冠，并日蔬食②，衎然有自得之志③。子贡曰："甚矣，子如何之病也。"原宪曰："吾闻无财者谓之贫，学道不能行者谓之病。吾贫也，非病也。"子贡惭，终身耻其言之过。子贡行贩，与时转货④。历相鲁卫而终齐。

【注释】

①诎：贬退。

②并日蔬食：一天只吃一顿粗陋的食物。

③衎（kàn）然：快乐的样子。

④与时转货：买贱卖贵，随时转货。

【译文】

端木赐，字子贡，卫国人。比孔子小三十一岁。有口才，很著名。孔子经常贬抑他的能言善辩。他的家庭非常富有，曾驾着四匹马拉的车带着很多随从，去看望原宪。原宪居住在茅草屋中，与子贡谈论古代先王治国的道理。原宪穿着破旧的衣服，一天只能吃上一顿粗茶淡饭，但仍然很快乐，有自己的志向。子贡说："太过分了，你怎么会病成这样？"原宪说："我听说没有钱财叫做贫，学道而不能身体力行叫做病。我是贫，不是病。"子贡听了原宪的话感到很惭愧，终身都为说过这样错误的话而羞愧。子贡贩卖货物，能及时转手获利。曾担任鲁国、卫国的宰相，后来死在齐国。

冉求，字子有，仲弓之宗族①。少孔子二十九岁。有才艺，以政事著名。仕为季氏宰②，进则理其官职，退则受教圣师。为性多谦退。故子曰："求也退，故进之。"

【注释】

①仲弓：即冉雍，字仲弓。孔子弟子。

②为季氏宰：为季孙氏的家臣之长。

【译文】

冉求，字子有，和冉雍是同族。比孔子小二十九岁。有才艺，以会处理政事著名。曾为季孙氏的家臣之长，做官时就处理政务，不做官时就在孔子门下学习。为人性情多谦逊退让。所以孔子说："冉求做事退缩，所以我要鼓励他。"

仲由，卞人，字子路，一字季路。少孔子九岁。有勇力才艺，以政事著名。为人果烈而刚直，性鄙而不达于变通。仕卫为大夫①，蒯聩与其子辄争国②，子路遂死辄难③。孔子痛之，曰："自吾有由，而恶言不入于耳。"

【注释】

①仕卫为大夫：子路为卫国大夫孔悝的邑宰。

②蒯聩（kuǎikuì）与其子辄争国：蒯聩是春秋时卫灵公的太子，欲杀灵公夫人南子，灵公怒，他逃到晋国。辄即卫出公，蒯聩之子，灵公之孙。灵公死后，立辄为君。蒯聩从晋国回来与辄争夺君位，劫持权臣孔悝赶走了出公辄。

③子路遂死辄乱：子路是孔悝家臣，孔悝被劫持，他为救孔悝而被杀。

【译文】

仲由，卞地人，字子路，一字季路。比孔子小九岁。有勇力才艺，以政事著名。为人果烈而刚直，性格粗放而不善于变通。在卫国担任大夫的官职，正赶上蒯聩与他的儿子辄争夺国君之位，子路死于这场变乱。孔子非常悲痛，说："自从我有了子路，那些恶意中伤的话再也传不到我耳朵里了。"

言偃，鲁人，字子游。少孔子三十五岁。时习于礼，以文学著名。仕为武城宰。尝从孔子适卫，与将军之子兰相善，使之受学于夫子。

【译文】

言偃，鲁国人，字子游。比孔子小三十五岁。经常学习礼仪，以文学著名。任武城宰。曾跟随孔子到卫国，与将军的儿子兰关系很好，让他跟着孔子学习。

卜商，卫人，字子夏。少孔子四十四岁。习于《诗》①，能通其义，以文学著名。为人性不弘，好论精微，时人无以尚之②。尝返卫，见读史志者云："晋师伐秦，三豕渡河。"子夏曰："非也，己亥耳。"读史志曰："问诸晋史，果曰己亥。"于是卫以子夏为圣。孔子卒后，教于西河之上③，魏文侯师事之，而谘国政焉④。

【注释】

①习于《诗》：据传子夏精通《诗经》,《毛诗·序》就是他写的。

②尚：超过。

③西河：地名。即今陕西东部黄河西岸地区。子夏曾居于此,并在此讲学。

④谘：商量,征询。

【译文】

卜商,卫国人,字子夏。比孔子小四十四岁。他学习《诗经》,能理解其意,以文学著称。为人胸襟不够弘大,好论证精微的事情,当时没有人能超过他。他曾经返回卫国,见一个读史书的人说："晋师伐秦,三豕渡河。"子夏说："不对,不是三豕,是己亥。"读史书的人说："请教晋国的史官,果然是己亥。"于是卫国的人都把子夏当作圣人。孔子去世以后,子夏在魏国西河讲学,魏文侯把他当做老师,向他咨询治理国家的方法。

颛孙师,陈人,字子张。少孔子四十八岁。为人有容貌,资质宽冲①,博接从容②。自务居,不务立于仁义之行。孔子门人友之而弗敬。

【注释】

①宽冲：宽厚谦和。

②博接：结交广泛。

【译文】

颛孙师，陈国人，字子张。比孔子小四十八岁。他容貌很好，性情宽厚谦和，结交广泛，态度从容。只注重自己生活的事，不注重建立仁义的事。所以孔子的弟子们对他很友好但不敬佩。

曾参，南武城人，字子舆。少孔子四十六岁。志存孝道，故孔子因之以作《孝经》。齐尝聘，欲与为卿，而不就。曰："吾父母老，食人之禄则忧人之事，故吾不忍远亲而为人役。"参后母遇之无恩，而供养不衰。及其妻以藜烝不熟①，因出之。人曰："非七出也。"参曰："藜烝小物耳，吾欲使熟，而不用吾命，况大事乎？"遂出之，终身不取妻。其子元请焉，告其子曰："高宗以后妻杀孝己②，尹吉甫以后妻放伯奇③。吾上不及高宗，中不比吉甫，庸知其得免于非乎？"

【注释】

①藜：藜羹，用嫩藜做的羹。烝：同"蒸"。
②高宗：即殷高宗武丁。孝己：殷高宗子，因遭后母谗言，被高宗放逐，忧苦而死。
③尹吉甫：周宣王时贤臣。伯奇：尹吉甫之子。因遭后母谗言，被其父放逐于野。

【译文】

曾参，鲁国南武城人，字子舆。比孔子小四十六岁。

以孝道为志向，所以孔子因他而作《孝经》。齐国曾聘请他，想让他为卿，他不去，说："我父母已年老，拿人家的俸禄就要替人家操心，所以我不忍心远离亲人而受别人差遣。"他的后母对他很不好，但他仍供养她孝敬她。他的妻子因藜羹没有蒸熟，曾参为此要休弃她。有人说："你妻子没有犯七出的条款啊！"曾参说："蒸藜羹是小事，我让她蒸熟她却不听我的话，何况是大事呢？"于是就休了妻子，终身不再娶妻。他的儿子曾元劝他再娶，他对儿子说："殷高宗武丁因为后妻杀死了儿子孝己，尹吉甫因为后妻而放逐了儿子伯奇。我上不及高宗贤能，中不比尹吉甫能干，怎知能避免不做错事呢？"

澹台灭明，武城人，字子羽。少孔子四十九岁。有君子之姿。孔子尝以容貌望其才①，其才不充孔子之望。然其为人，公正无私，以取与去就，以诺为名。仕鲁为大夫。

【注释】

①望：期望。

【译文】

澹台灭明，武城人，字子羽。比孔子小四十九岁。他有君子的姿容。孔子曾因他的容貌而期望他的才能和容貌相称，可是他的才能没能达到孔子的期望。然而他的为人公正无私，以获取与给予来选择去就，以重信用知名。在鲁国做官，官为大夫。

高柴，齐人，高氏之别族，字子羔。少孔子四十岁。长不过六尺，状貌甚恶。为人笃孝而有法正①。少居鲁，见知名于孔子之门。仕为武城宰②。

【注释】
①法正：礼法规矩。
②武城：地名。故址在今山东费县西南。

【译文】

高柴，齐国人，属高氏家族的分支，字子羔。比孔子小四十岁。他身高不到六尺，相貌很丑。为人特别注重孝道而又遵守礼仪法度。小的时候居住在鲁国，在孔子的弟子中有一定名声。官为武城宰。

宓不齐，鲁人，字子贱。少孔子四十九岁。仕为单父宰，有才智，仁爱，百姓不忍欺。孔子大之①。

【注释】
①大：看重。一本作"美"。

【译文】

宓不齐，鲁国人，字子贱。比孔子小四十九岁。担任单父宰，有才智，又仁爱，百姓不忍欺骗他。孔子很看重他。

樊须①，鲁人，字子迟。少孔子四十六岁。弱仕于季氏②。

【注释】

①樊须：即樊迟。

②弱：年少。

【译文】

樊须，鲁国人，字子迟。比孔子小四十六岁。年少时曾在季氏门下为官。

有若，鲁人，字子有。少孔子三十六岁。为人强识①，好古道也②。

【注释】

①强识：记忆力强。

②古道：古代的学术、政治、道理、方法等的通称。

【译文】

有若，鲁国人，字子有。比孔子小三十六岁。为人记忆力强，喜好古代的学术、道理。

公西赤，鲁人，字子华。少孔子四十二岁。束带立朝，闲宾主之仪①。

【注释】

①闲：通"娴"，娴熟。

【译文】

公西赤，鲁国人，字子华。比孔子小四十二岁。衣冠整洁，衣带束紧，恭敬地立于朝堂，熟悉宾主的礼仪。

原宪，宋人，字子思。少孔子三十六岁。清净守节，贫而乐道①。孔子为鲁司寇，原宪尝为孔子宰②。孔子卒后，原宪退隐，居于卫。

【注释】

①乐道：喜爱孔子的学说。

②宰：管家。

【译文】

原宪，宋国人，字子思。比孔子小三十六岁。心地洁净，坚守气节，贫而乐道。孔子担任鲁国的司寇时，原宪曾任孔子的管家。孔子去世后，原宪退隐，居住在卫国。

公冶长，鲁人，字子长。为人能忍耻。孔子以女妻之。

【译文】

公冶长，鲁国人，字子长。为人能忍辱。孔子把女儿嫁给了他。

南宫韬，鲁人，字子容。以智自将①，世清不废，世浊不洿②。孔子以兄子妻之。

【注释】

①自将：自己保全。

②不洿（wū）：不污秽。

【译文】

南宫韬，鲁国人，字子容。能以自己的聪明才智保全自己，世道清平会有所作为，世道污浊也不会同流合污。孔子把自己哥哥的女儿嫁给了他。

公析哀，齐人，字季沉。鄙天下多仕于大夫家者①，是故未尝屈节人臣②。孔子特叹贵之。

【注释】

①鄙：鄙视。

②屈节：折节。

【译文】

公析哀，齐国人，字季沉。鄙视天下很多人到大夫家去做家臣，因此他从没有屈节去做别人的家臣。孔子特别赞赏他。

曾点①，曾参父，字子皙。疾时礼教不行②，欲修之，孔子善焉，《论语》所谓"浴乎沂，风乎舞雩"之下③。

【注释】

①曾点：即曾皙。

②疾：痛心，痛恨。

③"浴乎沂（yí）"二句：此为《论语·先进》文。这是曾点回答孔子的话。意为到沂水沐浴，到舞雩

（yú）的树下去乘凉。舞雩，古代求雨祭天，设坛命
女巫为舞，故名舞雩。

【译文】

曾点，曾参的父亲，字子皙。他痛心于当时不施行礼
教，想改变这种情况，孔子很赞同他的想法，就像赞同他
在《论语》中所说的"在沂水沐浴，在舞雩乘凉"一样。

颜由，颜回父，字季路。孔子始教学于阙里而
受学①。少孔子六岁。

【注释】

①阙里：地名。孔子居住的地方。

【译文】

颜由，颜回的父亲，字季路。孔子刚在乡间教学时，
他就跟从孔子学习。小孔子六岁。

商瞿，鲁人，字子木。少孔子二十九岁。特好
《易》，孔子传之，志焉。

【译文】

商瞿，鲁国人，字子木。比孔子小二十九岁。特别喜
好《周易》，孔子传授给他，他把研习《周易》作为自己的
志向。

漆雕开，蔡人，字子若。少孔子十一岁。习

《尚书》，不乐仕。孔子曰："子之齿可以仕矣，时将过。"子若报其书曰："吾斯之未能信。"孔子悦焉。

【译文】

漆雕开，蔡国人，字子若。比孔子小十一岁。他研习《尚书》，不愿做官。孔子说："按你的年龄可以做官了，不然就错过时机了。"子若给孔子回信说："我对您的话还不太明白。"孔子很高兴。

公良儒，陈人，字子正，贤而有勇。孔子周行①，常以家车五乘从。

【注释】

①周行：指周游列国。

【译文】

公良儒，陈国人，字子正，贤明而有勇气。孔子周游列国，他常以自己的五辆车跟随。

秦商，鲁人，字丕兹。少孔子四岁。其父堇父，与孔子父叔梁纥，俱以力闻。

【译文】

秦商，鲁国人，字丕兹。比孔子小四岁。他的父亲堇父，和孔子的父亲叔梁纥一样，都以力气大闻名。

颜刻，鲁人，字子骄。少孔子五十岁。孔子适卫，子骄为仆。卫灵公与夫人南子同车出，而令宦者雍渠参乘^①，使孔子为次乘^②。游过市，孔子耻之。颜刻曰："夫子何耻之？"孔子曰："《诗》云^③：'觏尔新婚^④，以慰我心。'"乃叹曰："吾未见好德如好色者也。"

【注释】

①参乘：陪乘。

②次乘：后面的车。

③《诗》：这里指《诗经·小雅·车舝》。

④觏（gòu）：遇见。

【译文】

颜刻，鲁国人，字子骄。比孔子小五十岁。孔子到卫国去，子骄为仆从。卫灵公和夫人南子同车出游，让宦官雍梁陪乘，让孔子乘坐后面的车陪着。游览经过闹市，孔子感到很耻辱。颜刻说："先生为何感到耻辱呢？"孔子说："《诗经》说：'遇到你们新婚，你们美满我欢欣。'"又叹息说："我没有见到喜好美好品德如同喜欢美色一样的人啊！"

司马耕，宋人，字子牛。牛为人性躁，好言语。见兄桓魋行恶^①，牛常忧之。

【注释】

①桓魋（tuí）：即向魋，春秋时宋国大夫。孔子从曹国到宋国去，与弟子在大树下习礼，桓魋欲杀孔子，砍倒了大树。

【译文】

司马耕，宋国人，字子牛。他为人性情急躁，爱说话。看到他的哥哥桓魋为恶，经常忧心忡忡。

巫马期，陈人，字子期。少孔子三十岁。孔子将近行，命从者皆持盖，已而果雨。巫马期问曰："旦无云，既日出，而夫子命持雨具。敢问何以知之？"孔子曰："昨暮月宿于毕①。《诗》不云乎②：'月离于毕③，俾滂沱矣④。'以此知之。"

【注释】

①毕：二十八星宿之一。

②《诗》：这里指《诗经·小雅·渐渐之石》。

③离：通"丽"，靠近。

④俾（bǐ）：使。

【译文】

巫马期，陈国人，字子期。比孔子小三十岁。孔子将要到近处走一走，让跟随他的人都带上伞，不久果然下起了雨。巫马期问孔子："早晨没有云，后来太阳又出来了，而先生让我们都带上雨具。请问您怎么知道要下雨呢？"孔子说："昨晚月亮靠近毕宿星座，《诗经》不是说'月亮靠近毕星，滂沱大雨跟着来'吗？因此我知道天要下雨。"

梁鳣，齐人，字叔鱼。少孔子三十九岁。年三十未有子，欲出其妻。商瞿谓曰①："子未也。昔吾年三十八无子，吾母为吾更取室。夫子使吾之齐，母欲请留吾。夫子曰：'无忧也，瞿过四十，当有五丈夫②。'今果然。吾恐子自晚生耳，未必妻之过。"从之，二年而有子。

【注释】

①商瞿：春秋时鲁国人，字子木，孔子弟子。
②丈夫：指男孩。

【译文】

梁鳣，齐国人，字叔鱼。比孔子小三十九岁。到了三十岁还没有儿子，想休了他的妻子。商瞿对他说："你不要这样做。从前我三十八岁还没有儿子，我母亲为我又娶了一房妻子。先生派我到齐国去，母亲请求让我留下来。先生说：'不要担忧，商瞿过了四十岁，会有五个儿子。'现在果然如此。我恐怕你的子女晚生，未必是你妻子的过错。"梁鳣听从了商瞿的话，过了两年就有了儿子。

琴牢，卫人，字子开，一字张。与宗鲁友①，闻宗鲁死，欲往吊焉。孔子弗许，曰："非义也。"

【注释】

① 宗鲁：春秋时卫国人。为卫灵公兄卫公孟的参乘。公孟为人不善，但对宗鲁很亲近。宗鲁为保护公孟而死。

【译文】

琴牢，卫国人，字子开，一字张。和宗鲁是好朋友，听到宗鲁死了，想去吊唁他。孔子不让他去，说："这不合乎义。"

本姓解第三十九

　　本篇是对孔子家世的考证。开首即说孔子的祖先是宋国的后裔，因而孔子就是"先圣之嗣"。鲁国大夫南宫敬叔说："吾闻圣人之后，而非继世之统，其必有兴者焉。今夫子之道至矣，乃将施之无穷，虽欲辞天之祚，故未得耳。"似乎是天降大任。但孔子听到这话却说："岂若是哉？乱而治之，滞而起之，自吾志，天何与焉？"他认为世道混乱就要治理，事物停滞就要兴起，这是他自己的志向，和天没有关系。所以孔子终生都努力推行仁义之道，一生失意而不失望，这种对社会高度的责任感是值得赞扬的。以上史实可参看《史记·孔子世家》、《史记·宋微子世家》。

孔子之先，宋之后也。微子启，帝乙之元子^①，纣之庶兄，以圻内诸侯^②，入为王卿士。微，国名，子爵。初，武王克殷，封纣之子武庚于朝歌^③，使奉汤祀。武王崩，而与管、蔡、霍三叔作难，周公相成王东征之^④。二年，罪人斯得，乃命微子于殷后，作《微子之命》申之^⑤。与国于宋，徙殷之子孙，唯微子先往仕周，故封之贤。其弟曰仲思，名衍，或名泄，嗣微子之后，故号微仲。生宋公稽，胄子虽迁爵易位^⑥，而班级不及其故者^⑦，得以故官为称。故二微虽为宋公，而犹以微之号自终。至于稽乃称公焉。

【注释】

①帝乙：商代帝王。纣王的父亲。元子：长子。

②圻（qí）内：皇帝都城千里之地叫圻。此指都城千里之内的地方。

③武庚：商纣王之子，名禄父。周武王灭纣，封武庚以续殷祀。后因与管叔、蔡叔一起作乱，为周公所杀。朝歌：殷朝都城。故址在今河南淇县。

④管：管叔，周武王弟。周灭商，封于管。蔡：蔡叔，周武王弟，封于蔡。霍：霍叔，周武王弟，封于霍。三叔作难：武王去世，成王年幼，周公摄政。管叔与蔡叔挟武庚作乱。周公东征，杀管叔而放蔡叔。

⑤《微子之命》：史官记录成王封微子的诰命，叫《微子之命》，见于《尚书》。

⑥胄子：古帝王与贵族的长子。

⑦班级：爵位等级。

【译文】

孔子的祖先，是宋国的后裔。微子启，是帝乙的长子，纣的同父异母哥哥，以都城千里之内诸侯的身份，进入朝廷为国王的卿士。微，是诸侯国名，属于子爵。当初，武王征服了殷国，封纣的儿子武庚于朝歌，让他奉行商汤的祭祀。武王死后，武庚与管叔、蔡叔、霍叔共同谋反，周公辅佐成王东征讨伐他们。第二年擒获了罪人，于是命令微子启代替武庚为殷的后裔，作《微子之命》申告此事。封微子于宋国，迁徙殷人的子孙到此地，唯有微子先到周朝去做官，被周朝封为贤人。微子的弟弟仲思，名衍，或名泄，继承了微子的爵位，因此又称微仲。仲思生宋公稽，后代虽然爵位变迁，但等级都没有祖辈高，仍然以旧的爵位称呼。所以微子和微仲虽然是宋公，但始终都用微子称号。到了稽即位，才开始称公。

宋公生丁公申，申生缗公共及襄公熙，熙生弗父何及厉公方祀。方祀以下，世为宋卿。弗父何生宋父周，周生世子胜，胜生正考甫，考甫生孔父嘉。五世亲尽，别为公族①，故后以孔为氏焉。

【注释】

①公族：同祖的一族。

【译文】

宋公稽生丁公申，申生缗公共和襄公熙，熙公生弗父何及厉公方祀。从方祀以下，世代为宋国卿。弗父何生宋父周，宋父周生世子胜，世子胜生正考甫，正考甫生孔父嘉。传到五代以后，分出同族，所以后来有一支以孔作为姓氏。

一曰孔父者，生时所赐号也，是以子孙遂以氏族。孔父生子木金父，金父生睪夷，睪夷生防叔，避华氏之祸而奔鲁。防叔生伯夏，伯夏生叔梁纥。曰："虽有九女是无子。"其妾生孟皮，孟皮一字伯尼，有足病。于是乃求婚于颜氏。颜氏有三女，其小曰徵在。颜父问三女曰："陬大夫虽父祖为士^①，然其先圣王之裔。今其人身长十尺，武力绝伦，吾甚贪之^②。虽年长性严，不足为疑。三子孰能为之妻？"二女莫对。徵在进曰："从父所制，将何问焉？"父曰："即尔能矣。"遂以妻之。徵在既往，庙见。以夫之年大，惧不时有男^③，而私祷尼丘之山以祈焉。生孔子，故名丘而字仲尼。

【注释】

①陬（zōu）：春秋时鲁地，孔子出生于此。故址在今山东曲阜东南。

②贪：舍不得。

③不时：不及时。

【译文】

一说孔父这个名号，是出生时君王所赐的号，所以子孙就以此作为姓氏。孔父生子木金父，金父生睪夷，睪夷生防叔，防叔为了躲避华氏之祸逃亡到鲁国。防叔生伯夏，伯夏生叔梁纥。叔梁纥说："有九个女儿，这与没有子孙一样。"叔梁纥的妾生孟皮，孟皮字伯尼，脚有毛病。于是叔梁纥向颜氏求婚。颜氏有三个女儿，小女儿叫徵在。颜父问他的三个女儿："陬邑大夫孔氏的父辈和祖辈虽是士，但他们的祖先是圣王的后裔。现在求婚的叔梁纥身高十尺，武力绝伦，我很看中他。虽然年龄大了些性子又急，但不必担心。你们三人谁愿意做他的妻子？"大女儿二女儿都不说话。徵在走上前说："听从父亲的安排，还有什么可问的呢？"她父亲说："就是你能做他的妻子。"就把徵在许给叔梁纥做妻子。徵在嫁到叔梁纥家，在宗庙行过庙见之礼。因为丈夫的年龄大，她担心不能及时生儿子，便私下到尼丘山去祈祷。后来生下孔子，所以名丘字仲尼。

孔子三岁而叔梁纥卒，葬于防。至十九，娶于宋之亓官氏，生伯鱼。鱼之生也，鲁昭公以鲤鱼赐孔子。荣君之贶①，故因以名曰鲤，而字伯鱼。鱼年五十，先孔子卒。

【注释】

①贶（kuàng）：赐予，加惠。

【译文】

孔子三岁时叔梁纥去世，葬在防山。孔子十九岁，娶了宋国亓官氏的女儿为妻，生下伯鱼。伯鱼出生时，鲁昭公送给孔子一条鲤鱼。孔子得到国君的赏赐感到很荣耀，所以给儿子取名鲤，字伯鱼。伯鱼活到五十岁，比孔子先去世。

齐太史子与适鲁，见孔子，孔子与之言道。子与悦，曰："吾鄙人也，闻子之名，不睹子之形，久矣而未知宝贵也。乃今而后知泰山之为高，渊海之为大。惜乎夫子之不逢明王，道德不加于民，而将垂宝以贻后世。"

遂退而谓南宫敬叔曰①："今孔子先圣之嗣，自弗父何以来，世有德让，天所祚也。成汤以武德王天下，其配在文。殷宗以下，未始有也。孔子生于衰周，先王典籍错乱无纪，而乃论百家之遗记，考正其义，祖述尧舜②，宪章文武③，删《诗》述《书》，定礼理乐，制作《春秋》，赞明《易》道，垂训后嗣，以为法式，其文德著矣。然凡所教诲，束脩已上三千余人④，或者天将欲与素王之乎⑤？夫何其盛也！"

敬叔曰："殆如吾子之言，夫物莫能两大。吾闻圣人之后，而非继世之统，其必有兴者焉。今夫子之道至矣，乃将施之无穷，虽欲辞天之祚，故未得耳。"

子贡闻之，以二子之言告孔子。子曰："岂若是哉？乱而治之，滞而起之，自吾志，天何与焉？"

【注释】

①南宫敬叔：鲁国大夫。

②祖述：效法前人，加以陈说。

③宪章：效法。

④束脩：学生家长送教师的酬劳。十条干肉称束脩。

⑤素王：有帝王之德而未居其位的人。后来儒家专以素王称孔子。

【译文】

　　齐国的太史子与来到鲁国，见到孔子。孔子和他谈论道，子与很高兴，说："我是浅陋无知的人，久闻您的大名，而没能和您见面，很长时间也不知您的宝贵。从今以后我知道了泰山的高大，大海的广阔。只可惜啊，先生没有遇到圣明的君主，道德不能在百姓中施行，而只有把这些宝贵的东西留给后世了。"

　　子与辞别孔子后对南宫敬叔说："现今的孔子是先圣的后代，从弗父何以来，孔氏后代世世有德谦让，这是上天所赐的福分啊。成汤以武德称王天下，用礼乐相配合。殷商以下，就没有这样的情况了。孔子生在周朝衰败的时代，先王的典籍错乱无序，孔子就整理论述百家遗留的记录，考证其正确的含义，师法和陈说尧舜的盛德，效法周文王、周武王的文治武功，删定《诗》整理《书》，制定礼，理清乐，制作《春秋》，阐明《易》道，给后世留下训诫，作为法则，孔子的文德是何等显著啊！他所教诲的弟子，奉上束脩的就有三千多人，或许是上天要他成为无冕的素王吧？为什么如此兴盛呢！"

南宫敬叔说："如果像你说得那样，事物不会两全其美。我听说圣人的后代，如果不是继承王位的统系，也必然会有兴盛的人。现在孔子之道已非常完美，并将长久地施行于后世，即使想推却上天赐予的福分，也不可能。"

子贡听了这些话，把他们二人的议论都告诉了孔子。孔子说："哪是这样的呢？乱了就要治理，停滞就要兴起，这是我的志向，和天有什么关系呢？"

终记解第四十

　　这一篇是讲孔子临终前及死后丧葬之事的。孔子认为有生必有死，所以他感到将死却处之泰然。他所感叹的是："夫明王不兴，则天下其孰能宗余？"担心他的治世之道不能被后人采用。此章文字又见于《礼记·檀弓上》。"哀公诔"章，子贡批评鲁哀公在孔子生前不重用孔子，认为"生不能用，死而诔之，非礼也"。这是统治者对待名人的常态，批评是应该的。"既葬"章，看出孔子在他的弟子及时人心中的地位。此段文字见于《礼记·檀弓上》。

孔子蚤晨作①，负手曳杖②，逍遥于门③，而歌曰："泰山其颓乎④！梁木其坏乎！哲人其萎乎⑤！"既歌而入，当户而坐。

子贡闻之，曰："泰山其颓，则吾将安仰？梁木其坏，则吾将安杖？哲人其萎，吾将安放⑥？夫子殆将病也。"遂趋而入。

夫子叹而言曰："赐，汝来何迟？予畴昔梦坐奠于两楹之间⑦。夏后氏殡于东阶之上，则犹在阼。殷人殡于两楹之间，则与宾主夹之。周人殡于西阶之上，则犹宾之。而丘也即殷人。夫明王不兴，则天下其孰能宗余⑧？余殆将死。"遂寝病，七日而终，时年七十二矣。

【注释】

①蚤晨：即早晨。作：起来。

②负手：反手于背，背着手。曳杖：拖着拐杖。

③逍遥：优游自得。

④颓：崩塌。

⑤萎：困顿。

⑥放：仿效。

⑦畴昔：往日。此指昨夜。旧注："畴昔犹近昨夜。"两楹之间：楹，房子厅堂的前柱。旧注："两楹之间，殷人所殡处，而具奠于殡处，故自知死也。"

⑧天下孰能宗余：旧注："言天下无明王，莫能宗己道，临终其有命，伤道之不行也。"

【译文】

孔子早晨起来，背着手拖着手杖，在门口悠游地漫步，吟唱道："泰山要崩塌了吗？梁木要毁坏了吗？哲人要委顿了吗？"唱完回到了屋内，对着门坐着。

子贡听到歌声，说："泰山要是崩塌了，我仰望什么呢？梁木要是毁坏了，我依靠什么呢？哲人要是委顿了，我去效仿谁呢？老师大概要生病了吧？"于是快步走了进去。

孔子叹息说："赐，你怎么来得这样晚？我昨天夜里梦见自己坐在两楹之间祭奠。夏朝人将灵柩停在对着东阶的堂上，那还是处在主位上；殷人将灵柩停在堂前东西楹之间，那是处在宾位和主位之间；周人将灵柩停在对着西阶的堂上，那就是迎接宾客的地方。而我孔丘是殷人。现今没有明王兴起，天下谁能尊奉我呢？我大概快要死了。"随后卧病在床，七天就去世了，死时七十二岁。

哀公诔曰①："昊天不吊②，不憗遗一老③，俾屏余一人以在位④，茕茕余在疚⑤。於乎哀哉！尼父⑥，无自律⑦。"

子贡曰："公其不没于鲁乎？夫子有言曰：'礼失则昏，名失则愆⑧。'失志为昏，失所为愆。生不能用，死而诔之，非礼也；称一人，非名。君两失之矣。"

【注释】

①诔（lěi）：累述死者功德以示哀悼，即今之悼词。

②昊（hào）：大。吊：善，怜悯。旧注："吊，善也。"

③慭（yìn）：愿。一老：指孔子。

④俾（bǐ）：使。屏：障卫，保护。余一人：周天子自称。

⑤茕茕（qióng）：孤独貌。疚：内心痛苦。

⑥尼父：指孔子。旧注："父，丈夫之显称。"

⑦律：法，效法。

⑧愆（qiān）：过失，过错。

【译文】

鲁哀公哀悼孔子说："上天不怜悯我，不愿留下这一位老者，让他保障我居于君位，使我孤独而痛苦。呜呼哀哉！尼父，失去您我就没有榜样来自律了。"

子贡说："国君大概不能在鲁国善终了吧？老师曾说过：'礼仪丧失就会昏暗不清，名分丧失就会造成过错。'失去志向是昏暗，失去身份是过错。老师活着时不重用，死后才致哀悼，这不合礼仪；自称一人，这不符合鲁国国君的名分。国君把礼和名都丧失了。"

既葬，有自燕来观者，舍于子夏氏。子夏谓之曰："吾亦人之葬圣人，非圣人之葬人，子奚观焉？昔夫子言曰：'吾见封若夏屋者①，见若斧矣，从若斧者也。'马鬣封之谓也②。今徒一日三斩板而以封③，尚行夫子之志而已④，何观乎哉？"

二三子三年丧毕，或留或去，惟子贡庐于墓六年。自后群弟子及鲁人处于墓如家者百有余家，因名其居曰孔里焉。

【注释】

①夏屋：夏代的房屋。其形中间高，两边为漫坡。旧注："夏屋，今之门庑也，其形旁广而卑。"

②马鬣（liè）：马颈上的长毛。

③斩板：板，筑土墙用的木板，宽三尺，长六尺。旧注："斩板，谓斩其缩。三斩上傍杀，盖高四尺也。"

④尚：庶，庶几。

【译文】

安葬完毕，有人从燕国来参观，住在子夏家里。子夏对他说："这是我们普通人安葬圣人，不是圣人安葬普通人，有什么可看的呢？从前老师说过：'我见过坟墓筑成像夏朝房屋形的，也见过像斧形的，我赞成斧形的。'斧形的坟俗称马鬣封。现今我们一天之内三次换板夯土就筑成了，这不过实现了老师生前的愿望而已，有什么可看的呢？"

孔子的弟子守丧三年以后，有的留下了，有的离开了，只有子贡筑屋于墓旁守了六年。从此以后孔子弟子和鲁国人在墓边建家而住的有一百多家，因此将此地命名为孔里。

正论解第四十一

　　这篇是孔子针对一些人和事发表的评论。"孔子在齐"章赞扬虞人能遵守自己的职责。此事又见于《左传·昭公二十年》。"卫孙文子"章，延陵季子提醒孙文子身处险境而不知，比喻"燕子巢于幕"，孔子称赞"季子能以义正人"。此事又见于《左传·襄公二十九年》。"孔子览晋志"章，看似赞扬董狐是古之良史，实际内心更加赞扬的是古之良大夫赵盾，惋惜他没有越过国境。此事又见于《左传·宣公二年》。"楚灵王汰侈"章，赞扬子革能以诗进谏，又感叹楚灵王一时虽有所动，终究没有改掉骄奢之病，遭杀身之祸。此事又见于《左传·昭公十二年》。"子产不毁乡校"和"苛政猛于暴虎"是人们熟知的故事，这里也体现了孔子的宽容和仁爱精神。此二事分别见于《左传·襄公三十一年》和《礼记·檀弓上》。

孔子在齐，齐侯出田①，招虞人以弓②，不进，公使执之。对曰："昔先君之田也，旌以招大夫，弓以招士，皮冠以招虞人。臣不见皮冠，故不敢进。"乃舍之③。

孔子闻之，曰："善哉！守道不如守官④。"君子韪之⑤。

【注释】

①田：田猎。

②虞人：掌管山泽的官。

③舍：放。

④守道不如守官：遵守恭敬之道，见君主召唤即出，不如遵守为官之道。旧注："道为恭敬之道，见君召便往；守官，非守召不往也。"

⑤韪（wěi）：是。

【译文】

孔子在齐国时，齐侯出去打猎，用弓招唤虞人，虞人没来晋见，齐侯派人把他抓了起来。虞人说："从前先君打猎时，用旌旗来招唤大夫，用弓来招唤士，用皮帽来招唤虞人。我没看见皮帽，所以不敢晋见。"齐侯听后就放了他。

孔子听到这件事，说："好啊！遵守道不如遵守职责。"君子都认为说得对。

卫孙文子得罪于献公①，居戚②。公卒未葬，文子击钟焉。延陵季子适晋过戚③，闻之，曰："异哉！夫子之在此，犹燕子巢于幕也④，惧犹未也，又何乐焉？君又在殡，可乎？"文子于是终身不听琴瑟。

孔子闻之，曰："季子能以义正人，文子能克己服义，可谓善改矣。"

【注释】

①卫孙文子得罪于献公：指孙文子驱逐卫献公而立殇公，十二年后，又与晋人帮助献公复位，之后出居于戚。孙文子，即孙林父，春秋时卫国大夫。献公，指卫献公。姬姓，名衎。

②戚：卫国地名。故址在今河南濮阳北。孙文子食邑。

③延陵季子：即吴公子季札。

④燕子巢于幕：幕，帷幕。旧注："燕巢于幕，言至危也。"

【译文】

卫国的大夫孙文子得罪了卫献公，居住在戚地。卫献公去世后还未安葬，孙文子就敲钟娱乐。延陵季子去晋国时路过戚地，听到这件事，说："奇怪啊！这人住在这里，就像燕子把巢筑到帷幕上一样危险，害怕还来不及呢，又有什么可高兴的呢？国君的灵柩还没殡葬，可以这样娱乐吗？"孙文子从此终身不听琴瑟。

孔子听说了这件事，说："季子能根据义来纠正别人，文子能克制自己来服从义，可谓善于改正错误啊！"

孔子览晋志^①，晋赵穿杀灵公^②，赵盾亡，未及山而还^③。史书："赵盾弑君。"盾曰："不然。"史曰："子为正卿，亡不出境，返不讨贼，非子而谁？"盾曰："呜呼！'我之怀矣^④，自诒伊戚^⑤。'其我之谓乎！"

孔子叹曰："董狐，古之良史也，书法不隐。赵宣子，古之良大夫也，为法受恶。惜也，越境乃免。"

【注释】

①晋志：晋国的史书。

②赵穿：赵盾的族弟。

③未及山：没越过晋国边境的山。山指温山。

④我之怀矣：此为《诗经·邶风·雄雉》中的诗句，意为心中怀念我亲人。

⑤自诒伊戚：此为《诗经·小雅·小明》中的诗句，意为自己招来祸患。

【译文】

孔子阅读晋国的史书，书上记载：晋国的赵穿杀死了晋灵公，赵盾逃亡在外，还没越过国境的山又返回来了。史官写道："赵盾弑君。"赵盾说："不是这样的。"史官说："你是正卿，逃亡而没出国境，返回来又不讨伐凶手，弑君的不是你又是谁呢？"赵盾说："唉！'由于我的怀念，自己招来忧患。'这说的就是我了。"

孔子叹息说："董狐，是古代的好史官啊，书写史实不隐讳。赵宣子，是古代的好大夫啊，因为法度而蒙受恶名。

可惜啊！如果越过国境就可以免去罪名了。"

楚灵王汰侈^①，右尹子革侍坐^②，左史倚相趋而过。王曰："是良史也，子善视之。是能读《三坟》、《五典》、《八索》、《九丘》^③。"对曰："夫良史者，记君之过，扬君之善。而此子以润辞为官，不可为良史。臣又尝问焉，昔周穆王欲肆其心^④，将过行天下，使皆有车辙马迹焉。祭公谋父作《祈昭》^⑤，以止王心，王是以获殁于文宫^⑥。臣问其诗焉，而弗知；若问远焉，其焉能知？"王曰："子能乎？"对曰："能，其诗曰：'祈昭之愔愔乎，式昭德音^⑦。思我王度，式如玉，式如金^⑧。刑民之力，而无有醉饱之心^⑨。'"灵王揖而入，馈不食，寝不寐。数日则固不能胜其情，以及于难。

孔子读其《志》曰："古者有志，克己复礼为仁^⑩，信善哉！楚灵王若能如是，岂其辱于乾谿^⑪？子革之非左史，所以风也^⑫，称诗以谏，顺哉！"

【注释】

①汰（tài）侈：骄奢。

②右尹：官名。子革：即然丹，郑穆公孙。

③《三坟》、《五典》、《八索》、《九丘》：相传是远古时代的文化典籍。旧注："《三坟》：三皇之书。《五典》：五帝之典。"又孔安国《尚书》序："《八索》乃八卦之说，《九丘》为九州之志。"

④肆其心：随心所欲。

⑤祭公谋父：周朝卿士。《祈昭》：诗名。

⑥殁：死。文宫：周穆王的宫殿。

⑦"祈昭之愔愔（yīn）乎"二句：愔愔，和谐，安详。旧注："言祈昭乐之安和，其法足以昭其德音者也。"

⑧"式如玉"二句：旧注："思王之法度，如金玉纯美。"

⑨"刑民之力"二句：刑，伤害。旧注："刑伤民力，用之不胜不节。无有醉饱之心，言无厌足。"

⑩克己复礼：旧注："克，胜。言能胜己私情，复之于礼，则为仁也。"

⑪辱于乾谿：旧注："灵王起章华之台于乾谿，国人溃畔，遂死焉。"

⑫风：通"讽"，用含蓄的方式劝谏。

【译文】

楚灵王骄纵无度，右尹子革在旁边陪坐，左史倚相快步走过。灵王说："这人是好史官，你要好好待他。他能读《三坟》、《五典》、《八索》、《九丘》等古书。"子革回答说："好的史官，要能够记载君王的过错，宣扬君王的善政。而此人凭着华丽的文辞做官，不能算作好史官。臣又曾问他，从前周穆王想放纵他的私心，想要周游天下，让天下都留下他的车辙马迹。祭公谋父就作了《祈昭》这首诗来劝阻他，穆王因此得以善终于文宫。我问过倚相有关这首诗的事，他不知道；如果问更远的事，他哪能知道呢？"楚王说："您能知道吗？"子革回答说："能。这首诗说：'祈求安详和悦，宣扬有德者的声音。想起我们君王的风范，样子好像玉，好像金。怜惜百姓的力量，自己没有醉饱之心。'"灵王听了，向子革作揖，便走进房中，送上饭菜不吃，觉睡不着。过了几天还是控制不住自己骄奢的欲望，以致遇上了祸难。

孔子读到这段记载，说："古时候有这样的话：克制自己的欲望，回到礼义上，就是仁。说得真好啊！楚灵王如果能像这样，难道还会受辱于乾谿吗？子革批评左史，是为了讽谏灵王，引用诗来讽谏，是为了使讽谏顺利啊！"

郑有乡校[①]，乡校之士，非论执政[②]。䚅明欲毁乡校[③]。子产曰："何以毁为也？夫人朝夕退而游焉，以议执政之善否。其所善者，吾则行之；其所否者，吾则改之。若之何其毁也？我闻忠善以损怨，不闻立威以防怨。防怨犹防水也，大决所犯，伤人必多，吾弗克救也，不如小决使导之。不如吾所闻而药之[④]。"

孔子闻是言也，曰："吾以是观之，人谓子产不仁，吾不信也。"

【注释】

①乡校：乡间学校，也用作乡人议事之所。

②非论：非议，批评。

③䚅（zōng）明：春秋时郑大夫，字然明。

④药：治疗。

【译文】

郑国有乡校，乡校里的学生，非议执政者。然明想要毁掉乡校。子产说："为什么要毁掉呢？人们早晚闲暇时到这里游玩，议论政事的好坏。他们认为好的，我们就推行；他们认为不好的，我们就改正。为什么要毁掉它呢？我听说忠言善行可以减少怨恨，没有听说用威胁来防止怨恨的。防止怨恨就如同防水一样，大水决了堤，伤害的人必然会多，我们就无法去救了，不如小规模地放水加以疏导。不如把我们听到的话作为治病的良药。"

孔子听到这些话，说："从这件事来看，人们要说子产不仁，我是不相信的。"

孔子适齐，过泰山之侧，有妇人哭于野者而哀。夫子式而听之[1]，曰："此哀一似重有忧者[2]。"使子贡往问之。而曰："昔舅死于虎[3]，吾夫又死焉，今吾子又死焉。"子贡曰："何不去乎？"妇人曰："无苛政。"子贡以告孔子。子曰："小子识之，苛政猛于暴虎。"

【注释】

①式：通"轼"，车前横木。此作动词用，扶轼。
②重：双重，几重。
③舅：指公公。

【译文】

孔子到齐国去，路过泰山旁，有个妇人在野外哭得非常悲伤。孔子扶着车前的横木倾听，说："如此的哀伤，好似有几重悲伤啊！"让子贡前去问问看。那妇人说："从前我公公被老虎吃了，我丈夫不久也被老虎吃了，现在我的儿子又被老虎吃了。"子贡问："为什么不离开此地呢？"妇人说："这里没有苛政。"子贡把这些话告诉了孔子。孔子说："你要记住啊，苛政猛于凶暴的老虎。"

卷十

曲礼子贡问第四十二

　　《曲礼》所记多为礼之细目。在此篇中，孔子以评说手法来解说五礼之事。第一篇"子贡问"就写了孔子自述为了维护周天子的尊严，不惜用曲笔记录史实的事。这就是所谓的"春秋笔法"。此事又见《左传·僖公二十八年》。"孔子在宋"章，孔子反对桓魋自为石椁，体现了孔子丧事从俭的思想。此事又见《礼记·檀弓上》。"南宫敬叔以富得罪"章，孔子特别反感南宫敬叔借助金钱来恢复官职，认为如此利用财物还不如迅速贫穷的好。这看出孔子依礼行事的主张。此事又见《礼记·檀弓上》。"孔子在齐"章，齐国出现了饥荒，孔子劝齐景公节约减役，"自贬以救民"，反映了孔子的民本思想。此事又见《礼记·杂记》和《礼记·曲礼》。"晋将伐宋"章，孔子赞扬晋国刺探情报的人能看出人心的向背，他的着眼点还是仁者爱人。此事又见《礼记·檀弓下》。"子游问丧之具"章，孔子主张举办丧事只要根据自己的经济条件，尽心尽力就可以了。表明孔子的思想是贴近现实，切合实际的。此事又见《礼记·檀弓上》。

　　子贡问于孔子曰："晋文公实召天子而使诸侯朝焉[1]，夫子作《春秋》云[2]：'天王狩于河阳[3]。'何也？"孔子曰："以臣召君，不可以训[4]。亦书其率诸侯事天子而已。"

【注释】

①晋文公实召天子而使诸侯朝焉：晋文公，即重耳。实，实际，真正。召，召请。天子，指周襄王。此事见于《左传·僖公二十八年》："冬，会于温。是会也，晋侯召王，以诸侯见，且使王狩。"旧注："晋文公会诸侯于温，召襄王且使狩于河阳，因使诸侯朝。"

②夫子作《春秋》：相传《春秋》一书为孔子编订。它是我国第一部编年体史书，后列为儒家经典。

③天王：指周天子，即周襄王。狩：打猎。河阳：地名，在今河南孟县西三十五里。

④训：法，法则。

【译文】

　　子贡问孔子说："晋文公在温地的会盟，实际是召请来周天子而让诸侯来朝见，老师您编写《春秋》时写道：'天王在河阳打猎。'这是为什么呢？"孔子说："以臣下的身份召请君主，这不可以效法。所以我如此写，就是要写成晋文公率诸侯来朝见天子。"

　　孔子在宋，见桓魋自为石椁[1]，三年而不成，工匠皆病。夫子愀然曰："若是其靡也^②，死不如速朽之愈。"冉子仆，曰："礼，凶事不豫。此何谓也乎？"夫子曰："既死而议谥^③，谥定而卜葬^④，既葬而立庙，皆臣子之事，非所豫属也，况自为之哉？"

【注释】

①桓魋：宋国司马。石椁：古代棺材有内外棺，外棺称椁。此为石制的椁。

②靡（mí）：奢侈，浪费钱财。

③谥（shì）：谥号。

④卜葬：选择埋葬地。

【译文】

孔子在宋国，看见桓魋为自己预做石椁，做了三年还没有完工，工匠都为此感到烦恼。孔子面有忧色，说："像这样奢靡，死了还不如快点腐朽的好。"冉有跟随侍奉孔子，说："《礼》书说，凶事不可能预先就料到。这是指的什么呢？"孔子说："人死了以后再议定谥号，谥号定了以后再选择下葬地点日期，安葬完毕再建立宗庙，这些事都应该由属下的臣子来办，并非是预先就操办好，更何况是自己为自己操办呢？"

南宫敬叔以富得罪于定公^①，奔卫。卫侯请复之^②。载其宝以朝^③。夫子闻之，曰："若是其货也^④，丧不若速贫之愈^⑤。"子游侍，曰："敢问何谓如此？"孔子曰："富而不好礼，殃也。敬叔以富丧矣，而又弗改，吾惧其将有后患也。"敬叔闻之，骤如孔氏⑥，而后循礼施散焉。

【注释】

①南宫敬叔：即南宫阅，鲁国大夫。定公：鲁定公。

②复：恢复。

③载其宝以朝：载着宝物上朝。

④货：贿赂。

⑤丧：丧失官位。

⑥骤：很快，迅速。如：到。

【译文】

南公敬叔因富有而得罪了鲁定公，逃到了卫国。卫侯请求鲁定公恢复敬叔的官位。敬叔就载着他的宝物来朝见鲁定公。孔子听到这件事，说："像这样使用财货行贿，丢了官位还不如迅速贫穷的好呢！"子游正侍奉孔子，说："请问这话是什么意思呢？"孔子说："富而不好礼，必定会招致灾祸。南宫敬叔因富有而丧失官位，却仍不知改悔，我恐怕他将来还会有祸患啊！"南宫敬叔听到孔子的话，马上去见孔子，从此以后他做事遵循礼节，还把自己的财产施舍给百姓。

孔子在齐，齐大旱，春饥。景公问于孔子曰："如之何？"孔子曰："凶年则乘驽马①，力役不兴②，驰道不修③，祈以币玉④，祭祀不悬⑤，祀以下牲⑥。

此贤君自贬以救民之礼也。"

【注释】

①驽（nú）马：劣马。

②力役：劳役。

③驰道：国君行走的道路。

④祈以币玉：祈请用币玉代替牲畜。

⑤不悬：不悬挂乐器，指不奏乐。

⑥祀以下牲：古代祭祀常用牲畜作为祭品，牛、羊、猪三牲齐全称太牢，只用羊、猪称少牢。下牲指少用牲畜。旧注："当用太牢者用少牢。"

【译文】

孔子在齐国的时候，齐国大旱，春季出现了饥荒。齐景公问孔子说："怎么办呢？"孔子说："遇到灾荒年景，出门要乘用劣马，不兴劳役，不修驰道，国君有所祈祷，用币和玉，不用牲畜，祭祀不奏乐，祭祀用的牲畜数量也用次等的。这是贤明君主自己降低等级以拯救民众的礼啊！"

晋将伐宋，使人觇之①。宋阳门之介夫死②，司城子罕哭之哀③。觇者反，言于晋侯曰："阳门之介夫死，而子罕哭之哀，民咸悦，宋殆未可伐也。"孔子闻之曰："善哉！觇国乎！《诗》云④：'凡民有丧，匍匐救之。'子罕有焉。虽非晋国，其天下孰能当之⑤！是以周任有言曰⑥：'民悦其爱者，弗可敌也。'"

【注释】

①觇（chān）：偷偷地观看。

②阳门：宋国城门。介夫：手执兵器守门的人。

③司城：官名。即司空。因宋武公名司空，为避讳改为司城。子罕：名乐喜，宋国正卿，为官清廉。

④《诗》：这里指《诗经·邶风·谷风》。

⑤"虽非晋国"二句：旧注："言虽非晋国，使天下有强者，犹不能当也。"

⑥周任：上古史官。

【译文】

晋国将要攻打宋国，先派人刺探宋国的虚实。宋国守卫城门的一个卫士死了，宋国的执政官司城子罕哭得很伤心。打探情况的人回到晋国，对晋侯说："宋国有个守城门的卫士死了，子罕哭得很伤心，民众很受感动，现在恐怕不能去攻打宋国。"孔子闻知此事，说："这个打探情况的人真善于观察宋国的国情啊！《诗经》里说：'凡民有丧亡，竭力去救援。'子罕就具有这种品质。即便不是晋国，天下又有谁敢和宋国为仇呢？所以周任曾说过：'民众喜爱同情爱护他们的人，这样的人是不可敌挡的。'"

子游问丧之具①。孔子曰："称家之有亡焉②。"子游曰："有亡恶于齐③？"孔子曰："有也，则无过礼。苟亡矣，则敛手足形，还葬悬棺而封④，人岂有非之者哉？故夫丧礼，与其哀不足而礼有余，不若礼不足而哀有余也。祭礼，与其敬不足而礼有余，不若礼不足而敬有余也。"

【注释】

①丧之具：即丧具，送葬之衣、棺等物。

②称家之有亡：衡量家庭的贫富程度。亡，无。

③有亡恶于齐：富和贫的界限是什么。恶，何，什么。

　齐，限度。

④还葬：即旋葬，迅速安葬。悬棺而封：用绳子悬吊

　着棺木下葬。

【译文】

　　子游问丧事该怎么操办。孔子说："根据家庭的贫富程度来办就可以了。"子游说："贫和富的限度又该如何掌握呢？"孔子说："家里富裕也要依礼行事，不要超过礼的规定。如果不富裕，只要衣被能遮住身体，殓毕就安葬，用绳子悬吊着棺木下葬，又有谁会责难你失礼呢？所以举办丧事，与其哀痛不足而礼仪完备，不如礼仪不足却心怀哀痛之情。举行祭祀，与其缺少敬意而礼仪完备，不如礼仪欠缺而充满敬意。"

曲礼子夏问第四十三

　　这一章主要是讲待人接物、丧葬礼制方面一些具体礼仪
的。"子夏问居父母之仇"章，根据仇情的不同，孔子主张采用
不同的处理方法，很合乎情理。孔子遇旧馆人丧赠之以马的故
事，表现出孔子处理事务的周全恰当，符合人情道理。"子路与
子羔"章，孔子准确地预料到子路会死于蒯聩之难的事，记载
生动，看出孔子对子路非常了解，感情又很深。以上篇章又见
于《礼记·檀弓上》。"季平子卒"章，孔子阻止季平子用宝玉
陪葬的事，既能节省财物，又保证了死者的安全，很有远见。
此事又见于《左传·定公五年》和《吕氏春秋·孟冬纪·安
死》。

子夏问于孔子曰："居父母之仇如之何^①？"孔子曰："寝苫枕干^②，不仕，弗与共天下也。遇于朝市，不返兵而斗^③。"

曰："请问居昆弟之仇如之何？"孔子曰："仕，弗与同国，衔君命而使^④，虽遇之不斗。"

曰："请问从父昆弟之仇如之何？"曰："不为魁^⑤，主人能报之，则执兵而陪其后。"

【注释】

①居父母之仇如之何：对待杀害父母的仇人怎么处理。

②寝苫（shān）枕干：睡在草垫子上枕着盾牌。干，盾。

③不返兵而斗：不返回家取兵器。旧注："兵常不离于身。"

④衔君命而使：奉君命出使。

⑤魁：魁首，带头人。

【译文】

子夏问孔子说："应该如何对待杀害父母的仇人？"孔子说："睡在草垫上，枕着盾牌，不做官，和仇人不共戴天。不论在集市或官府，遇见他就和他决斗，兵器常带在身，不必返回家去取。"

子夏又问："请问应该如何对待杀害亲兄弟的仇人？"孔子说："不和他在同一个国家里做官，如奉君命出使，即使相遇也不和他决斗。"

子夏又问："请问应该如何对待杀害叔伯兄弟的仇人？"孔子说："自己不要带头动手，如果受害人的亲属为他报仇，你可以拿着兵器陪在后面协助。"

孔子适卫，遇旧馆人之丧①，入而哭之哀。出，使子贡脱骖以赠之②。子贡曰："于所识之丧③，不能有所赠。赠于旧馆，不已多乎？"孔子曰："吾向入哭之，遇一哀而出涕④，吾恶夫涕而无以将之⑤，小子行焉。"

【注释】

①旧馆人：旧时馆舍的主人。

②脱骖以赠：解开骖马赠给别人。骖，辕马两侧的马。

③所识：所认识的人。

④遇：触动。

⑤恶：讨厌。将：送。

【译文】

孔子到卫国去，遇到曾经住过的馆舍的主人死了，孔子进去吊丧，哭得很伤心。出来以后，让子贡解下驾车的骖马送给丧家。子贡说："对于仅仅相识的人的丧事，不用赠送什么礼物。把马赠给旧馆舍的主人，这礼物是不是太重了？"孔子说："我刚才进去哭他，触动悲痛之情就落下泪来，我不愿光哭而没有表示，你就按我说的做吧。"

季平子卒①，将以君之玙璠敛②，赠以珠玉。孔子初为中都宰，闻之，历级而救焉③。曰："送而以宝玉，是犹曝尸于中原也④。其示民以奸利之端，而有害于死者，安用之？且孝子不顺情以危亲，忠臣不兆奸以陷君⑤。"乃止。

【注释】

①季平子：即季孙意如，鲁国大夫。

②玙璠（yúfán）：鲁国的宝玉。敛：殡殓。此指将宝玉作为陪葬。

③历级：同"历阶"。旧注："历级，遽登阶不聚足。"即快步登上台阶。

④曝（pù）尸于中原：尸体暴露在野外。

⑤兆奸：为奸邪的人造成机会。旧注："兆奸，为奸之兆成也。"

【译文】

季平子去世以后，将要用国君用的美玉玙璠来殉葬，同时还要用很多珠宝玉石。这时孔子刚刚当上中都宰，听说后，一步一级地快步登上台阶赶去制止。他说："送葬时用宝玉殉葬，这如同把尸体暴露在野外一样。这样做会引发民众获取奸利的念头，对死者是有害的，怎能用呢？况且孝子不因为顾及自己的感情而危害亲人，忠臣不能给邪恶的人造成机会来陷害国君。"于是停止了用玙璠珠玉陪葬。

子路与子羔仕于卫，卫有蒯聩之难。孔子在鲁闻之，曰："柴也其来，由也死矣！"既而卫使至，曰："子路死焉。"夫子哭之于中庭。有人吊者，而夫子拜之。已哭，进使者而问故。使者曰："醢之矣①。"遂令左右皆覆醢，曰："吾何忍食此！"

【注释】

①醢（hǎi）：将人剁成肉酱的酷刑。

【译文】

子路和子羔同时在卫国做官，卫国的蒯聩发动了叛乱。孔子在鲁国听到这件事，说："高柴会回来，仲由会死于这次叛乱啊！"不久卫国的使者来了，说："子路死在这次叛乱中了。"孔子在正室厅堂哭吊子路。有人来慰问，孔子拜谢。哭过之后，让使者进来问子路死的情况。使者说："已经被砍成肉酱了。"孔子让身边的人把肉酱都倒掉，说："我怎忍心吃这种东西呢？"

曲礼公西赤问第四十四

　　这一篇主要讲的是丧葬礼中的一些具体礼仪。孔子一贯主张"仁"，在丧葬制度上也体现了这一思想。他不仅反对用真人殉葬，还反对用貌似真人的偶人殉葬。所选两则内容又见于《礼记·檀弓》。

孔子之母既葬，将合葬焉。曰："古者不祔葬①，为不忍先死者之复见也。《诗》云②：'死则同穴。'自周公已来祔葬矣。故卫人之祔也，离之，有以间焉。鲁人之祔也，合之，美夫，吾从鲁。"遂合葬于防。曰："吾闻之：古者墓而不坟。今丘也，东西南北之人，不可以弗识也。吾见封之若堂者矣③，又见若坊者矣④，又见若覆夏屋者矣⑤，又见若斧形者矣。吾从斧者焉。"于是封之，崇四尺。

孔子先反虞⑥，门人后。雨甚，至墓崩，修之而归。孔子问焉，曰："尔来何迟？"对曰："防墓崩。"孔子不应。三云，孔子泫然而流涕，曰："吾闻之，古不修墓。"及二十五月而大祥⑦，五日而弹琴不成声，十日过禫而成笙歌⑧。

【注释】

①祔（fù）：合葬。

②《诗》：这里指《诗经·王风·大车》。

③封之若堂：坟头筑成四方像堂屋的样子。王注："堂形四方若高者。"

④若坊：像堤坊的样子。王注："坊形旁杀平，上而长。"

⑤若覆夏屋：如夏代屋顶的样子。

⑥虞：祭名。安葬后，回来祭于殡宫叫虞。

⑦大祥：父母死后两周年的祭礼。

⑧十日过禫而成笙歌：禫，由穿丧服到换吉服之间的

一个月服制叫禫。笙歌，吹笙吹出了曲调。王注："孔子大祥二十五月，禫而十日，逾月而歌。"

【译文】

孔子的母亲死后，准备与他的父亲合葬在一起。孔子说："古代不合葬，是不忍心再看到先去世的亲人。《诗经》上说：'死则同穴。'自周公以来开始实行合葬。卫国人合葬的方式是夫妇棺椁分两个墓穴下葬，中间是有间隔的。鲁国人是夫妇棺椁葬在同一个墓穴，鲁国人的方式好，我赞成鲁国人的合葬方式。"于是把父母合葬在防山。孔子又说："我听说：古代墓地是不做坟头的。现今我孔丘是个东西南北奔走的人，不可以不在墓地上做个标记。我见过把坟头筑成四方而高像堂屋形的，又见过下宽上窄像堤坊的，又见过两边有漫坡像夏代屋顶的，又见过像斧头形的。我赞成像斧头形的。"于是筑成斧头形坟头，高四尺。

孔子先返回去进行虞祭，门人是后回来的。雨很大，以至墓塌了，门人修好墓才回来。孔子问他们："你们为什么这么迟才回来啊？"门人回答说："防地的坟墓塌了。"孔子没应声。门人说了三次，孔子难过地流下泪来，说："我听说，古代不在墓上筑坟头。"到第二十五个月举行大祥祭，又过了五天，弹琴不成声调。十天禫祭以后，吹笙才吹出曲调。

子游问于孔子曰："葬者涂车刍灵①，自古有之，然今人或有偶②，是无益于丧。"孔子曰："为刍灵者善矣，为偶者不仁，不殆于用人乎？"

【注释】

①涂车：用泥土做的车。刍灵：用草扎的人马。

②偶：陶土或木制的偶人。

【译文】

子游问孔子说："丧葬的时候，用泥土做的车和草扎的人马来殉葬，自古以来就有，然而现在有的人用偶人来殉葬，这对丧事并没有好处。"孔子说："用草扎的人马来殉葬是善良的，用偶人来殉葬是不仁的，这不近于用真人来殉葬吗？"